JN107310

別冊 NBL / No.180

インターネット上の誹謗中傷をめぐる法的問題に関する有識者検討会取りまとめ

── 削除要請の取組に向けた問題整理と検討

商事法務　編

株式会社　商事法務

はしがき

公益社団法人商事法務研究会では、法務省の人権擁護機関やプロバイダ等によるインターネット上の誹謗中傷の投稿等の削除に関する業務に資するよう、その法的問題を整理することを目的として、2021年4月に「インターネット上の誹謗中傷をめぐる法的問題に関する有識者検討会」（座長：宍戸常寿東京大学大学院法学政治学研究科教授）を設置し、全15回の会議を通じた検討や意見募集を経て、2022年5月に「取りまとめ」を公表した。

法務省の人権擁護機関では、インターネット上の投稿等により人権侵害の被害に遭われた方に対する相談・支援等の対応を行っており、相談者自身で削除を求めることが困難な場合等には、慎重な判断の上、プロバイダ等への削除の要請を行っている（法務省「インターネット上の人権侵害をなくしましょう」〈https://www.moj.go.jp/JINKEN/jinken88.html〉）。また、もとよりプロバイダ等の事業者においても、インターネット上の投稿等による人権侵害を防ぐべく、削除対応や、アーキテクチャをもって対応するなどの様々な工夫が行われてきている。

他方、インターネット上の投稿等の削除をめぐっては論点が多岐にわたる上、法的な理論や判断基準、考慮要素について十分な整理が尽くされていないなどの課題があった。そこで、本検討会では冒頭の目的の下、この問題に詳しい憲法、民法の研究者及び法律実務家からなる委員の皆様、並びに関係省庁の方々にご議論をいただき、その成果として「取りまとめ」を公表した次第である。

インターネット上の誹謗中傷対策は、インターネットを利用した個々人の情報発信が簡易になる現代において、次の時代を担う子どもたち、まだこの世に存在しない将来世代のためにも、まさに今、取組を進めるべき課題である。本書は、「取りまとめ」の内容を広く普及することに加え、各界における取組や更なる議論の深化に資することを願って刊行するものである。

最後に、本検討会において充実したご議論をいただいた委員の先生方、法務省人権擁護局をはじめとする関係省庁の方々、意見募集に対して貴重なご意見をお寄せいただいた皆様に厚く御礼申し上げる。

2022年9月

商事法務

目　次

凡　　例

民集	最高裁判所民事判例集
民録	大審院民事判決録
集民	最高裁判所裁判集民事
判時	判例時報
判タ	判例タイムズ
最判解民事篇［昭和／平成○年度］	最高裁判所判例解説 民事篇［昭和／平成○年度］

インターネット上の誹謗中傷をめぐる取組と「インターネット上の誹謗中傷をめぐる法的問題に関する有識者検討会 取りまとめ」の意義

東京大学教授　宍戸　常寿

1　インターネット上の誹謗中傷をめぐる現状

インターネットは、表現の受け手と送り手の乖離をある程度解消し、マスメディアに属しない通常の利用者の知る権利、意見や情報を発信する自由を拡張してきた。その反面、インターネット上では、名誉毀損やプライバシー侵害のような問題のある表現行為が数多く見られ、プロバイダ責任制限法及びプロバイダ等やその業界団体による対策がこれまでもなされてきたところである。とりわけ、テレビのリアリティ番組の出演者がSNS上の誹謗中傷を原因として自殺に追い込まれた事件の報道（2020年5月）を契機に、インターネット上の投稿による誹謗中傷が深刻化している状況が広く認識され、その対策の強化が求められるようになっている。

総務省の「プラットフォームサービスに関する研究会第二次とりまとめ」（2022年8月）によると、同省が運営を委託している「違法・有害情報相談センター」の2021年度の相談件数は約6300件であり、相談件数が多い事業者／サービスの上位5者はTwitter、Google、Meta、5ちゃんねる、LINEであった。また、一般社団法人セーファーインターネット協会（SIA）が2020年6月から運用を開始した誹謗中傷ホットラインは、2021年に受理した連絡件数は2859件を数え、その約28%がSNSであった。さらに総務省の委託を受けて三菱総合研究所が実施したアンケート調査（2022年3月実施）によれば、約50%のSNS等ユーザが「他人を傷つけるような投稿（誹謗中傷）」を目撃し、さらに過去1年間にSNS等を利用した人の約9%がその被害に遭ったと回答している。

このような誹謗中傷の深刻化に対しては、2021年のプロバイダ責任制限法の改正により、これまで以上に円滑な被害者救済のために発信者情報開示について新たな裁判手続が創設され、さらに2022年の刑法改正により侮辱罪の法定刑の上限が引き上げられるといった制度的な対応が進められている。また、プロバイダ等やその業界団体等の自主的な対応の強化が期待されることに加えて、特にプラットフォーム事業者については、先述した「プラットフォームサービスに関する研究会第二次とりまとめ」が、誹謗中傷をはじめとする違法・有害情報への対応に係る透明性・アカウンタビリティの確保について、行動規範の策定・遵守の求めや法的枠組の導入等を今後速やかに具体化するとしているところである。

このようなインターネット上の誹謗中傷対策の進展は、プロバイダ等による自主規制、事業者と政府のいわゆる共同規制、そして裁判を通じた制裁・救済とに整理することができるが、それぞれ課題があることも否定することはできない。このような観点からは、人権を侵害されたという者からの申告等を端緒とする、法務省の人権擁護機関の取組への期待はますます大きくなってきている。

実際に、法務省の「令和3年における『人権侵犯事件』の状況について」(2022年3月)によると、インターネット上の人権侵害情報について新規に救済手続を開始した人権侵犯事件の数は1736件であり、引き続き高水準で推移している。また、法務省が総務省のプラットフォームサービスに関する研究会で発表したところによれば、2019年1月から2021年10月の期間内に、法務省の人権擁護機関において、インターネット上の表現行為についてその違法性を判断した上で、実際に削除要請を実施した件数の合計は1173件であり、その削除対応率は69.74%であるが、海外事業者の提供するSNSについては削除対応率が低いこと(例えば、Twitterは33.72%、YouTubeは24.24%である)、同和地区に関する識別情報の摘示については削除対応率が54.84%にとどまっていることが明らかとなっている。

こうした削除要請件数・削除対応率からは、人権擁護機関による取組に対して様々な評価が可能であろうが、人権擁護機関の体制強化はもちろん、理論的な根拠の深化や判断基準の明確化を通じて、海外事業者を含むプロバイダ等はもちろん、広く社会に対して、削除要請の的確性について理解を得ていくことが、取組の実効性を高めるために求められているといえる。

2　本検討会の検討の経緯

「インターネット上の誹謗中傷をめぐる法的問題に関する有識者検討会」(以下「本検討会」という。)は、前記のような状況及び問題意識から、法務省の人権擁護機関とプロバイダなどのインターネット上の誹謗中傷の投稿等の削除に関する業務に資するよう、その法的問題を整理する目的で、2021年4月に設置された。本検討会の委員は憲法、民法の研究者及び法律実務家であり、さらに関係省庁等として法務省、総務省、最高裁判所事務総局の参加を得て、15回の会議を開催し、関連する多くの論点について議論を重ねた。

本検討会は2022年1月、第1回会議から第10回会議までの議論を整理した「中間取りまとめ」を作成・公表して、いわゆるパブリックコメントを実施した。これに対しては22の個人・団体等から71の貴重なご意見を頂戴し、本検討会はそれらも踏まえて、第11回会議から第15回会議まで更なる検討を行った上で、同年5月に「取りまとめ」を作成・公表した。

本検討会の成果は「取りまとめ」(本書19頁以下)に集約されており、また、事務局を務めていただいた公益社団法人商事法務研究会のウェブサイトに会議資料及び議事録が公表されている。詳細はそれらをご覧いただきたいが、座長として振り返れば、多くの裁判例や人権擁護機関の実務を基礎にしつつ、時にはアカデミックな議論が委員間で闘わされ、いかにしてインターネット上の表現の自由と人格権・人格的利益の保護のバランスを採るか、また、どのようにプロバイダ等の役割や責任を考えるかについて、多角的に真摯な検討がなされたものと受け止めている。

「取りまとめ」の本体をなす、「第3　インターネット上の誹謗中傷の投稿等をめぐる法的諸問題の考え方」については、本書に掲載されている唐澤・日下部論文(7頁以下)に簡にして要を得た概説がなされており、是非ともご一読をいただきたい。ここでは、本検討会に関わった一研究者としての立場から、若干のコメントを試みたい。

3　既存の裁判例の整理・分析

「取りまとめ」では、「1　インターネット上の投稿等の削除の判断基準」、「2　SNS等における『なりすまし』」、「3　インターネット上の表現行為の特徴に関する法的諸問題」、「4　個別には違法性を肯定し難い大量の投稿」、「5　削除の範囲」、「6　集団に対するヘイトスピーチ」、「7　同和地区に関する識別情報の摘示」、「8　その他の論点」に分けて、順に検討の成果を記載している。このうち「1　インターネット上の投稿等の削除の判断基準」に相当の分量が割かれていることからもわかるとおり、人格権侵害に関する裁判例を丁寧に整理・分析して、インターネット上の誹謗中傷の削除要請をめぐる法的問題の検討の基礎としたところに、「取りまとめ」の大きな特徴がある。

本検討会がこうした作業に重きを置いたのは、法務省の人権擁護機関による個別の削除要請の正当性、プロバイダ等から見れば人権擁護機関からの当該削除要請に従うべき理由が、司法手続において争われたならば、当該削除要請の対象となる投稿の違法性が認められ損害賠償ないし削除を命じられるであろうという予測にかなりの程度依存することにも関係している。換言すれば、「生きている法」である判例を含めた我が国の法秩序において、インターネット上の投稿が人格権・人格的利益を侵害するものとして違法とされる、その判断基準や判断方法について明らかにすることは、海外事業者を含むプロバイダ等にとっても、人権擁護機関からの削除要請に従って投稿を現に削除する上で、さらには進んで自主的な取組を行う上で、有益であると思われる。

とりわけ、検索事業者による検索結果の削除に関する最決平成29年1月31日民集71巻1号63頁が示したいわゆる「明らか」要件が、電子掲示板やSNS上などのインターネット上の投稿等の削除の判断基準として直ちに適用されるものではないとの理解を、「取りまとめ」は明確に打ち出したところである（第3の1⑵ア(イ)d）。このような考えは「取りまとめ」後に下された、Twitter上の投稿の削除の可否を個別的比較較量により判断すべきものとした最判令和4年6月24日裁判所ウェブサイト（付記参照）とも軌を一にするものと思われる。

また、インターネット上の人格権・人格的利益の侵害のうち、名誉毀損ないしプライバシー侵害について相当の裁判例や理論の蓄積があるのと比較すれば、SNS上での名誉感情や肖像権・氏名権の侵害については、判断基準の在り方をはじめとしてこれまで深い検討が十分になされてきたとはいえないように思われる。これらの点にも立ち入って、違法性及び差止請求の判断基準ないし判断方法に関する裁判例を、個別の人格権・人格的利益ごとに整理・分析した点にも、「取りまとめ」の意義があるといえよう（第3の1⑵イ）。

4　裁判例を踏まえた具体的な検討

他方、「取りまとめ」は既存の判例法理の祖述にとどまっているわけではない。そのことは、これまで裁判例でも必ずしも十分意識されてこなかった、損害賠償の要件と削除の要件を意識的に区別して検討した点に現れている。このような視点は、損害賠償と差止めの要件の異同を抽象的に論じるのは相当でないことを前提に（第3の1⑴ウ）、インターネット上の投稿については、損害賠償と比べて削除の方が表現者等にとってより負担の小さい救済手段であり得ること（第3の1⑵イ(ア)c(a)ｉ）を踏まえたものである。

「取りまとめ」はさらに、いわゆるリーディング・ケースを超えて具体的な検討が求められる点にも立ち入った議論をしている。例えば、私人の前科・前歴の公表については、周知のとおりノンフィクション「逆転」事件最高裁判決（最判平成6年2月8日民集48巻2号149頁）が存在するところ、インターネット上に一般の私人の前科・前歴に関する事実が実名で公表され続けている場合のプライバシー侵害が認められるかどうかは、犯罪の重大性を含む事実の公共性の捉え方によるところが大きい。「取りまとめ」はこの捉え方について、同判決を踏まえながらインターネット上の投稿の特性も踏まえた複数の意見を紹介している（第3の1⑵イ㈦d⒞）。

また、肖像権侵害による不法行為の成否については最判平成17年11月10日民集59巻9号2428頁がよく知られているが、肖像権の保護法益は事案や場面によって様々であることから、「取りまとめ」は、私的な場で撮影された肖像についてはその保護法益をプライバシーと捉え、公的な場で撮影された写真について侮辱的な態様での公開がなされた場合等には名誉感情の侵害に該当し得る等の整理を行ったところである（第3の1⑵イ㈹b）。

「取りまとめ」はさらに、スポーツ選手等に対する盗撮、撮影した写真や動画の投稿等の事例（第3の1⑵イ㈹d⒞）、「アイデンティティ権」の主張（第3の2⑸）、誹謗中傷の本質を「オンラインハラスメント」に見いだす指摘（第3の4⑶イ）のように、今後実務・理論にとって大きな問題となり得る、いわば萌芽的な論点についても、裁判例を踏まえつつ現時点での整理を試みている。なお、SNS上の「なりすまし」がいかなる意味で、またいかなる場合に違法となるかについて、「取りまとめ」はなりすまし投稿による人格権侵害と、なりすます手段による人格権侵害という整理を行い、さらになりすまし投稿による人格権侵害について、なりすましに成功した場合と成功しなかった場合の両方について名誉権侵害となり得る場合を示す等の分析を行ったところである（第3の2⑶⑷）。

5　削除要請に関する実務上の論点の検討

「3　インターネット上の表現行為の特徴に関する法的諸問題」及び「5　削除の範囲」は、インターネット上の誹謗中傷の削除に関する裁判例や、法務省の人権擁護機関において削除要請を行う場合の実務上の論点について検討したという側面が濃く、筆者にとってはとりわけ学ぶことの多い論点でもあった。「取りまとめ」が名誉毀損などの対象者の同定及び摘示事実の認定に当たって、ハイパーリンク先のウェブページの内容や検索エンジンの検索により容易に得られる情報等を原則として考慮することができることを確認したこと（第3の3⑴ウ）は、その一例である。

近時裁判例で問題になることの多い、Twitter上でのリツイートや「いいね」、Facebookの「いいね！」については、「取りまとめ」はSNSの具体的な在り方に即した検討を行い、例えば名誉を毀損する内容の元ツイートのリツイートは特段の事情がない限り名誉を毀損するものである、プライバシーを侵害する元ツイートのリツイートもプライバシーを侵害するものである等と整理している（第3の3⑶エ）。

現在では、インターネット上の表現行為が多様化していることから、アカウントでなりすまし行為が行われている場合、まとめサイトの場合、さらに**6**で述べるとおり大量の投稿が全体として違法な人格権侵害と認められる場合等について、個別の投稿を超えて、より広い範囲での削除が求められるようになっている。こうした論点について、「取りまとめ」は、投稿の内容・態様等から他人の人格権を侵害する目的で開設されていることが推認されるアカウントや、他人の人格権を侵害する手段として用いられていることを管理者が容認していると推認されるスレッド等については、人格権侵害を理由とする当該アカウント・スレッド自体の削除が可能であるとしている（第３の５の(3)ア）。他方、まとめサイトについては、引用元の投稿ではなく、まとめサイトの記事を単位として削除の範囲を決めることを原則としつつ、記事内の情報について人格権を侵害する情報とそれ以外の情報との区別が可能であり、前者の部分に限定した削除が技術的に容易である場合には、当該部分のみを削除すべきであるという考えを示している（第３の５の(3)イ）。

6　インターネット上の誹謗中傷の現状を踏まえた検討

「4　個別には違法性を肯定し難い大量の投稿」、「6　集団に対するヘイトスピーチ」そして「7　同和地区に関する識別情報の摘示」については、いまだ裁判例や理論の蓄積が十分ではないものの、インターネット上の誹謗中傷の現状に鑑みて、法務省の人権擁護機関の削除要請の基礎となる考え方を整理する目的から、本検討会は踏み込んだ議論を行ったところである。

例えば、表現の自由への配慮を明示的に法律構成に反映させるかどうかはともかく、社会通念上受忍限度を超える名誉感情の侵害がある場合には削除が可能であるというのが「取りまとめ」の立場でもあるが（第３の１(2)イ(イ)c(d)）、複数の者により全体として大量に誹謗中傷の投稿がされた場合については、これまで確立した考えは見られなかった。この点について「取りまとめ」は、社会通念上許される限度を超えるとはいえない投稿が大量になされている場合に、名誉感情の違法な侵害が認められ、削除をなし得る場合があり得るという本検討会の結論を示すとともに、その具体的な考え方については３つの立場があり得るとして、更なる検討の深化や運用等が期待されるとしている（第３の４(3)ア(ウ)）。

本検討会は、いわゆるヘイトスピーチについては、それが個人に対して向けられたものか、集団等に対して向けられたものかを区別して議論した。そして、個人に対して向けられたヘイトスピーチについては、名誉感情の侵害のほか、私生活の平穏の侵害を理由とした削除の可能性について、論点を示している（第３の６(2)）。さらに「取りまとめ」は、集団等に対して向けられたヘイトスピーチについても、例えば「○○市●●地区の△△人」といった表現のように、集団等の規模、構成員の特定の程度によっては、集団に属する特定個人の権利利益が侵害されていると評価できる場合があるとしている（第３の６(3)）。

「7　同和地区に関する識別情報の摘示」は、１で紹介した法務省の人権擁護機関による削除要請への対応率の低さからも、本検討会にとって重要な検討課題であった。この問題については、本検討会の議論の途中に下された、インターネットへの識別情報の掲載の差止め等を一部認容した東京地判令和３年９月27日裁判所ウェブサイトも参考としながら、議論を重ね、インターネット上の特定の地域を同和地区であると指摘する情報はプライバシー侵害を理由とする差止めにより削除することができるとの結論を示した。その際、当該情報は、学術、研究等の正当な目的に基づくものであり、その目的に照らして必要な範囲で公開するものであっても、その公開の態様や文脈等から当該地域の出身者等が具体的な被害を受ける可能性が相当に低いといえる場合でない限り、削除が可能である、ともしている。なお、投稿者に差別の助長・誘発目的がなければ違法性が認められないという立場を「取りまとめ」が採用していない点にも留意を促しておきたい（第３の7(3)イ(ア)b）。

なお、「取りまとめ」は、人格権・人格的利益の侵害が認められないインターネット上の誹謗中傷の投稿等に対して、法務省の人権擁護機関が削除要請を行うことは基本的に相当ではないとする一方、そのようなものについても被害者に看過できない精神的苦痛を与えるものについてはプロバイダ等の対応が期待されるという指摘が本検討会では多かったことから、上記の「個別には違法性を肯定し難い大量の投稿」、「集団に対するヘイトスピーチ」、「識別情報の摘示」について、表現の自由に十分配慮しつつ、プロバイダ等において自主的に定める約款等による削除等の措置を講ずることが期待されるとしたことにも、留意を促しておきたい（第3の8⑴ウ(ｲ)）。

7　結びに

本検討会に関わった委員としては、以上で紹介した「取りまとめ」が、法務省の人権擁護機関による削除要請の実務に貢献することに加え、既に述べたとおり、削除要請の的確性について理解を得る一助となるものであること（**1**参照）、海外事業者を含むプロバイダ等が削除要請に対応し、あるいは現時点では人格権・人格的利益を違法に侵害するものであるとまではいえない誹謗中傷の投稿等について期待される取組を進めるための参考にしていただくこと（**3**・**6**参照）を願っている。

なお、本検討会で取り上げた多くの論点については委員の間での意見が一致した反面で、本検討会としての方向性を示しつつ個別の委員から更なる指摘や異なる意見があった論点、さらには委員の間で理解や意見が分かれた論点もあった。例えば、名誉毀損に関するいわゆる相当性の法理と削除請求との関係（第3の1⑵イ(ｱ)c(c))、**6**でも触れた名誉感情侵害を理由とする削除の判断基準（第3の1⑵イ(ｲ)c）は、表現の自由への配慮を法律構成に反映させるかどうかという点で、委員の間で多様な見方が示されたところである。この点に加えてプロバイダ等の置かれた立ち位置への評価が分かれたこととの関係で、「取りまとめ」は、プロバイダ等を相手方とする削除請求における違法性阻却事由の立証責任の所在についても、今後の検討が待たれるとするにとどめている（第3の1⑵イ(ｱ)c(b))。そもそもハイパーリンクが情報を拡散する行為なのか情報の所在を示す行為なのか等といったその性質をめぐる理解が本検討会では収斂しなかったことから、リンク先のウェブページによる人格権侵害を助長する意図で行われていると認められる場合や、リンク先のウェブページの情報を自らの表現行為の一部として利用していると認められる場合にはハイパーリンクによる名誉毀損・プライバシー侵害が認められるという結論では一致しつつも、その法律構成について今後の検討に委ねている（第3の3⑶オ）。とりわけ、意見ないし論評の表明による名誉毀損の成否に関する最判平成9年9月9日民集51巻8号3804頁の理解についても議論が重ねられたことは、特に筆者個人の印象に残っているところである。

「取りまとめ」においてはこうした本検討会の議論の状況を丁寧に反映することを心がけたが、いずれにしても、これまで暗黙の前提とされていたような考えを明確にした点や、逆に研究者・実務家の間でも現時点で見方が分かれていることを確認した点も含めて、インターネット上の誹謗中傷をめぐる今後の実務や研究に、一石を投じることができたのではないかと考えている。現に「中間取りまとめ」公表後、法学専門雑誌に掲載された論文やこの問題に関する報道でも本検討会の議論に言及されているのを目にすることがあるが、更なる批判的検討も含めて、今後の議論の出発点となることを期待したい。

インターネット上の投稿等の削除に関する実務の今後の展望
～法務省の人権擁護機関が行う削除要請を念頭に～

法務省人権擁護局参事官　唐澤　英城
東京地方裁判所判事（前法務省人権擁護局付）　日下部　祥史

1　はじめに

法務省の人権擁護機関では、全国の法務局で人権相談に応じており、相談を通じて人権侵害の疑いを認知した場合には、人権侵犯事件として立件し、調査を行った上で、事案に応じて適切な措置を講ずることとしている[1]。インターネット上で名誉毀損やプライバシー侵害等の誹謗中傷の被害に遭ったなどの相談を受けた場合には、相談者の意向に応じ、プロバイダ等に対する削除依頼の方法を具体的に助言したり、法務省の人権擁護機関において、中立公正な立場から、投稿が違法に権利（法律上保護される利益を含む。以下同じ。）を侵害するものかどうかを慎重に判断し、違法性が認められたものについて、プロバイダ等に対して削除要請を行うなどしている[2]。

この削除要請には強制力はなく、削除されるかどうかの最終的な判断はプロバイダ等に委ねられている一方、法務省の人権擁護機関における違法性の判断は、当該事案が仮に司法判断に付されたとした場合を念頭に置きつつ、法曹有資格者が関与し、関連する法令及び裁判例を踏まえ、慎重に行っていたが、法務省の人権擁護機関が平成31年1月から令和3年12月までの間に削除要請を行ったもののうち、削除が確認されたものの割合は約7割であり、その実効性をさらに向上させることが課題とされている。

他方、これまで、インターネット上の投稿等の削除については、後でも見るように、論点が多岐にわたる上、裁判実務においても、関連する最高裁判例の射程について考え方が分かれるなど、法的な理論や判断基準、考慮要素等について、十分な整理が尽くされていないように思われ、こうした状況が、削除後の訴訟リスクをも懸念するプロバイダ等の対応を鈍らせているようにも思われた。

そのような中、本検討会は、法務省の人権擁護機関とプロバイダ等のインターネット上の誹謗中傷の投稿等の削除に関する業務に資するよう、法的問題を整理する目的で設置され、その取りまとめにおいては、削除に係る判断基準をはじめとして、インターネット上の誹謗中傷をめぐる様々な法的問題が整理された。また、取りまとめにおいては、法務省の人権擁護機関やプロバイダ等がこの取りまとめに沿い、あるいは、これを参考にして取組を進めることで、表現の自由やインターネットの有用性を尊重しつつ、救済されるべ

1　法務省「人権侵害を受けた方へ」https://www.moj.go.jp/JINKEN/index_chousa.html
2　法務省「インターネット上の人権侵害をなくしましょう」https://www.moj.go.jp/JINKEN/jinken88.html

き者が適切に救済される運用がさらに実効的に行われることが期待されている（取りまとめ2頁）。

そこで、本稿では、主に、取りまとめを踏まえた今後の法務省の人権擁護機関における削除要請の考え方や取組の方向性に関連して、その主要な点について述べることとしたい。なお、取りまとめ公表後程なくして、インターネット上の情報の削除に関し、重要な判断を示した最高裁判決[3]（以下「令和4年判決」という。）が下されていることから、これにも適宜言及する。

なお、もとより本稿中、意見にわたる部分は、飽くまで担当者の私見であり、担当者の所属する組織の見解ではなく、また、本検討会の見解でもない。

2　インターネット上の投稿等の削除に係る判断基準

⑴　削除の法的根拠

取りまとめは、インターネット上の投稿等の削除を請求することができる法律上の権利として、人格権（人格的利益を含む。以下同じ。）に基づく差止請求権を挙げており、あるインターネット上の投稿等について、その被害者が投稿者又はプロバイダ等に対して人格権に基づく差止請求権を有する場合には、被害者から削除請求を受けた投稿者又はプロバイダ等は、当該投稿等を削除する法律上の義務を負うものとされている（取りまとめ4頁）。もとより、この義務は、実体法上の義務であって、裁判所による判決が下されて初めて生ずる義務ではない。取りまとめも、そのような理解の下、この点を注意的に記載したものと解される。プロバイダ等が被害者から削除を求められた事案について、人格権に基づく差止請求権が成立しているならば、プロバイダ等は、司法判断を待たずとも、これを削除しなくてはならない法律上の義務を負う可能性のあることを表したものと見ることができる。この点、令和4年判決も、「個人のプライバシーに属する事実をみだりに公表されない利益は、法的保護の対象となるというべきであり、このような人格的価値を侵害された者は、人格権に基づき、加害者に対し、現に行われている侵害行為を排除し、又は将来生ずべき侵害を予防するため、侵害行為の差止めを求めることができるものと解される」と判示しており、人格権に基づく差止請求権によってインターネット上の投稿等を削除することができることを示している。

法務省の人権擁護機関は、これまでも、このような理解の下、中立公平な立場から人格権に基づく差止請求権が成立するかどうかを判断した上で、プロバイダ等に対し、削除を要請してきた。もとより、この要請は、被害者の代理人の立場による差止請求権の行使ではないものの、削除要請を受けたプロバイダ等においても、このような削除の法的根拠についての理解を踏まえた適切な対応が期待される。

なお、インターネット上の誹謗中傷の投稿への対応の在り方として、「削除」ではなく「アーキテクチャによる対応を行う」という議論がなされることがある。こうした文脈における「アーキテクチャ」の指す具体的な意味合いは必ずしも一定していないように思われるが、差止請求権が成立している投稿等に関しては、少なくとも削除がなされたのと同様の技術的対応が採られない限りは、差止請求権に対応する法律上の義務を果たしたことにはならないものと考えられる。

3　最判令和4年6月24日裁判所ウェブサイト登載判例（https://www.courts.go.jp/app/hanrei_jp/detail2?id=91265）

ところで、インターネット上の投稿等の削除に関しては、違法なものは削除すべきであるといわれることがあるが、ここにいう違法とは不法行為責任にいうそれに限られるものではない。不法行為責任は、基本的には損害賠償責任に関する規律であり、インターネット上の投稿等の削除に係る直接の法的根拠とはならない（取りまとめ5頁）。人格権に基づく差止請求権と不法行為責任は性質を異にするものであり、不法行為責任が成立しない場合でも差止めによる削除が認められる場合はあり得る。取りまとめにおいては、不法行為責任と人格権に基づく差止請求権との違いが常に意識されている。この点は、特に、投稿時の投稿者の主観的態様や行為責任の有無にかかわらず、差止請求権が生じ得る場合があり得るという点で、違いが際立つように思われる（例えば、取りまとめ52頁など。）。

⑵ 平成29年判例とその射程

これまで、インターネット上の投稿等の削除に関する最高裁判例は、検索事業者の提供する検索結果がプライバシーを侵害する場合の削除の判断基準を示した平成29年1月31日民集71巻1号63頁（以下「平成29年判例」という。）があるのみであった。平成29年判例の判断基準は、いわゆる「明らか」要件という厳格な要件を削除に課したものであるところ（取りまとめ6頁）、この判例は、飽くまでも検索事業者の提供する検索結果の削除に関する判断であったにもかかわらず、下級審裁判例において、その判断基準がSNS上の投稿や動画共有サイトへの投稿にも広く用いられるようになり、プロバイダ等においても、平成29年判例の判断基準は検索事業者の提供する検索結果に限らず広く適用されるとの考え方を取るものが見られるようになった。こうした平成29年判例後の状況は、インターネット上の誹謗中傷に関する投稿等の削除による救済が進まない一因となっていたように思われる。

こうした中、取りまとめは、平成29年判例は、飽くまでも検索事業者の提供する検索結果に係る判断基準を示したものであり、そのほかのインターネット上の情報（以下、検索事業者の提供する検索結果を除いたインターネット上の情報を「インターネット上の投稿」という。）には直ちに適用されるものではなく、インターネット上の投稿の削除の判断基準は、名誉権やプライバシー等の個別の人格権ごとに、個別具体的に検討する必要があるとしている（取りまとめ10頁）。この点、取りまとめの公表後に言い渡された令和4年判決は、Twitterの投稿の削除について、Twitterが「その利用者に対し、情報発信の場やツイートの中から必要な情報を入手する手段を提供するなどしている」ことに触れつつ、「明らか」要件は適用されないことを明言している。同判例の判決文それ自体からはTwitter上の投稿について「明らか」要件が適用されない理由を直接読み取ることはできないものの、そのほかのSNSや電子掲示板などにおけるインターネット上の投稿の削除についても、Twitterにおける投稿の削除との間において、結論に影響を与えるような違いがあることは通常想定し難く、「明らか」要件は適用されないことになるのではないかと考えられる。

いずれにせよ、法務省の人権擁護機関としては、取りまとめ及び令和4年判決に沿い、インターネット上の投稿については、個別の人格権ごとに適切な判断基準を用いて削除要請の可否を判断していくことになるものと考えられる。

⑶ 人格権ごとの差止請求権の判断基準

取りまとめにおいては様々な人格権について削除に係る判断基準等が示されている。ここでは、これらのうち、名誉権、名誉感情及びプライバシーを取り上げる。

ア　名誉権

名誉権に基づく表現行為の差止めに関しては、北方ジャーナル事件最高裁判決（最判昭和61年6月11日民集40巻4号872頁）が、紙媒体の出版物の差止めに関し、厳格な判断基準を用いていたところである。

この点、取りまとめにおいては、①インターネット上の投稿の削除と紙媒体の出版物の差止めとでは、表現の自由に対する影響の程度が大きく異なるから、紙媒体の出版物の差止めに関する伝統的な考え方をインターネット上の投稿の削除にそのまま用いるのは適当ではなく、削除に関して損害賠償よりも厳格な要件を課すべきではないと考えられることや、②北方ジャーナル事件最高裁判決が厳格な要件を課したのは、差止めの対象となったのが公務員又は公職選挙の候補者に対する評価、批評等の表現行為だったからであるとの理解から、インターネット上の公務員又は公職選挙の候補者に対する評価、批判等ではない投稿の削除の場面では、同判決の厳格な要件は適用されないものとされた（取りまとめ11～13頁）。

このほか、違法性阻却事由に関する立証責任の所在や、いわゆる相当性の法理と削除の要件との関係について、複数の見解が示されており、これらの論点については今後の議論や裁判例を注視していく必要があるが、いずれにせよ、公務員又は公職選挙の候補者に対する評価、批判等の高い公共性のある表現でなければ、表現内容が真実でないと認められることで削除することができるものとされている（取りまとめ18頁）。

こうした取りまとめの整理によれば、法務省の人権擁護機関に寄せられる相談事例においては、公務員又は公職選挙の候補者に対する評価、批判等の表現が対象となる事例は極めて稀であるところ、これには当たらない大半の被害事例では、社会的評価の低下が認められる場合であることを前提に、公共の利害に関するものでないこと、その目的が専ら公益を図ることにはないこと、投稿の内容が真実でないことのいずれか1つが認められる場合には、削除要請を行うことになるものと考えられる。

イ　名誉感情の侵害について

法務省の人権擁護機関に寄せられる相談事例の中には、具体的な事実を示すことなく人を侮辱する投稿に関するものも少なくない。こうした投稿については、名誉毀損と構成することも可能であるが（取りまとめ59頁）、通常、名誉感情の侵害の問題として扱っている（取りまとめ20頁も参照。なお、被害者が法人である場合を除く。）。

取りまとめにおいては、具体的な事実が示されていない投稿による名誉毀損の成否に関し、否定的な評価を加える意見ないし論評の表明によって直ちに社会的評価が低下するということはできず、投稿の主体、投稿の内容及び態様、前後の文脈等の事情を総合的に考慮し、一般の読者が、当該意見ないし論評と同様の評価を形成するといえるかどうかによって社会的評価が低下するかどうかを判断するものとされている（取りまとめ61～64頁）。この考え方によれば、具体的な事実が示されていない投稿については、内容が侮辱的なものであっても、上記の総合考慮により、一般の読者が投稿の内容と同様の評価を形成するといえなければ、名誉毀損は成立しないこととなる。他方で、名誉感情については、社会通念上許される限度を超えた侮辱行為であると認められれば、削除し得るものとされている（取りまとめ21～25頁）ことから、社会的評価を低下させるとはいえないものであっても、名誉感情の侵害として削除し得ることになる。

例えば、「死ね」「消えろ」などといった投稿がなされることがあるが、これによって名誉毀損が成立するというためには、当該投稿に関する上記諸事情を総合考慮して、一般の読者が、被害者はその存在を否定されてしかるべき人物であるなどといった評価を形成するといえる必要があり、事案によっては社会的評価の低下が認められない場合もあり得ると考えられる。他方で、当該投稿による名誉感情の侵害については、その投稿内容それ自体によって、通常、社会通念上許される限度を超えた侮辱行為であると認められ、削除をなし得るものと考えられる（取りまとめ21頁も参照）。このように、名誉毀損の成立が認められない場合においても、名誉感情の侵害が認められ、当該投稿を削除することができる場合があることから、具体的な事実が示されていない侮辱的な投稿が問題となった際には、名誉感情の侵害の成否を適切に検討することが肝要であると思われる[4]。

この点、プロバイダ等の中には、具体的な事実が示されていない意見や感想の投稿については削除を行わないものもあったところであった。確かに、単なる意見ないし感想の域にとどまる限りにおいては、名誉感情を違法に侵害するものとはいえないが、その域を超えるものについては、名誉感情の侵害が認められるのであり、具体的な事実が示されていない意見や感想であるということのみを理由に削除に応じないこととするのは、適切ではないと思われる（取りまとめ21頁、59頁注84参照）。

ウ　プライバシー

(ア)　プライバシー侵害を理由とする削除の判断基準

取りまとめにおいては、伝統的なプライバシー概念である私生活をみだりに公開されないという人格権としてのプライバシーについて、これを侵害するインターネット上の投稿を削除することができるかどうかは、当該事実を公表されない法的利益とこれを公表する理由とを比較衡量し、前者が後者に優越するかどうかにより判断すべきであり、表現の自由の保障の観点はこの比較衡量の際に適切に考慮されるべきであること、その比較衡量において、プライバシーに属する事実に公共性がない場合には、よほどの例外的な事情がない限り、削除することができることが示されている（以上につき、取りまとめ27頁）。

この点、令和4年判決は、Twitter上の投稿がプライバシーを侵害するものとして削除できるかどうかに関し、「上告人の本件事実を公表されない法的利益と本件各ツイートを一般の閲覧に供し続ける理由に関する諸事情を比較衡量して判断すべきもので、その結果、上告人の本件事実を公表されない法的利益が本件各ツイートを一般の閲覧に供し続ける理由に優越する場合には、本件各ツイートの削除を求めることができるものと解するのが相当である。」と判示しており、取りまとめとおおむね同様の判断基準を示しているところである。

取りまとめの結果や令和4年判決を踏まえると、法務省の人権擁護機関としては、個別具体的な事実関係を慎重かつ適切に評価して比較衡量を行い、プライバシーに属する事実を公表されない法的利益がこれを公表する理由に優越すると判断できた場合には、当該投稿の削除ができるとの考え方に立って、削除要請を行うことになるものと考えられる。

4　なお、具体的な事実が示されていない侮辱的な投稿については、刑法上の侮辱罪も問題となるが、侮辱罪の保護法益は名誉毀損と同じく外部的名誉であるため、社会的評価の低下が認められないときには成立しない。また、侮辱罪は公然性を要件としており、公然性が認められないときには成立しない。これらの場合でも、本文のとおり、名誉感情の侵害が認められれば、削除等の民事上の救済措置を講ずることはできる。

⑴　前科・前歴に関する投稿の削除

前科・前歴に関するインターネット上の投稿については、その他の類型に比して、プロバイダ等が法務省の人権擁護機関の削除要請に応じる割合が目立って低い状況にある。

この点、取りまとめは、前科・前歴に関する被害事例は実名報道の在り方とも関わる上、前科・前歴に関する事実は公共性のあるものと考えられてきたことから慎重な検討を要するものであるとしつつも、本来救済されるべき者が適切に救済されているかという視点の重要性に言及している。その上で、取りまとめにおいては、前科・前歴に関する情報によるプライバシー侵害の判断の在り方に関し、様々な見解が示されているところであるが、前科・前歴に関する事実の公共性の内実をしっかりと検討し、その内実との関係で、削除すべきかどうかを判断する時点においてもなお当該事実を実名で公表する必要性があるのかどうかや、必要性があるとしてもどの程度なのかといった点を十分に検討した上で、プライバシーの利益との比較衡量を慎重に行うべきものとしている（取りまとめ30頁）。この考え方によれば、例えば、SNSやまとめサイト等において前科・前歴の投稿が問題となった際、過去に逮捕された事実が実名で報道されて社会的に注目されていたなどといった事情のみをもって直ちに削除を否定するような取扱いは適切ではなく、当該時点における公共性の内実や公共性の程度等を実質的に検討することが求められることとなる。

この点、令和４年判決は、上告人が旅館の女性用浴場の脱衣所に侵入したとの被疑事実で逮捕されたとの事実が報道され、その報道記事の一部を転載したTwitterの投稿の削除が請求された事例において、当該事実は軽微とはいえない犯罪事実に関するものとして当該投稿の時点では公共の利害に関する事実であったとしながらも、①逮捕から原審の口頭弁論終結時まで約８年が経過し、刑の言渡しはその効力を失っており、転載元の記事も既に削除されていることから、当該事実と公共の利害との関わりの程度は小さくなってきている、②当該投稿は長期間にわたって閲覧され続けることを想定してされたものであるとは認め難い、③当該事実を知らない上告人と面識のある者に当該事実が伝達される可能性が小さいとはいえない、④上告人が公的立場にある者ではないとの事情を掲げ、当該事実を公表されない法的利益が当該投稿を一般の閲覧に供し続ける理由に優越するとし、当該投稿の削除を認めている。平成29年判例以降、下級審の裁判例や裁判外の削除要請等において、前科・前歴に関するインターネット上の投稿の削除が認められた事例が非常に少ない状況にあったが、令和４年判決の登場により、こうした状況は変化していくものと思われる[5]。

3　インターネット上の表現行為の特徴に関する法的諸問題について

取りまとめにおいては、インターネット上の表現行為の特徴に関する様々な法的問題について整理されているが、ここでは、ハイパーリンクが設定された投稿について取り上げる。

法務省の人権擁護機関では、裁判例等を踏まえ、人格権を侵害する情報のあるウェブ

5　なお、令和４年判決の草野耕一裁判官補足意見を踏まえると、例えば、公的立場にない一般の私人の前科・前歴に関する投稿については、刑の言渡しが効力を失うなどの令和４年判決が掲げる本文の①の事情が認められない場合であっても、投稿全体は削除できないが、実名の部分に限って削除することはできるとの考え方もあり得るのではないかと思われる。

ページへのハイパーリンクを設定した投稿についても、違法に人格権を侵害すると認められたものについては削除要請を行ってきたところ、プロバイダ等の中には、ハイパーリンク自体はURL情報にすぎず、必要ならばリンク先の人格権を侵害する情報を削除すればよいはずであるなどといった理由で、削除を行わないものもあったところであった。

取りまとめにおいては、ハイパーリンクを設定した投稿について、いかなる場合に人格権侵害といえるかの具体的な判断基準については意見が分かれたものの、そのような投稿が人格権侵害になり得ることそれ自体については異論が見られなかったところであり、少なくとも、必要ならばリンク先の情報を削除すればよいとの理由でハイパーリンクを設定した投稿の削除を認めないとすることは適切ではないものとされている（取りまとめ56～58頁）。

具体的にいかなる場合にハイパーリンクを設定した投稿が人格権を侵害するものといえるかについては、今後の検討が待たれるものとされており、更なる議論や裁判例への注視が必要ではあるが、取りまとめにおいては、名誉毀損及びプライバシー侵害が認められる場合として、「リンク先のウェブページによる人権侵害を助長する意図で行われていると認められる場合や、リンク先のウェブページの情報を自らの表現行為の一部として利用していると認められる場合」という限度では委員の意見が一致していることから、今後、少なくとも、このような場合に当たるかどうかについての検討は、特に必要とされていくものと考えられる。

なお、ハイパーリンクの中には、いわゆるインラインリンクに当たるものがあり、例えば、リンク先のウェブページに投稿されている画像がハイパーリンクを設定した投稿において表示されているといったものもある。このようなインラインリンクについては、リツイートがその一種であるとされているところであり（取りまとめ54頁注73）、リツイートに関する考え方と同様にして対処することが考えられる。

4　個別には違法性を肯定し難い大量の投稿

⑴　近年、SNS上などで、特定の個人に対して誹謗中傷の投稿が大量に向けられるといった事例が生じている。そうした事例の中には、1つ1つの投稿それ自体としては名誉毀損等の人格権侵害までには至っていないものがあり、被害者としては、そのような投稿が大量になされて耐え難い精神的苦痛を被っていたとしても、人格権に基づく差止めによる削除等の措置を講ずることは困難ではないかとの指摘もなされていた。

この点について、取りまとめは、こうした個別には違法性を肯定し難い投稿であっても、それが大量に特定の個人に向けてなされた場合には、それが特定の個人によってなされた場合はもちろんのこと、複数の者によってなされた場合であっても、名誉感情の侵害として差止めによる削除ができる場合があるものとされた（取りまとめ66～70頁）。この点は、本検討会の議論が、全体として不法行為責任と人格権に基づく差止請求権とを意識的に峻別しながら行われてきたことによる成果の1つと感じられるが、近年特に社会問題化した課題の法的な救済策について、考え方の筋道が示されたものであり、大変に貴重なものと思われる。

⑵　法務省の人権擁護機関に寄せられる被害事例の中にも、電子掲示板のスレッドや特定のSNSのアカウント上において特定の人物に関する批判的・否定的な投稿が大量になされているといったものがある。もっとも、こうした事例において、当該大量の投稿の中

に、個別に人格権侵害が成立する投稿が1つもないという事例はあまり見受けられず、実際上は、人格権を侵害すると認められる投稿とそれには至らない投稿とが混在しているという事例が一般的である。こうした場合には、個別には違法性を肯定し難い投稿の違法性をどう考えるかという問題というよりも、削除の範囲の問題として捉えることも有益ではないかと考えられる。

取りまとめにおいては、削除の範囲について、通常は、個々の表現行為ごとに画されることとなるが[6]、一定の場合には、SNSのアカウントそのものや、スレッド自体を削除することができるものとされている（取りまとめ72～74頁）。この点、上記のような事例においては、電子掲示板のスレッドのタイトルや投稿の状況等から、加害目的を認定できる場合があり得る。そうした場合には、個々の投稿ではなく、スレッドそれ自体や批判的・否定的な投稿を大量に行っているアカウント自体の削除についての検討が必要とされていくものと考えられる。

5　ヘイトスピーチ

⑴　ヘイトスピーチの被侵害利益

インターネット上の投稿の削除等の民事上の救済は、加害行為により特定の個人の権利が侵害された場合になし得るものであることから、いわゆる「ヘイトスピーチ」に関して民事上の救済を検討するためには、「ヘイトスピーチ」による被侵害利益を特定する必要がある[7]。これまでも「ヘイトスピーチ」によって害される利益については様々な議論がなされていたものの、刑事規制を念頭に置いた議論が中心であったことから、「ヘイトスピーチ」に関する民事上の救済の場面で問題となる権利が何かについて、必ずしも十分な整理がなされているとはいえない状況にあった。

本検討会は、民事上の救済を念頭に、「ヘイトスピーチ」により侵害される人格権として、名誉権、名誉感情、私生活の平穏を掲げた上で、一般に「ヘイトスピーチ」とされる表現について、それが特定の個人に向けられている場合には名誉感情の侵害になることを具体的に示している（取りまとめ77頁）。これによれば、一般に「ヘイトスピーチ」とされる表現が特定の個人に向けられている場合については、名誉感情の侵害が認められ、削除することができる場合が多いものと考えられる。もっとも、一般に「ヘイトスピーチ」とされる表現であっても、例えば、人種や国籍等の特定の集団の属性を理由として、特定の個人に危害を加えることを内容とするもののうち、「殺せ」などといった人の存在を否

6　この削除の範囲とは、人格権に基づく差止請求権が成立する場合に、これによる法律上の削除義務が生じる部分であると考えられる。取りまとめにおいては、原則として、人格権を侵害する違法な1つの表現行為（通常は1つの投稿）により画されるものとされている（取りまとめ72頁）から、通常、1つの投稿の中に人格権を侵害する情報とそれ以外の情報が含まれている場合に、人格権を侵害する情報の部分だけを削除すればよいということにはならず、投稿そのものを削除しなければならないこととなる。もっとも、例外的に、1つの表現行為の中で、その意味内容等に照らし、人格権を侵害する情報とそれ以外の情報とを区別することができ、かつ、1つの表現行為の一部の削除が技術的にも容易である場合には、その一部のみが削除の範囲となるものとされている（取りまとめ72頁）。

7　なお、「ヘイトスピーチ」は極めて多義的であり、様々な表現が「ヘイトスピーチ」とされ得るものであるため、仮に「ヘイトスピーチ」を定義しても、「ヘイトスピーチ」による被侵害利益が直ちに特定されることにはならないと考えられる。したがって、民事上の救済を検討する上では、「ヘイトスピーチ」を定義するのではなく、「ヘイトスピーチ」とされ得る表現行為により侵害される人格権を特定していくことが適切であると考えられる。

定する表現ではない場合には、名誉感情の侵害ではなく、私生活の平穏の侵害が認められる場合もあるのではないかと考えられる（取りまとめ78頁）。

⑵　集団等に対するヘイトスピーチ

「ヘイトスピーチ」は、人種や民族といった属性に着目してなされるものであることから、特定の個人ではなく、集団等に向けて行われるものが少なくないところ、これまで、こうした集団等に対するヘイトスピーチについては、特定の個人の権利の侵害を観念し難いのではないかとの指摘がなされていた。

法務省の人権擁護機関においては、既に、集団等に向けられた「ヘイトスピーチ」であっても、特定の個人の人権を侵害するといえる場合があるとの考え方を示していたところであったが[8]、取りまとめにおいても、集団等の規模、構成員の特定の程度によっては、集団に属する特定の個人の権利が侵害されていると評価できる場合があるものとされた。さらに、取りまとめにおいては、特定の個人の権利の侵害が認められる具体例として、少なくとも「○○市●●地区の△△人」といった程度に集団等の規模が限定され、その構成員が特定されている場合が挙げられている（取りまとめ79頁）。なお、これについては、問題となる投稿そのものにこうした地域的な限定を直接付した情報が含まれている場合はもちろん、そのような直接の情報が含まれてはいない場合でも、事実認定の問題として、前後の文脈等から、こうした程度に限定された集団に向けられた投稿であると認めることができる場合には、限定が直接付されていた場合と同様に、特定の個人の権利侵害を認めることができる程度に集団等の規模が限定されていると評価することができ、当該集団に属する特定の個人の権利の侵害が認められることとなろう。

⑶　特定の個人の権利を侵害するとはいえない場合の対応

インターネット上で行われる「ヘイトスピーチ」は、特定の国籍又は民族全体を対象とした投稿などが少なくないところであり、こうした投稿については前項⑵の考え方によっても特定の個人の権利の侵害を認めることはできない。また、ヘイトスピーチに関する法律としては「本邦外出身者に対する不当な差別的言動の解消に向けた取組の推進に関する法律」（平成28年法律第68号。以下「ヘイトスピーチ解消法」という。）があるが、表現の自由への配慮からあえて禁止規定や罰則を設けることはせず、理念法として定められたものであるところ、本検討会開催以前には、こうした集団等に向けられた「ヘイトスピーチ」の問題を解消する上で実効性に欠けるのではないかとの指摘もあったところである。

こうした中、取りまとめにおいては、特定の個人の権利を侵害するとはいえない「ヘイトスピーチ」であっても、少なくともヘイトスピーチ解消法第２条の「本邦外出身者に対する不当な差別的言動」[9]に該当するものについては、「ヘイトスピーチ」による具体的な

8　法務省「『本邦外出身者に対する不当な差別的言動の解消に向けた取組の推進に関する法律』に係る参考情報（その3）」https://www.moj.go.jp/content/001360691.pdf

9　ヘイトスピーチ解消法第２条は次のとおり定めている。
「この法律において「本邦外出身者に対する不当な差別的言動」とは、専ら本邦の域外にある国若しくは地域の出身である者又はその子孫であって適法に居住するもの（以下この条において「本邦外出身者」という。）に対する差別的意識を助長し又は誘発する目的で公然とその生命、身体、自由、名誉若しくは財産に危害を加える旨を告知し又は本邦外出身者を著しく侮蔑するなど、本邦の域外にある国又は地域の出身であることを理由として、本邦外出身者を地域社会から排除することを煽動する不当な差別的言動をいう。」

被害を予防するために、プロバイダ等は、これについて削除依頼や法務省の人権擁護機関からの情報提供を受けた際には、約款等に基づく自主的な対応を積極的に行うことが社会的に期待されるものとされた（取りまとめ80～81頁）。これまでも、法務省の人権擁護機関においては、特定の個人の権利を侵害するとは認められないが、「本邦外出身者に対する不当な差別的言動」に該当すると考えられた投稿については、プロバイダ等に対して情報提供を行い、約款等に基づく自主的な対応を促してきたものであり、情報提供を受けて削除等の措置を講ずるプロバイダ等もあったところである。法務省の人権擁護機関が引き続きこうした情報提供を適切に行っていくとともに、プロバイダ等においても、取りまとめをも踏まえた対応が行われていくことによって、インターネット上の「ヘイトスピーチ」による被害救済の実効性が高まるのではないかと考えられる。

6　識別情報の摘示

⑴　部落差別（同和問題）は、日本社会の歴史的過程で形作られた身分差別により、日本国民の一部の人々が、長い間、経済的、社会的、文化的に低い状態に置かれることを強いられ、同和地区と呼ばれる地域の出身者であることなどを理由に結婚を反対されたり、就職などの日常生活の上で差別を受けたりするなどしている、我が国固有の人権問題である[10]。近年では、情報化の進展に伴い、インターネット上で特定の地域を同和地区であると指摘する情報（法務省の人権擁護機関では、これを「識別情報の摘示」と呼んでいる。）が投稿されるといったインターネット上の「部落差別」が問題となっている。

法務省の人権擁護機関においては、インターネット上の識別情報の摘示は当該地区の出身者等に対して将来差別が行われるおそれの高いものであるとの考え方から、関係行政機関からの通報等により当該情報の存在を認知した場合には、プロバイダ等に対する削除要請を行っている。しかしながら、部落差別（同和問題）が我が国固有の人権問題であるため海外事業者の理解を得ることが困難であることなどから、名誉毀損やプライバシー侵害の類型に比し、削除対応率が低水準にとどまっている状況にある。

⑵　識別情報の摘示による人格権の侵害

同和地区に関する識別情報の摘示は、それ自体としては特定の地域に関する情報であって、人の属性を示すものではないことから、特定の個人の人格権を侵害するといえるものなのかどうかという問題がある。

この点については、東京地判令和３年９月27日裁判所ウェブサイトが、同和地区であると指摘された地域の居住者等のプライバシーを侵害するものであるとの判断を示していたところであったが、取りまとめにおいても、インターネット上で特定の地域を同和地区であると指摘する情報を公表する行為は、実質的には、プライバシーを侵害する行為であると評価できるものとされた（取りまとめ86頁）。

さらに、特定の地域が同和地区であるとの情報は、一般的には、社会の正当な関心事ではなく、公共性があるとはいえないと考えられることから、通常、プライバシー侵害として差止めにより削除することができるものとされている。この点、学術、研究等の正当な目的でなされた場合には、当該表現は公共性を帯びることから、当該目的に照らして必要かつ相当な範囲で公開する場合には、表現の

10 法務省「部落差別（同和問題）を解消しましょう」https://www.moj.go.jp/JINKEN/jinken04_00127.html

自由に配慮することが望ましいものであるが、インターネット上で特定の地域が同和地区であるとの情報を公開する場合については、通常は誰もが容易にこれにアクセスでき、情報の伝達範囲が広範にわたる上、差別意識を持つ者に対してある者が同和地区の出身であることを容易に知ることができる手段を与えることにもなるから[11]、当該地域の出身者が具体的な被害を受ける可能性が相当に低いといえる場合でない限り、当該情報を公開されない法的利益がこれを公表する理由に優越し、削除することができるものとされている（取りまとめ87頁）。

こうした取りまとめの整理によれば、インターネット上で特定の地域を同和地区であると指摘する情報が投稿されているときは、これにアクセスすることが容易ではないことや当該地域がかつて同和地区であったことが物理的な面のみならず人々の心理的な面においても完全に風化していることがうかがわれるなどのごく限られた例外的な事情がある場合でない限り、削除が必要な情報となるものと考えられる。

なお、投稿が差別を助長・誘発する目的でなされたかどうかは、プライバシー侵害の違法性を基礎付ける考慮要素の１つになるものであるが、当該目的がなければ違法性が認められないというものではないとされていること（取りまとめ87頁）も重要な点であると考えられる。

⑶　約款等による対応

取りまとめは、仮に、インターネット上の同和地区に関する識別情報の摘示が特定の個人のプライバシーを侵害するものではないとしても、当該投稿に差別を助長・誘発する目的があるかどうかにかかわらず、約款等に基づく削除を含む積極的な対応を採ることが期待されるものとしている（取りまとめ90頁）。もとより、約款等に基づく対応においても表現の自由への配慮は必要であり、前項⑵のようにプライバシー侵害であると考える場合と同様に､学術､研究等の正当な目的に基づき、その目的に照らして必要な範囲で公開するものであって、公開の態様や文脈から、当該地域の出身者等が具体的な被害を受ける可能性が相当に低いといえる場合には、約款等に基づく削除等の措置を講ずるべきではないとされているが（取りまとめ91頁）、これに該当するのはごく限られた場合であると考えられることは、前項⑵で指摘したとおりである。

7　おわりに

取りまとめにおいて整理された法的論点は多岐にわたり、これまで十分に議論がなされていなかった論点も少なくないところであった。本検討会はこうした様々な論点について整理を行い、インターネット上の誹謗中傷の投稿等の削除の可否に関する判断の在り方を可能な限り明確にしたものであり、法務省の人権擁護機関における今後の削除要請の指針ともなるものである。今後、本稿で取り上げなかった論点も含め、この取りまとめを踏まえた削除要請が行われることとなる。

このような取りまとめに至るまで、およそ１年にわたり、充実した御議論をいただいた本検討会の委員及び関係省庁の方々、さらには、本検討会の中間取りまとめに対して貴重な御意見をいただいた皆様に、この場を借りて篤く御礼を申し上げたい。

11　部落差別の解消の推進に関する法律（平成28年法律第109号）第６条に基づき法務省が行った調査では、インターネット上で部落差別関連情報を閲覧した者の一部には差別的な動機で閲覧している者がうかがわれることが明らかになっている（法務省「部落差別の実態に係る調査結果報告書」令和２年６月（https://www.moj.go.jp/content/001327359.pdf））

インターネット上の誹謗中傷をめぐる
法的問題に関する有識者検討会

取りまとめ

令和４年５月

公益社団法人　商事法務研究会

インターネット上の誹謗中傷をめぐる法的問題に関する有識者検討会 取りまとめ

目　次

第１　はじめに

インターネットは、多様なコミュニケーションや、情報発信、情報収集を可能にし、人々の日常生活や社会経済活動を飛躍的に発展させたもので、今日においては、欠くことのできない重要な社会基盤となっている。これに加え、近時は、スマートフォン等の普及とともに、ＳＮＳ（ソーシャルネットワーキングサービス）等のソーシャルメディアの利用が急速に拡大し、個人による表現活動がより身近なものとなった。

その一方で、インターネット上の表現行為については、他者を誹謗中傷する投稿、その肖像や氏名を無断で用いた投稿、当該情報が広く知られることにより当人にとっては不利益にもなる情報をまとめたいわゆる「まとめサイト」、従来は集会やデモ等による表現が注目を浴びていたいわゆる「ヘイトスピーチ」とされる投稿、過去には「部落地名総鑑」といったオフライン上の書籍を通じて行われた特定の地域を同和地区であると指摘する情報についての投稿など、実に様々な問題が指摘されるようになった。

とりわけ、インターネットには、情報の高度の流通性、拡散性、永続性のほか、投稿やアクセスの容易性といった特性が認められるところ、このような表現行為によって、またそれらが大量に集中するなどして、その表現の向かう先の個人や集団に属する者に対し、深刻な精神的苦痛を被らせ、ときに取り返しのつかない人権侵害に至ることもある。

現に、法務省の人権擁護機関におけるインターネットに関する人権相談の件数は、平成３１年１月から令和３年１２月までの３年間に２万件を超えた。その間のインターネット上の人権侵害情報に関する人権侵犯事件の処理件数は、５，３８２件に上っている。このうち、各種の助言等の「援助」の措置により終結した２，４１７件を除いたものの中で、違法性があるものと判断されてプロバイダ等に対する削除の「要請」がなされた件数は、１，２３７件に及んでいる。

また、インターネット上の違法・有害情報に対し適切な対応を促進する目的で、関係者等からの相談を受け付け、対応に関するアドバイスや関連の情報提供等を行う相談窓口を持つ「違法・有害情報相談センター」が受け付けたインターネットに関する相談件数を見ると、令和３年度は６，３２９件（速報値）に上り、過去７年間は５，０００件から６，０００件台を推移し、平成２２年度の約４倍に増加している。

このような中、もとよりプロバイダ等においては、インターネット上の表現行為による人権侵害を防ぐべく、アーキテクチャを駆使した対応等、様々な工夫が行われているが、近年問題となった様々な事象や上記の各種相談件数等にも現れているとおり、インターネット上の表現行為による人権侵害が現に生じ続けていることも事実であり、表現の自由やインターネットの有用性を最大限尊重しつつも、救済されるべき者が適切に救済されるよう、問題とされる情報の削除についても、実効的な対応が期待されるところである。また、プロバイダ等に対し、任意の措置ではありながらも、違法性を判断した上で削除を要請してきた法務省の人権擁護機関に対しても、更なる理論の整理・深化や透明性の確保が求められてきたところでもある。

この点、法務省の人権擁護機関においては、これまでも判例等を踏まえた違法性の判断等を慎重に行ってきたところと考えられるが、インターネット上の表現行為をめぐる人権侵害に関しては、その特殊性故に、その違法性の判断等についての更なる検討が必要と考えられた問題も少なくない。また、そのような理論的根拠を整理・深化させるとともに、透明性を高めることは、法務省の人権擁護機関等からの削除要請を受けるプロバイダ等においても、削除の当否等を判断するに当たり、非常に有益なものとなると考えられる。

こうしたことから、本検討会は、法務省の人権擁護機関とプロバイダ等のインターネット上の誹謗中傷の投稿等の削除に関する業務に資するよう、その法的問題を整理する目的で、この問題に詳しい憲法、民法の研究者及び法律実務家を委員として構成し、インターネット上の誹謗中傷に関する投稿等の削除をめぐる法的問題について議論、検討を行った。本検討会で議論・検討された論点は多岐にわたり、これまで十分に議論されてこなかった論点も少なくないところであった。そうした中、多くの論点で委員の意見の一致が見られたが、最後まで意見が分かれた論点も残されているところである。本報告書には、このように意見の一致が見られたもののみならず、意見が分かれた論点についても、多少なりとも検討の方向性を示すか、あるいは、現時点では方向性を示すことはあえてせず、複数の考え方を併記するにとどめるなどして、その検討の結果を取りまとめている。

今後、法務省の人権擁護機関やプロバイダ等がインターネット上の誹謗中傷の投稿等の削除に関する業務を行う上では、本取りまとめに沿い、あるいはこれを参考にして取組を進めることで、表現の自由やインターネットの有用性を尊重しつつ、救済されるべき者が適切に救済される運用が更に実効的に行われることを期待したい。

また、意見の一致が見られなかった論点については、本検討会における検討の結果も参考として、今後、議論が一層深められ、更なる法理論の整理や深化がなされることを望みたい。

最後に、本検討会の議論・検討に当たり、中間取りまとめに対する意見募集に対して、貴重なご指摘・ご意見をお寄せいただいた方々に、感謝の意を表明したい。また、本検討会の議論・検討に関わられた関係省庁各位にも、この場を借りて謝意を申し上げたい。

第２　本検討会の開催状況

本検討会は、計６名の委員により構成され（別添１：委員名簿）、令和３年４月２７日、第１回会議を開催したのを始めとし、令和４年５月までの間に、計１５回の会議を開催した（別添２：開催状況）。

第１回及び第２回会議では、各委員から、本検討会で検討すべき論点に関する意見が示されたことを受けて、以下の論点を検討すべきものとした。

論点１　違法性及び差止請求の判断基準や判断の在り方
論点２　ＳＮＳ等における「なりすまし」
論点３　インターネット上の表現行為の特徴に関する法的諸問題
論点４　個別には違法性を肯定し難い大量の投稿
論点５　集団に対するヘイトスピーチ
論点６　識別情報の摘示
論点７　その他

その後、第３回会議（令和３年６月２１日）から第１０回会議（同年１２月２３日）まで、各論点についての一巡目の議論が行われ、それまでの検討結果として、中間取りまとめを作成し、令和４年１月２０日、これを公表した。

中間取りまとめに対しては、同日から同年２月１８日までの間に、広く意見を募集したところ、２２の個人・団体等から７１の意見があった。本検討会は、この意見募集を踏まえて、第１１回会議（同年３月７日）から第１５回会議（同年５月２４日）まで、各論点についての二巡目の議論を行い、その検討結果として本取りまとめを作成した。

第３　インターネット上の誹謗中傷の投稿等をめぐる法的諸問題の考え方

１　インターネット上の投稿等の削除の判断基準

インターネット上の誹謗中傷[1]の投稿等により被害を受けた者は、損害の賠償や投稿等の削除を求めていくことが考えられる。このうち、投稿等の削除については、被害者が、投稿者やプロバイダ等に対し、裁判上ないし裁判外で、これを求めていくこととなるが、実際に削除するとなれば投稿者等の表現の自由を制約することにもなることから、投稿者が任意にこれに応ずるといった場合を除き、表現の自由の制約を正当化する根拠が必要になる。

この正当化根拠としては、投稿者やプロバイダ等に対して削除を求める法律上の権利があることや、プロバイダ等が自主的に定める約款等により削除の対象とされていることなどを挙げることができるが、ここでは、削除を求める法律上の権利に関し、まず、その法的根拠について整理し、次いで、これに基づきいかなる場合に削除請求をなし得るか、すなわち、その削除の判断基準（権利の成立要件）について、整理を行う。

⑴　インターネット上の投稿等の削除の法的根拠に関する諸問題

ア　削除請求の法的根拠

㈠　人格権に基づく差止請求権

ＳＮＳや電子掲示板における投稿、ブログ記事等のインターネット上の投稿や、検索事業者の提供する検索結果（以下、検索事業者の提供する検索結果を含める場合を「インターネット上の投稿等」といい、含めない場合を「インターネット上の投稿」という。）が、いわゆる誹謗中傷であるなどとして、その削除を求める場合、その法的根拠としては、人格権に基づく差止請求権が考えられる。

あるインターネット上の投稿等について、その被害者が投稿者又はプロバイダ等に対して人格権に基づく差止請求権を有する場合には、被害者から削除請求を受けた投稿者又はプロバイダ等は、当該投稿を削除する法律上の義務を負うことになる。

ａ　人格権

人格権概念は様々な意味で用いられており、文献上、その定義も様々であるが[2]、具体的には、名誉権、肖像権、氏名権などがこれ

---

[1] 「誹謗中傷」は法律上の用語ではなく、本取りまとめにおいては、対象者の名誉を毀損するなど人格権を侵害するもののみならず、対象者に対する否定的・消極的な事実や意見を内容とする投稿であるが人格権侵害には至らないものなども含まれるものとして、この用語を使用している。

[2] 五十嵐清『人格権法概説』（有斐閣、２００３年）１０頁には、「主として生命・身体・健康・自由・名誉・プライバシーなど人格的属性を対象とし、その自由な発展のために、第三者による侵害に対し保護されなければならない諸利益の総体」とあるほか、潮見佳男『不法行為法Ｉ〔第２版〕』（信山社、２００９年）１９４頁には、「人間の尊厳に由来し、人格の自由な展開および個人の自律的決定の保護を目的とするとともに、個人の私的領域の

に当たるものと考えられている。

また、人格権といえるかどうかはともかく、少なくとも、法的保護に値する人格的利益であると考えられているものとして、名誉感情、プライバシー、私生活の平穏などを挙げることができる。

b　差止請求権

差止請求権とは、現に行われる侵害行為を排除し、又は将来生ずべき侵害を予防するために、侵害行為の差止めを求める権利である（最大判昭和６１年６月１１日民集４０巻４号８７２頁（以下「北方ジャーナル事件最高裁判決」という。）参照）。

この点で、差止請求権は、過去に生じた侵害による損害の事後的な回復を求める損害賠償と、その対象や基準時等を異にする。

(ｲ)　不法行為

なお、後記ウのとおり、インターネット上の誹謗中傷の投稿等は、不法行為に基づく損害賠償責任をも生じさせ得るものであるが、裁判実務上は、不法行為の一般的な法律効果として投稿の削除を求めることができるとは考えられておらず、不法行為が成立することは、削除請求の直接の法的根拠にはならないものと考えられる[3]。

イ　人格的利益に基づく差止請求権の成否

インターネット上の投稿等の削除の法的根拠を人格権に基づく差止請求権であると考える場合には、侵害されているものが名誉権等の人格権ではなく、名誉感情や私生活の平穏などの人格的利益の場合であっても差止めをなし得るのかどうかという理論的な問題が生じる。

この点について、北方ジャーナル事件最高裁判決は、名誉権に基づく差止請求が認められる理由として、名誉権が物権と同様に排他性を有する権利であることを挙げているのに対し、最決平成２９年１月３１日民集７１巻１号６３頁（以下「平成２９年判例」という。）は、プライバシーについて、それが権利であるかどうかや、排他性を有するものであるかどうかに言及することなく、差止請求をなし得るものであることを認めている。

こうした判例の状況にも照らすと、差止請求が認められるかどうかは「排他性」の有無から機械的に導かれるものではないことから、人格的利益に「排他性」があるかといった点にこだわることなく、人格的利益に基づく差止請求も認められると考えてよい。

ウ　損害賠償と差止めの要件の異同

インターネット上の誹謗中傷の投稿等により人格権（人格的利益を含む。以下同じ。）が侵害される場合には、差止めの問題のみならず、

平穏に対する保護を目的とする権利」などと定義されている。

[3] 名誉毀損については、裁判所に対し、名誉を回復するのに適当な処分を求めることができるところ（民法第７２３条）、この名誉回復処分としてインターネット上の投稿の削除を認め裁判例もある。もっとも、一般的には、名誉権に基づく差止請求として削除が求められる場合が多いものと考えられる。

不法行為に基づく損害賠償の問題も生じ得る[4]。このような場合の損害賠償と差止めとの関係については、これまで、差止めと損害賠償とで要件は同じなのか、それとも、差止めの方がより厳しい要件なのか（損害賠償は認められても差止めが認められない場合があり得るのか）などといった議論もなされてきたところである。

しかしながら、人格権侵害の損害賠償や人格権に基づく差止めの要件は、損害賠償は過去になされた行為の責任が問題となるのに対し、差止めは将来に向けた侵害の除去又は防止が問題となるというそれぞれの対象や基準時の違いを踏まえつつ、個別具体的に検討すべきであり、損害賠償と差止めとの要件の異同を抽象的に論ずるのは相当ではないと考えられる。

⑵ インターネット上の投稿等の削除の判断基準

ア インターネット上の投稿等の削除に関する最高裁判例

㈠ 裁判例の状況

インターネット上の投稿等の違法性及びその削除に係る差止請求権の成否に関する判断基準やその判断の在り方を示した最高裁判例は、現状では、検索事業者の提供する検索結果の削除について判断した平成２９年判例があるのみである。

平成２９年判例は、民事保全事件（仮処分）において、ある者のプライバシーに属する事実を含む記事等が掲載されたウェブサイトのＵＲＬ並びに当該ウェブサイトの表題及び抜粋（以下「ＵＲＬ等情報」という。）を検索結果の一部として提供する行為が違法となるかどうかは、当該事実を公表されない法的利益とＵＲＬ等情報を検索結果として提供する理由に関する諸事情を比較衡量して判断すべきであり、その結果、当該事実を公表されない法的利益が優越することが明らかな場合（以下「「明らか」要件」という。）にＵＲＬ等情報を検索結果から削除することを求めることができるとしている。

平成２９年判例のほかに、ＳＮＳ、電子掲示板、ブログ等における誹謗中傷の投稿について、その違法性及び削除に係る差止請求権の判断基準や判断の在り方を示した最高裁判例はない。もっとも、下級審裁判例においては、平成２９年判例の判断基準をＳＮＳ等における投稿についても適用するものが見られるところである[5]。

---

[4] なお、ここでは、投稿者が人格権を侵害する投稿を行ったことが不法行為とされる場合を念頭においている。インターネット上の誹謗中傷の投稿等に関する不法行為責任は、これを削除しなかったプロバイダ等の不法行為責任という形で問題となることもあるが、これについては、後記８⑵を参照。

[5] 京都地判平成２９年４月２５日 D1-Law２８２５２１９６（被告の管理するウェブサイト上の投稿）、東京高決令和２年６月８日 D1-Law２８２８３５９２（短文投稿サイトにおける投稿）、東京高判令和２年６月２９日判タ１４７７号４４頁（Ｔｗｉｔｔｅｒ）、札幌地決令和３年１月１３日 D1-Law２８２９０４６８（ＹｏｕＴｕｂｅ）等。

こうした裁判例の状況を踏まえ、インターネット上の投稿等の削除の判断基準を検討する前提として、検索事業者の提供する検索結果以外のインターネット上の投稿についても、平成２９年判例の判断基準を適用すべきなのか、それとも、平成２９年判例の判断基準を適用すべきではなく、別途、判断基準を検討すべきであるのかについて、整理を行う。

(イ)　検索事業者の提供する検索結果以外の情報の削除にも平成２９年判例の判断基準が適用されるか

a　平成２９年判例の理解の仕方

平成２９年判例は、検索事業者の提供する検索結果の削除の可否が問題となったという事実関係の下で、当該検索結果の提供が有する次の①及び②の性質に着目して判断をしたものであると考えられる。

①　検索事業者が行う検索結果の提供は、検索事業者の方針に沿った結果を得ることができるように作成されたプログラムによって行われるものであり、「表現行為という側面」を有している。

②　検索事業者が行う検索結果の提供は、公衆が、インターネット上に情報を発信したり、膨大な量のインターネット上の情報の中から、必要な情報を入手したりすることを支援するものであり、インターネット上の「情報流通の基盤」としての大きな役割を果たしている。

b　電子掲示板等における投稿について

一般的なインターネット上の記事や、電子掲示板における投稿、ブログ記事、動画共有サイトへの投稿等（以下、これらの投稿等の場を「電子掲示板等」という。）については、プロバイダ等の方針に沿ったコンテンツモデレーション等が行われているものがある。しかしながら、そうしたものも含めて、プロバイダ等による電子掲示板等における投稿の表示は、前項ａ①の意味での「表現行為という側面」を有しているとはいえず、検索事業者の提供する検索結果が有する同②の意味での「情報流通の基盤」としての役割があるともいえない[6]。

したがって、平成２９年判例の判断基準は、電子掲示板等における投稿には、直ちに適用されるべきものではない。

c　ＳＮＳ上の投稿について

ＳＮＳ事業者に対して人格権に基づく削除を請求する場合に平成２９年判例の考え方が及ぶかどうかについては、ＳＮＳが様々

[6] 飽くまでも平成２９年判例がいう意味における「表現行為という側面」や「情報の流通基盤」としての役割があるとはいえないということにすぎず、電子掲示板等における投稿の表示に表現行為という側面や情報流通の基盤としての役割が一切ないとするものではない。

な機能を有していることから、その機能ごとに検討する必要がある。

まず、書き込みに対するホスティングサービスを提供するという機能については、前項ｂと同様に、ＳＮＳ事業者がその方針に沿ったコンテンツモデレーション等を行っている場合でも、ＳＮＳ上の投稿の表示は、前記第３の１⑵ア(ｲ)ａ①の意味での「表現行為という側面」を有しているとはいえない。また、同②の意味での「情報の流通基盤」としての役割を有するものではない。

また、ＳＮＳが検索機能を有している場合、その検索機能により提供される検索結果には、同①と同様の「表現行為という側面」があり、また、その利用者がインターネット上に情報を発信したり、インターネット上の情報の中から必要な情報を入手することを支援する「情報流通の基盤」としての役割を果たしていると考えることができる。しかしながら、現時点では、ＳＮＳが検索結果として提供する情報は検索事業者が検索結果として提供する情報に比して限定的であり、同②の意味での「情報の流通基盤」としての大きな役割を有しているということはできない[7][8]。

したがって、平成２９年判例の判断基準は、ＳＮＳ上の投稿には、直ちに適用されるべきものではない。

ｄ　小括

以上のとおり、平成２９年判例の判断基準は、検索事業者の提供する検索結果以外のインターネット上の投稿の削除の事例には直ちに適用されない。したがって、インターネット上の投稿の削除の判断基準は、名誉権やプライバシー等の個別の人格権ごとに、個別具体的に検討する必要がある。[9]

---

[7] ＳＮＳ上の投稿の表示についても、電子掲示板等における投稿の表示と同様に、飽くまでも平成２９年判例がいう意味における「表現行為という側面」や「情報流通の基盤」としての役割があるかどうかを論じているものであり、こうした意味を超えて、表現行為の性質や情報流通の基盤としての役割が一切ないとしているものではない。

[8] 平成２９年判例が検索事業者の検索結果の提供に「表現行為という側面」があると言及した点に関しては、検索事業者は単なる媒介者ではないから検索結果は削除の対象になるということを述べたにすぎないといった指摘や、ＳＮＳ上の投稿の削除は投稿者の表現の自由の制約になるのに対し、検索結果の削除は投稿者の表現の自由の制約にはならないことから、検索結果の削除を表現の自由の問題にするためには、検索事業者の表現の自由の問題にする必要があったという事情があるなどといった指摘も可能である。また、平成２９年判例が「情報流通の基盤として大きな役割を果たしている」ことに言及した点に関しては、検索エンジンとＳＮＳ等では、情報収集のために利用する頻度に大きな違いがあること、両者の間では情報流通の基盤として担う役割が大きく異なること、検索エンジンがインターネット上の膨大な情報の中から必要な情報にアクセスするために検索事業者が果たしている役割が大きいことが「明らか」要件が要求された理由であると見得ることなどを指摘することが可能である。

[9] 飽くまでも、検索事業者の提供する検索結果がプライバシーを侵害するものである場合の

【参考】平成２９年判例（抜粋）[10]

検索事業者は、インターネット上のウェブサイトに掲載されている情報を網羅的に収集してその複製を保存し、同複製を基にした索引を作成するなどして情報を整理し、利用者から示された一定の条件に対応する情報を同索引に基づいて検索結果として提供するものであるが、この情報の収集、整理及び提供はプログラムにより自動的に行われるものの、同プログラムは検索結果の提供に関する検索事業者の方針に沿った結果を得ることができるように作成されたものであるから、検索結果の提供は検索事業者自身による表現行為という側面を有する。また、検索事業者による検索結果の提供は、公衆が、インターネット上に情報を発信したり、インターネット上の膨大な量の情報の中から必要なものを入手したりすることを支援するものであり、現代社会においてインターネット上の情報流通の基盤として大きな役割を果たしている。そして、検索事業者による特定の検索結果の提供行為が違法とされ、その削除を余儀なくされるということは、上記方針に沿った一貫性を有する表現行為の制約であることはもとより、検索結果の提供を通じて果たされている上記役割に対する制約でもあるといえる。

以上のような検索事業者による検索結果の提供行為の性質等を踏まえると、検索事業者が、ある者に関する条件による検索の求めに応じ、その者のプライバシーに属する事実を含む記事等が掲載されたウェブサイトのＵＲＬ等情報を検索結果の一部として提供する行為が違法となるか否かは、当該事実の性質及び内容、当該ＵＲＬ等情報が提供されることによってその者のプライバシーに属する事実が伝達される範囲とその者が被る具体的被害の程度、その者の社会的地位や影響力、上記記事等の目的や意義、上記記事等が掲載された時の社会的状況とその後の変化、上記記事等において当該事実を記載する必要性など、当該事実を公表されない法的利益と当該ＵＲＬ等情報を検索結果として提供する理由に関する諸事情を比較衡量して判断すべきもので、その結果、当該事実を公表されない法的利益が優越することが明らかな場合には、検索事業者に対し、当該ＵＲＬ等情報を検索結果から削除することを求めることができるものと解するのが相当である。

(ｳ)　平成２９年判例に関するその他の論点

ａ　「明らか」要件の解釈

平成２９年判例が判断基準に用いた「当該事実を公表されない法的利益が優越することが明らか」という「明らか」要件の意義については、プライバシーに属する事実を公表されない法的利益がＵＲＬ等情報を検索結果として提供する理由に関する諸事情に優

削除の判断基準を示した平成２９年判例の考え方が、それ以外のインターネット上の投稿にも及ぶのかどうかという問題を検討したものであり、これが及ばないとの結論から直ちに、インターネット上の投稿の削除には「明らか」要件が適用されないという帰結となるものではない。

[10] 下線は本検討会において付したものである。以下判例引用部分について同様。

越することが明らかであることを求める実体的要件であると考えられる。

b　平成２９年判例の判断基準は本案訴訟の場合にも適用されるか

平成２９年判例は、民事保全事件に関するものであることから、その判断基準（「明らか」要件）が本案訴訟の場合にも適用されるかどうかが問題となる。

この点については、平成２９年判例は、仮処分であることを理由に「明らか」要件を用いたものであるとは解されず、検索事業者の提供する検索結果の削除については、本案訴訟の場合にも適用されると考えられる。

イ　違法性及び差止請求の判断基準ないし判断方法

前項アのとおり、平成２９年判例の判断基準は検索事業者の提供する検索結果以外のものには直ちには適用されないと考えられることから、インターネット上の投稿に関する削除請求の判断基準は、個別の人格権ごとに検討する必要がある。以下では、個別の人格権ごとに、不法行為法上の違法及び差止めによる削除の判断基準等について整理する。

(ｱ)　名誉権

a　意義

名誉とは、人の品性、徳行、名声、信用等の人格的価値について社会から受ける客観的評価である（北方ジャーナル事件最高裁判決参照）。

b　不法行為法上の違法の判断基準

(a)　名誉毀損の成立要件

前項ａの意味での社会から受ける客観的評価、すなわち、社会的評価を低下させる行為は、名誉毀損となり、原則として違法である。

(b)　違法性阻却事由

最高裁判例によれば、社会的評価を低下させる行為であっても、その違法性が阻却される場合がある。

すなわち、事実の摘示による名誉毀損の場合には、その行為が公共の利害に関する事実に係り、専ら公益を図る目的に出た場合に、摘示された事実がその重要な部分について真実であることが証明されたときには違法性が阻却され（最判昭和４１年６月２３日民集２０巻５号１１１８頁、最判昭和５８年１０月２０日判タ５３８号９５頁）、ある事実を基礎とした意見ないし論評の表明による名誉毀損の場合には、その行為が公共の利害に関する事実に係り、かつ、その目的が専ら公益を図ることにあった場合に、当該意見ないし論評の前提としている事実が重要な部分について真実であることの証明があったときには、人身攻撃に及ぶなど意見ないし論評としての域を逸脱したものでない限り、違法性が阻却される（最判平成元年１２月２１日民集４３巻１２号２２５２頁、最判平成

９年９月９日民集５１巻８号３８０４頁）（以下「真実性の法理」という。）。

このうち、真実であるかどうかの判断の基準時は、事実審の口頭弁論終結時であり、名誉毀損行為の時点では存在しなかった証拠を考慮することもできる（最判平成１４年1月２９日判タ１０８６号１０２頁）。

上記の違法性阻却事由が認められる場合には、名誉毀損の不法行為は成立しない。

(c)　相当性の法理

最高裁判例によれば、事実の摘示による名誉毀損の場合には、その行為が公共の利害に関する事実に係り、かつ、その目的が専ら公益を図ることにあった場合に、当該事実の重要な部分が真実であることの証明がないときにも、その行為者において当該事実の重要な部分を真実と信ずるについて相当の理由があれば、その故意又は過失は否定される（前掲最判昭和４１年６月２３日）。また、ある事実を基礎としての意見ないし論評の表明による名誉毀損にあっては、その行為が公共の利害に関する事実に係り、かつ、その目的が専ら公益を図ることにあって、表明に係る内容が人身攻撃に及ぶなど意見ないし論評としての域を逸脱したものではない場合に、上記意見ないし論評の前提としている事実が重要な部分について真実であるとの証明がないときにも、行為者において当該事実の重要な部分を真実と信ずるについて相当の理由があれば、故意又は過失は否定される（前掲最判平成元年１２月２１日、前掲最判平成９年９月９日）（以下「相当性の法理」という。）。

この「相当の理由」（以下「相当性」という。）があるかどうかの判断の基準時は、名誉毀損行為の時点であり、その存否の認定に際して考慮することができる証拠は、この時点で存在していたものに限られる（前掲最判平成１４年1月２９日）。

上記の相当性が認められる場合には、名誉毀損の不法行為は成立しない。

c　削除に係る差止請求権の判断基準

(a)　基本的な考え方

ｉ　厳格な要件が妥当するか

名誉権に基づく表現行為の差止めに関しては、北方ジャーナル事件最高裁判決が、出版物の頒布等の事前差止めに関し、その対象が「公務員又は公職選挙の候補者に対する評価、批判等の表現行為に関するものである場合」には、「表現内容が真実でなく、又はそれが専ら公益を図る目的のものでないことが明白であって、かつ、被害者が重大にして著しく回復困難な損害を被る虞がある」という厳格な要件を満たす場合に限り、事前の差止めが許されるものとしていたところである。インターネット上の投稿の削除も、出版物の頒布等の事前差止めと同様に表現行為の差止めであることから、北方ジャーナル事件最高裁判決との関係を検討する必要がある。

この点については、第一に、北方ジャーナル事件最高裁判決の厳格な要件は、紙媒体の出版物についてのものであることに注意を要する。すなわち、活字メディアの出版物に関する伝統的な考え方においては、その出版物に関する損害賠償と差止めとでは、後者の方が萎縮効果を含む表現の自由に対する制約が大きいことから、差止めは損害賠償よりも厳格な要件が必要であるとされている。しかしながら、インターネット上の投稿については、書籍等全体の出版の差止めが行われる活字メディアの出版物の差止めと異なり、後記ⅱのとおり部分的な削除が可能な場合が多く、削除による経済的な負担も少ないことから、萎縮効果を含む表現の自由に対する影響の程度は活字メディアの出版物の差止めの場合とは大きく異なる。こうしたことから、活字メディアに関する伝統的な考え方をインターネット上の投稿の削除にそのまま用いるのは適当ではなく、削除に関して損害賠償よりも厳格な要件を課すべきではないと考えられる。

第二に、北方ジャーナル事件最高裁判決の厳格な要件は、公務員又は公職選挙の候補者に対する評価、批判等の表現行為の事前差止めであることから課されたものであると考えられることから、公務員又は公職選挙の候補者に対する評価、批判等以外の投稿の削除には基本的に妥当しないと考えられる。

すなわち、北方ジャーナル事件最高裁判決は、まず、国民の自由な意見表明とその受領を通じて多数意見が形成されるという過程を経て国政が決定されることが民主制国家の存立の基盤であり、こうした意味での「公共的事項」に関する表現の自由は、特に重要な憲法上の権利として尊重されなければならないものであるとしている。表現の自由に対するこうした解釈が、同判決の、差止めの対象が公務員又は公職選挙の候補者に対する評価、批判等の表現行為に関するものである場合には、その表現が上記の意味での「公共的事項」に関するものであり、私人の名誉権に優先する社会的価値を含み憲法上特に保護されるべきであるとの価値判断につながり、これが、上記の厳格な要件を導いたものであると考えられる。

したがって、表現内容が真実でないことや、専ら公益を図る目的のものでないことについて、これが明白であること（以下「明白性要件」という。）及び被害者が重大にして著しく回復困難な損害を被るおそれがあること（以下「重大な損害要件」という。）は、インターネット上の公務員又は公職選挙の候補者に対する評価、批判等ではない投稿の削除の場面では、基本的には要件とはならないと考えられる[11]。

ⅱ　**削除の可分性・容易性**

インターネット上の投稿の削除については、紙媒体による出版物の差止めに比べ、技術的な削除の可分性や削除の容易性が認められる場合が多く、そうした場合には、部分的な削除を求めることができる。こうした部分的な削除が可能であることは、表現の自由を制約する程度が比較的小さくなることから、明白性要件や重大な損害要件といった厳格な要件を不要とする方向性を根拠付ける理由の１つとなる。

もっとも、部分的な削除ができず、人格権を侵害する情報を削除するためには人格権を侵害しない情報をも大量に削除しなければならない場合など[12]、削除の対象範囲等によっては、表現の自由を制約する程度が大きくなることがあるため、その表現が「公務員又は公職選挙の候補者に対する評価、批判等の表現行為」や前項ⅰの意味における「公共的事項」に関する表現行為ではないときであっても、明白性要件や重大な損害要件を適用すべき場合もあり得ると考えられる。

ⅲ　**事前規制と事後規制**

インターネット上の投稿の削除については、紙媒体の出版物の事前差止めと異なり、一旦、投稿が閲覧可能な状態に置かれているため、これが表現行為の事前規制であるのか、それとも事後規制であるのかという議論もあり得る。しかしながら、インターネット上の投稿の削除との関係では、これを事前規制であるというのか事後規制であるというのかによって、削除基準の方向性が一義的に決定づけられることにはならず、この点が重要な考慮要素となるものではないと考えられる。

ⅳ　**仮処分と本案訴訟**

仮処分の場合と本案訴訟の場合とで、削除の実体的要件は異ならないと考えられる。

(b)　**違法性阻却事由に関する立証責任の所在**

インターネット上の投稿の削除を求める場合、その相手方が投稿者であるときは、投稿者において、違法性阻却事由が存在するこ

11　もっとも、北方ジャーナル事件最高裁判決が対象としていた「公務員又は公職選挙の候補者に対する評価、批判等の表現行為」や、これと同様に上記の意味における「公共的事項」に関する表現行為が問題となるときには、明白性要件や重大な損害要件を用いるべき場合があり得るものと考えられる。

12　例えば、後記３(2)のまとめサイトにおいて、ある１つの記事に、ある人物に対する批判的な意見が大量に掲載されているところ、そのごく一部にのみ人身攻撃に及ぶ部分があるが、当該まとめサイトのプロバイダ等には、１つの記事内の一部の情報のみを削除することができない仕組み（記事単位での削除しかできない仕組み）になっている場合などが考えられる。

とを立証すべきであると考えられる。

これに対し、削除請求の相手方がプロバイダ等である場合には、投稿者を相手方とする場合と同様に、プロバイダ等において違法性阻却事由が存在することを立証すべきであるとする考え方と、削除請求者において違法性阻却事由が存在しないこと（公共性、公益目的、真実性のいずれかが存在しないこと）[13]を立証すべきであるとする考え方とがある。

いずれの立場をとるべきかについては今後の検討が待たれるが、少なくとも、

○　プロバイダ等は投稿内容に関する詳細な情報を有していない
○　プロバイダ等に違法性阻却事由が存在しないことについて立証責任を課す場合、プロバイダ等が投稿内容の真実性の立証に失敗すると、真実である可能性が残る場合（真実でないとまではいえない場合）であっても、削除されることになる

といった観点からは、表現の自由の保障のため、削除請求者に立証責任を課すという方向性が考えられるのに対し、

○　プロバイダ等は、投稿者との契約等に基づき、投稿内容に関する事実関係について照会することができる場合がある
○　事実の不存在を立証することは一般に困難であるとされているところ、全く事実無根の内容が投稿されたとの被害事例などでは、被害者が投稿内容の真実性に関する有力な証拠を提出できない場合が少なくない

といった観点からは、名誉権の保護のため、プロバイダ等に立証責任を課すという方向性が考えられることを踏まえた検討がなされるべきであると考えられる。

(c) 相当性の法理

i　概要

相当性の法理は、前項 b (c)のとおり、不法行為における故意又は過失に関する要件に位置付けられているが、表現の自由の保障の観点からは、削除請求（差止請求）においても、相当性の法理を考慮すべき場合があるのではないかとの主張がなされているところである。

削除請求とこの相当性の法理との関係については、大きく、

A　表現内容が真実でなければ削除を認めてよく、相当性があることは名誉権に基づく削除請求を否定する理由にはならない

[13] 実際の立証の在り方としては、例えば、投稿の内容が真実であることを推認させるに足りる間接事実がないことを立証すれば、「違法性阻却事由が存在しないこと」が立証されたといってよいと考えられる。

Ｂ　相当性の法理が果たしている機能を踏まえ、表現内容が真実でないことのみでは名誉権に基づく削除請求を認めない

という２つの方向性が考えられる。

ⅱ　Ａの方向性

Ａの方向性を主張する立場からは、主に次のような理由が示されている（なお、項目番号は、後記の引用の便宜のために付したもので、論理の順序等を表すものではない。本取りまとめにおいて、以下同じ。）。

① 真実性の法理は、社会的評価を低下させる行為の違法性を否定するものであるところ、真実であるときに違法性が否定されるのは保護される法益が欠如するからである。これに対し、相当性の法理は行為時における行為義務に関するものにすぎない。したがって、その時点で相当性が認められた場合であっても、削除請求の口頭弁論終結時において真実でないことが立証されたときは、行為者の損害賠償責任を問うことはできないが、現に存在している名誉毀損の投稿を将来に向かって削除することは認められてよい。

② 過去の行為の責任を問う損害賠償と異なり、差止めは将来に向かって現にある投稿を削除するというものであるから、行為の時点では相当性があっても、削除請求の口頭弁論終結時において真実でないことが立証された場合には、もはや、その時点においては真実であると信ずるについて相当の理由があるということはできず、相当性の法理は機能しない。

③ 真実でないことが立証された表現には表現としての価値がない。

④ 真実性の法理により違法性が否定されないものは、不法行為法上保護に値しないとされたものであり、公開され続けることで被害者に更なる損害を与える可能性があるものであるから、削除してよい。その一方で、相当性がある場合には、真実だと信じて投稿したことについて損害賠償責任は問わないものとすれば、相当性の法理が担っている表現者の保護という本来の機能は果たせている。

ⅲ　Ｂの方向性

Ｂの方向性を主張する立場からは、主に次のような理由が示されている。

⑤ そもそも、社会的評価を低下させるものは直ちに名誉毀損となり、例外的に違法性が否定されるためには真実性の証明が必要となるという現在の名誉毀損法制は、表現の自由の保障の観点からは問題がある。しかも、裁判実務では、真実性の立証は

厳格に判断されている。他方で、その引き換えとして、裁判実務では相当性の法理が広く認められているようにも思われる。そうであるとすると、差止めによる削除の場合において、真実性の立証ができないときに、相当性の法理による保護もなされなくなるのは、表現の自由の保障上、問題がある。

⑥　真実性の立証ができないものでも、かなり確からしいといえる表現については、それが公共性のあるものである場合、客観的に無価値とはいえず、表現の受け手の利益の観点からも、削除されずに残される道を用意する必要がある。

このＢの方向性は、

Ｂ－１　行為時点で相当性がある場合には、表現内容が真実でない場合でも、名誉権に基づく削除請求は認められない

という相当性の法理をそのまま差止めによる削除の要件とする考え方もあり得るが、これに対しては、Ａの方向性の立場から、①や②のように、相当性の法理は不法行為法の行為義務に関するものであって、将来に向かって侵害を除去する差止めに適用できるものではないという強い批判がある。

そこで、Ｂの方向性の立場からは、相当性の法理自体を差止請求に直接適用することはできないことを認めた上で、別途、削除に関する判断基準を示す判例がないことをも踏まえて、損害賠償とは異なる削除独自の要件を検討しようとする考え方も示されている。

例えば、

⑦　差止めに相当性の法理を適用することはできないが、少なくとも不法行為の場合と同程度に表現の自由が保護される必要がある。例えば、投稿内容について詳細な情報を持たないプロバイダ等が投稿内容の真実性の立証に失敗したからといって、必ずしもその投稿が客観的に真実でないことになるわけではない。そうした真実である可能性が残るものを削除して良いかという点について、とりわけ、公務員又は公職選挙の候補者に対する評価、批判等の表現行為のような公共性の高いものに関しては、真実とは証明されなくとも、相応の根拠があるものについては、国民にこれを知る権利があるということもでき、削除されるべきではない。こうした考え方を反映した削除要件が必要である。

⑧　削除については、インターネット上に半永久的に残るという負の側面を考慮してもなお、表現の受け手の利益をも踏まえ、これを残すことに社会的な価値があるといえるかどうかが重要である。政治家の疑惑に関するものなど、公共性の高いもの

については、真実とまでは立証できなくとも、その疑惑が大きい場合には、社会的価値が高いといえるという観点から、削除の要件を検討すべきである。

といった考慮から、

Ｂ－２　公務員又は公職選挙の候補者に対する評価、批判等の表現行為については、立証責任の配分の工夫や真実性の要件に明白性を求めるなど、投稿者の表現の自由や表現の受け手の利益（知る権利）に配慮した要件とすべきである

とする方向性も示されている。

このＢ－２の考え方に対しては、Ａの立場から、「その考え方自体には賛成できるが、それは相当性の法理とは異なる問題であり、真実性の要件をいかに解すべきかという問題として議論すべきである」といった意見や、「立証責任の所在や請求の相手方が誰かという点を踏まえて具体的に検討する必要がある」といった意見が示されているところである。

ⅳ　小括

このように、削除請求と相当性の法理との関係については、複数の考え方があり得るものとされたが、Ｂ－１の考え方を積極的に支持する意見は見られず、実質的には、Ａの考え方とＢ－２の考え方とのいずれをとるべきかが問題となる。このいずれの考え方をとるかについては、今後の検討が待たれるところであるが、その際には、

○　違法性阻却事由が存在することの立証責任が投稿者やプロバイダ等にあるとした場合、投稿者やプロバイダ等が真実性の立証に失敗したときには真実である可能性が残る(真実でないとまではいえない)投稿が削除されることによる表現の自由への影響

○　削除請求者（被害者）は相当性に関する詳細な事実を有するものではないこと（相当性を要件とした上で、相当性が存在しないことの立証責任を削除請求者に課した場合には、公共性・公益目的が否定できない表現については、削除による救済の道を事実上閉ざしかねない）

○　真実でないことが立証された名誉を毀損する投稿の表現としての価値の有無及び程度や、これを削除することによる萎縮効果の有無及び程度（相当性の法理により損害賠償責任は否定されるが、削除は認められるとした場合の萎縮効果の有

無及び程度）[14]

○　アクセスが容易なインターネット上に名誉を毀損する違法な投稿が半永久的に残存することによる被害の継続

といった観点をも踏まえた検討がなされるべきである。

もっとも、Ａの考え方とＢ－２の考え方との実質的な対立点は、公務員又は公職選挙の候補者に対する評価、批判等の表現行為について、立証責任の配分の工夫や真実性の要件に明白性を求めるなど、投稿者の表現の自由や表現の受け手の利益（知る権利）に配慮した要件とすべきかどうかであり、このような意味での高い公共性がある表現行為ではない場合には、表現内容が真実でないと認められることをもって削除することができると考えられる。

【参考】北方ジャーナル事件最高裁判決（抜粋）

㈠　所論にかんがみ、事前差止めの合憲性に関する判断に先立ち、実体法上の差止請求権の存否について考えるのに、人の品性、徳行、名声、信用等の人格的価値について社会から受ける客観的評価である名誉を違法に侵害された者は、損害賠償（民法七一〇条）又は名誉回復のための処分（同法七二三条）を求めることができるほか、人格権としての名誉権に基づき、加害者に対し、現に行われている侵害行為を排除し、又は将来生ずべき侵害を予防するため、侵害行為の差止めを求めることができるものと解するのが相当である。けだし、名誉は生命、身体とともに極めて重大な保護法益であり、人格権としての名誉権は、物権の場合と同様に排他性を有する権利というべきであるからである。

㈡　しかしながら、言論、出版等の表現行為により名誉侵害を来す場合には、人格権としての個人の名誉の保護（憲法一三条）と表現の自由の保障（同二一条）とが衝突し、その調整を要することとなるので、いかなる場合に侵害行為としてその規制が許されるかについて憲法上慎重な考慮が必要である。

主権が国民に属する民主制国家は、その構成員である国民がおよそ一切の主義主張等を表明するとともにこれらの情報を相互に受領することができ、その中から自由な意思をもつて自己が正当と信ずるものを採用することにより多数意見が形成され、かかる過程を通じて国政が決定されることをその存立の基礎としているのであるから、表現の自由、とりわけ、公共的事項に関する表現の自由は、特に重要な憲法上の権利として尊重されなければならないものであり、憲法二一条一項の規定は、その核心においてかかる趣旨を含むものと解される。もとより、右の規定も、あらゆる表現の自由を無制限に保障しているものではなく、他人の名誉を害する表現は表現の自由の濫用であって、これを規制することを妨げないが、右の趣旨にかんがみ、刑事上及び民事上の名誉毀損に当たる行為についても、当該行為

[14] 萎縮効果の有無及び程度については、前記第３の１⑵イ㈦ｃ（ａ）ｉの議論も参照。

が公共の利害に関する事実にかかり、その目的が専ら公益を図るものである場合には、当該事実が真実であることの証明があれば、右行為には違法性がなく、また、真実であることの証明がなくても、行為者がそれを真実であると誤信したことについて相当の理由があるときは、右行為には故意又は過失がないと解すべく、これにより人格権としての個人の名誉の保護と表現の自由の保障との調和が図られているものであることは、当裁判所の判例とするところであり（昭和四一年（あ）第二四七二号同四四年六月二五日大法廷判決・刑集二三巻七号九七五頁、昭和三七年（オ）第八一五号同四一年六月二三日第一小法廷判決・民集二〇巻五号一一一八頁参照）、このことは、侵害行為の事前規制の許否を考察するに当たっても考慮を要するところといわなければならない。

㈢　次に、裁判所の行う出版物の頒布等の事前差止めは、いわゆる事前抑制として憲法二一条一項に違反しないか、について検討する。

⑴　表現行為に対する事前抑制は、新聞、雑誌その他の出版物や放送等の表現物がその自由市場に出る前に抑止してその内容を読者ないし聴視者の側に到達させる途を閉ざし又はその到達を遅らせてその意義を失わせ、公の批判の機会を減少させるものであり、また、事前抑制たることの性質上、予測に基づくものとならざるをえないこと等から事後制裁の場合よりも広汎にわたり易く、濫用の虞があるうえ、実際上の抑止的効果が事後制裁の場合より大きいと考えられるのであって、表現行為に対する事前抑制は、表現の自由を保障し検閲を禁止する憲法二一条の趣旨に照らし、厳格かつ明確な要件のもとにおいてのみ許容されうるものといわなければならない。

出版物の頒布等の事前差止めは、このような事前抑制に該当するものであつて、とりわけ、その対象が公務員又は公職選挙の候補者に対する評価、批判等の表現行為に関するものである場合には、そのこと自体から、一般にそれが公共の利害に関する事項であるということができ、前示のような憲法二一条一項の趣旨（前記(二)参照）に照らし、その表現が私人の名誉権に優先する社会的価値を含み憲法上特に保護されるべきであることにかんがみると、当該表現行為に対する事前差止めは、原則として許されないものといわなければならない。ただ、右のような場合においても、その表現内容が真実でなく、又はそれが専ら公益を図る目的のものでないことが明白であって、かつ、被害者が重大にして著しく回復困難な損害を被る虞があるときは、当該表現行為はその価値が被害者の名誉に劣後することが明らかであるうえ、有効適切な救済方法としての差止めの必要性も肯定されるから、かかる実体的要件を具備するときに限って、例外的に事前差止めが許されるものというべきであり、このように解しても上来説示にかかる憲法の趣旨に反するものとはいえない。

(ｲ)　名誉感情

ａ　名誉感情の意義等

(a)　意義

名誉感情とは、人が自己自身の人格的価値について有する主観的な評価である（最判昭和４５年１２月１８日民集２４巻１３号２１５１頁）[15]。

最高裁判例においては、民法第７２３条の「名誉」には、名誉感情は含まれないものと解されており（前掲最判昭和４５年１２月１８日）、表現行為の中には、社会的評価を低下させるものではなく、名誉感情を侵害するにとどまるものがあることが示されている（最判平成２２年4月１３日民集６４巻3号７５８頁。以下「平成２２年判例」という。）。

(b)　名誉毀損との区別

名誉毀損と名誉感情の侵害とでは、前者が社会的名誉の侵害であり、後者が主観的名誉の侵害であるという被侵害利益の違いがある。

他方、具体的な事例において名誉毀損との区別がどのようになされるべきであるかは、見解の分かれる問題であり（後記3⑷イ参照）、精緻な理論の整理は将来的な検討課題である。もっとも、ここでは、次の２点を指摘することができる。

ⅰ　裁判例においては、具体的な事実の摘示がない場合に、名誉感情の侵害が問題とされている傾向にある[16]。

ⅱ　名誉毀損は社会的名誉の侵害であることから、その読者に被害者が推知（同定）されるものであることが必要であるのに対し（最判平成１５年3月１４日民集５７巻3号２２９頁参照）、名誉感情の侵害は主観的名誉の侵害であることから、その読者に被害者が推知（同定）されるものであることは必要なく、客観的に被害者に向けられた言動でありさえすれば、名誉感情の侵害を認め得る（後記3⑸イも参照）。

【参考】平成２２年判例（抜粋）

本件書き込み[17]は、その文言からすると、本件スレッドにおける議論はまともなものであって、異常な行動をしているのはどのように判断しても被上告人であるとの<u>意見ないし感想</u>を、異常な行動をする者を「気違い」という表現を用いて表し、記述したものと解される。<u>このような記述は、「気違い」といった侮辱的な表現を含むとはいえ、被上告人の人格的価値に関し、具体的事実を摘示してその社会的評価を低下させるものではなく、被上告人の名誉</u>

[15] 名誉感情を人格の尊厳に由来する感情であるとする学説もある（四宮和夫『不法行為　事務管理・不当利得・不法行為　中巻』（青林書院、１９８３年）３９８頁。）。

[16] 平成２２年判例のほか、一般社団法人セーファーインターネット協会「権利侵害明白性ガイドライン」の裁判例要旨（https://www.saferinternet.or.jp/wordpress/wp-content/uploads/infringe-trial-summary.pdf）に登載された裁判例を参照。

[17] 判決文によれば、「なにこのまともなスレ　気違いはどうみてもA学長」との投稿である。

感情を侵害するにとどまるものであって、これが社会通念上許される限度を超える侮辱行為であると認められる場合に初めて被上告人の人格的利益の侵害が認められ得るにすぎない。

b　不法行為法上の違法の判断基準

(a)　判断基準

名誉感情は、人が人格的価値について有する主観的な評価であるため、本来、これが侵害されたかどうかには個人差が生じ得るものである。しかしながら、このように名誉感情の侵害が主観的に判断されると、同じ表現行為でも、その対象者によって権利侵害・違法性の有無が異なることとなり、こうした帰結は表現の自由に対する萎縮効果をもたらすおそれがある。そのため、名誉感情の侵害の有無については、客観的な判断が必要になる。

したがって、不法行為法上の違法な名誉感情の侵害の有無は、社会通念上許される限度を超える侮辱行為であると認められるかどうかにより判断すべきであると考えられる（平成２２年判例も参照）。

(b)　社会通念上許される限度を超える侮辱行為であるかどうかの判断に関する裁判例の傾向

社会通念上許される限度を超えた侮辱行為であるかどうかの判断に関し、裁判例における主要な考慮要素とその判断の傾向は、次のとおりである。

i　文言それ自体の侮辱性の程度

文言それ自体の侮辱性が強い場合には、社会通念上許される限度を超えた侮辱行為に当たると判断される傾向にある[18]。

また、対象者に対して、その存在を否定する表現を用いるものについても、社会通念上許される限度を超えるものであると判断される傾向にある[19][20]。

ii　根拠が示されていない単なる意見ないし感想

根拠が示されておらず、単なる意見ないし感想の域にとどまっている場合には、社会通念上許される限度を超えた侮辱行為とはいえないと判断される傾向にある[21]。

---

18 東京地判令和元年１１月７日 D1-Law２９０５７９４０、東京地判令和元年１０月３０日 LEX/DB２５５８２４９１、東京地判令和元年１０月３０日 D1-Law２９０５６５７１など。

19 前掲東京地判令和元年１１月７日、東京地判令和元年９月１７日 D1-Law２９０５６９７２、東京地判令和元年７月８日 D1-Law２９０５７６０２など。

20 なお、ある投稿が「死ね」「消えろ」といった対象者の存在を否定するような表現を用いている場合でも、文脈等を踏まえて解釈すると、対象者の存在を否定することを意味するものとはいえない場合がある（東京地判令和２年１月２３日 D1-Law２９０５８９４０）。

21 平成２２年判例、東京地判令和元年９月２６日 D1-Law２９０５６８４７、前掲東京地判令和元年９月１７日、東京地判令和元年８月２１日 D1-Law２９０５５８９５、東京地判

iii　投稿に含まれている対象者を侮辱する文言の数

同一投稿内で侮辱的文言が重ねて用いられていることを理由に掲げて社会通念上許される限度を超えた侮辱行為であると認める裁判例[22]、同一投稿内に侮辱的文言が１語しか用いられていないこと等を理由に掲げて社会通念上許される限度を超えた侮辱行為とはいえないとする裁判例がある[23]。

iv　投稿数

投稿数が多いことや、投稿が繰り返されていることを理由に掲げて、社会通念上許される限度を超えた侮辱行為であると認めるものや[24]、これとは反対に、投稿が繰り返されていないことを考慮して、社会通念上許される限度を超えた侮辱行為とは認められないとするものがある[25]。

この投稿数の考慮については、それが同一の投稿者によるものである場合に限り考慮することができるのか、それとも、複数の者による投稿の場合でも考慮することができるのかという問題が考えられるところ、この点についての裁判例の判断は分かれている状況にある[26]。

v　投稿の経緯

誹謗中傷が重ねられていた中で侮辱的文言を含む投稿が短期間に立て続けに行われたことを理由に掲げて社会通念上許される限度を超えた侮辱行為であると認めるもの[27]など、投稿の経緯

令和元年５月１４日 D1-Law２９０５５７９３、東京地判令和２年３月２７日 D1-Law２９０５９９２２、東京地判令和２年６月１９日 D1-Law２９０６０３３９、東京地判令和２年６月９日 D1-Law２９０６０４９５、東京地判令和２年３月１８日 D1-Law２９０６００１０、東京地判令和２年３月１７日 D1-Law２９０６０１２４。他方で、特段の根拠が示されていないことを社会通念上許される限度を超える侮辱であることを否定する事情としては扱っていないように読める裁判例もある（東京地判令和元年６月４日 D1-Law２９０５７２２４）。

22 東京地判令和２年１月２３日 D1-Law２９０５８９９５。

23 平成２２年判例、前掲東京地判令和元年９月２６日、前掲東京地判令和元年８月２１日、前掲東京地判令和２年６月１９日、東京地判令和２年５月２７日 LEX/DB２５５８４１９９。

24 東京地判令和２年９月２５日 D1-Law２９０６１１４１、東京地判令和２年８月１４日 D1-Law２９０６０７９３、東京地判令和元年１２月２日 D1-Law２９０５８５５９、前掲東京地判令和２年１月２３日。

25 東京地判令和２年６月２４日 D1-Law２９０６０２３８、前掲東京地判令和２年６月１９日。

26 同一の投稿者による投稿であることを認定した上でその投稿数を考慮するもの（前掲東京地判令和２年９月２５日、前掲東京地判令和元年１２月２日）、特に投稿主体の同一性に言及することなく投稿数を考慮するもの（前掲東京地判令和２年８月１４日）、別の投稿者の投稿を考慮することには消極的なもの（東京地判令和２年６月１０日 D1-Law２９０６０４７２）とが見られる。

27 前掲東京地判令和元年１２月２日。

を考慮するものがある[28]。

ⅵ　表現の具体性・意味内容の明確性

表現に具体性がない場合や、意味が不明確である場合には、社会通念上許される限度を超えたものとはいえないと判断される傾向にある[29]。

ｃ　削除に係る差止請求権の判断基準

(a)　考え方の方向性

名誉感情の侵害を理由とする差止めによるインターネット上の投稿の削除の判断基準については、前項ｂ(a)の不法行為法上の違法の判断基準を出発点とすべきであると考えられる。

その上で、この削除の判断基準を具体的にどのように考えるかについては、大きく、

Ａ　不法行為法上の違法が認められることに加えて更に要件を課す

Ｂ　不法行為法上の違法が認められる場合と同様の基準で社会通念上許される限度を超える侮辱行為であると認められる場合には削除が認められるものとする[30]

という２つの方向性が考えられる。

なお、いずれの方向性をとるにせよ、仮処分と本案訴訟とで、削除の実体的要件は異ならないと考えられる。

(b)　Ａの方向性について

Ａの方向性は、いかなる表現行為が「社会通念上許される限度を超える侮辱行為」に当たるかどうかは必ずしも明確ではないとの認識の下に、こうした中で社会通念上許される限度を超える侮辱行為であると認められることから直ちに削除も認められるとした場合には、表現の自由の観点から問題があるとの考え方に基づくものである。

28　東京地判令和元年１０月１８日D1-Law２９０５６５６６、東京地判令和元年６月２６日D1-Law２９０５７２６７、前掲東京地判令和元年６月４日。

29　前掲東京地判令和２年１月２３日、前掲東京地判令和元年１１月７日、前掲東京地判令和２年３月２７日、東京地判令和２年３月１２日D1-Law２９０５９８８９、前掲東京地判令和２年６月２４日、前掲東京地判令和２年６月９日。

30　なお、社会通念上許される限度を超える侮辱行為であるかどうかは、口頭弁論終結時を基準に判断されるものであるところ、行為当時には社会通念上許される限度を超えるものとは評価できないものが、口頭弁論終結時においては社会通念上許される限度を超えるものであると評価される場合もあり得ると考えられる（当該行為後に誹謗中傷の投稿が繰り返しなされた場合や、社会事情が変化するなどした場合にこうしたことが起こり得るものと考えられる。）。

こうした考え方から、Aの方向性においては、削除に関し、不法行為法上の違法が認められる場合よりも厳格な要件を課すことが求められ、その具体的な要件としては、

Ａ－１　削除を認めるに値するだけの社会通念上の強い侵害があることが必要である

Ａ－２　社会通念上許される限度を超えるものかどうかの判断は不法行為法上の違法の場合と異ならないものとした上で、削除の判断基準としては、これに加えて重大で回復困難な損害を被るものであることを要件とする

の２つの考え方があり得る。

もっとも、Ａ－２に対しては、「重大で回復困難な損害」という要件は北方ジャーナル事件最高裁判決で用いられているものであるが、同判決においては紙媒体の出版物に関する事前抑制・事後規制という観点が同判決の議論全体を規定しているため、紙媒体の出版物の事前抑制の場合には事後的な回復が困難であるという要件が用いられているものであり、紙媒体の出版物の事前抑制ではない場合に、事後的な回復が困難だという要件を用いるのは、削除について損害賠償の場合よりも要件を加重する立場をとる場合であっても適当ではないとの指摘がなされている。

(c)　Bの方向性について

Ｂの方向性は、従前の活字メディアの出版物の差止めに関する伝統的な考え方は、インターネット上の投稿の削除としての差止めには妥当しないとの考え方に基づくものである。

すなわち、活字メディアの出版物に関する伝統的な考え方においては、その出版物に関する損害賠償と差止めとでは、後者の方が萎縮効果を含む表現の自由に対する制約が大きいことから、差止めは損害賠償よりも厳格な要件が必要であるとされている。しかしながら、インターネット上の投稿については、書籍等全体の出版の差止めが行われる活字メディアの出版物の差止めと異なり、部分的な削除が可能な場合が多く、削除による経済的な負担も少ないことから、萎縮効果を含む表現の自由に対する影響の程度は活字メディアの出版物の差止めの場合とは大きく異なる。こうしたことから、活字メディアに関する伝統的な考え方をインターネット上の投稿の削除にそのまま用いるのは適当ではなく、削除を損害賠償より厳格な要件とするべきではないと考えるものである[31]。

---

[31] 本検討会においては、この考え方は、名誉感情の侵害の問題に限られるものではなく、インターネット上の人格権侵害一般に及ぶものであるとの指摘もなされた。

(d) 小括

本検討会においては、Ｂの方向性を支持する委員が多数であった。また、Ａの方向性を提案する委員からも、「社会通念上許される限度」の内実が明確になり、この要件によって表現の自由と人格権との適切な比較衡量を行えるのであれば、Ｂの方向性で良いとの意見が示された。この点、公務員又は公職選挙の候補者に対する評価、批判等の表現行為による名誉感情の侵害が問題となる場合には、こうした公共性の高い表現であることを「社会通念上許される限度を超える」かどうかを判断する上で十分に考慮すべきであると考えられる[32]。

ＡとＢのいずれの方向性をとるべきか等については、「社会通念上許される限度」の内実が裁判例等により明確であるといえるかどうか、この判断を行う上で表現の自由と人格権とを適切に比較衡量することができるかどうかや、インターネット上の投稿の削除による表現の自由に対する制約の程度等を考慮する必要がある。

なお、いずれの方向性をとるにせよ、社会通念上許される限度を超える侮辱行為であると認められ、インターネット上に残存することで被害者に精神的苦痛を与えるものであって、表現の受け手の観点から見てもインターネット上に残す価値があるとはいえない投稿については、削除されるべきであると考えられる。

(ｳ) プライバシー

a　意義

プライバシーの意義については、自己情報コントロール権説をはじめとして様々な見解が示されているところであるが、本検討会においては、伝統的なプライバシー概念である私生活をみだりに公開

[32] 本検討会における検討の過程で調査した範囲では、名誉感情の侵害に関して、このような公共性の高い表現であることをどのように考慮すべきかを明示した裁判例が乏しく、この点について裁判所の判断の傾向を示すには至らなかった。もっとも、東京地判令和３年８月１８日 D1-Law２９０６６００９は、「政治家については、その政策や政治手法等に関して国民等からの批判や論評を避けることができず、むしろ、その言動に対する批判や論評は、民主政治の過程を正当に機能させるため必要不可欠な行為であるといえるから、社会通念上許される限度を超える侮辱行為があったかを判断するに当たっては、政治家という原告の属性を十分考慮する必要があるというべきである。」とした上で、「本件投稿は、政治家である原告にとって、その受忍限度を逸脱したものということはできない」と判示しているところであり、参考になると考えられる。他方で、政治家等に向けられた表現行為であることから直ちに名誉感情の侵害が否定されることにはならないと考えられることにも留意が必要である（例えば、東京地判令和３年６月２４日 D1-Law２９０６５０７０は、厳密には名誉感情の侵害について判示したものではないが、市議会議員を務めていた原告に対して性的な表現が向けられた事例について、「本件投稿〈3〉、〈4〉のような性的な表現は、原告の公人としての活動に何ら関わるものではないから、それを理由として違法性が阻却されるような性質のものとはいえない」と判示している。）。

されないという人格権又は人格的利益としてのプライバシーを検討対象としている。

この場合、ある情報がプライバシーに属する事実に該当するかどうかは、宴のあと事件（東京地判昭和３９年９月２８日判時３８５号１２頁）の３要件、すなわち、

① 私生活上の事実又はそれらしく受け取られるおそれのある事柄であること（私事性）
② 一般人の感受性を基準にして当該私人の立場に立った場合、公開を欲しないであろうと認められる事柄であること（秘匿性）
③ 一般の人々に未だ知られていない事柄であること（非公知性）

に基づいて判断することとなる。もっとも、これらの要件は絶対的なものではなく、相対化して検討すべきものである。例えば、非公知性の要件については、「一般の人々」が知っているか知っていないかで切り分けたりせず、「一般の人々」の中の特定の集団や人物が知っているかどうかで判断するなどして、柔軟に適用する必要がある（前掲最判平成１５年３月１４日参照）[33]。

【参考】前掲最判平成１５年３月１４日（長良川事件最高裁判決）（抜粋）

被上告人は、本件記事によって、A’が被上告人であると推知し得る読者に対し、被上告人が起訴事実に係る罪を犯した事件本人であること（以下「犯人情報」という。）及び経歴や交友関係等の詳細な情報（以下「履歴情報」という。）を公表されたことにより、名誉を毀損され、プライバシーを侵害されたと主張しているところ、本件記事に記載された犯人情報及び履歴情報は、いずれも被上告人の名誉を毀損する情報であり、また、他人にみだりに知られたくない被上告人のプライバシーに属する情報であるというべきである。そして、被上告人と面識があり、又は犯人情報あるいは被上告人の履歴情報を知る者は、その知識を手がかりに本件記事が被上告人に関する記事であると推知することが可能であり、本件記事の読者の中にこれらの者が存在した可能性を否定することはできない。そして、これらの読者の中に、本件記事を読んで初めて、被上告人についてのそれまで知っていた以上の犯人情報や履歴情報を知った者がいた可能性も否定することはできない。

したがって、上告人の本件記事の掲載行為は、被上告人の名誉を毀損し、プライバシーを侵害するものであるとした原審の判断は、その限りにおいて是認することができる。

---

[33] 電話番号や住所といった個人情報も、これらの３要件を満たし、プライバシーに属する情報であると考えられる。

b　不法行為法上の違法の判断基準

インターネット上の投稿が前項ａの３要件に基づいてプライバシーに属する事実に該当すると認められる場合、当該投稿はプライバシーを侵害するものであると認められる。

もっとも、プライバシーを侵害すると認められることから直ちに違法性も認められるものではない。プライバシー侵害を理由とする不法行為法上の違法は、プライバシーに属する事実が公表されていること（プライバシー侵害があること）を前提に、当該事実を公表されない法的利益とこれを公表する理由とを比較衡量し、前者が後者に優越するかどうかにより判断すべきである（前掲最判平成１５年３月１４日参照）。

c　削除に係る差止請求権の判断基準

プライバシー侵害を理由とするインターネット上の投稿の削除請求の判断基準に関しては、前項ｂの不法行為法上の違法の判断基準により、違法なプライバシー侵害であると認められる場合、プライバシーに基づく差止請求による当該投稿の削除が認められると考えられる。

なお、仮処分と本案訴訟とで、削除の実体的要件は異ならないと考えられる。

d　具体的な判断の在り方

(a)　表現の自由の考慮

表現の自由の保障の観点は、前記第３の１(2)イ(ｳ)ｂの基準に基づき比較衡量を行う際、適切に考慮されるべきである。

(b)　公共性の有無

プライバシー侵害を理由とした不法行為法上の違法の有無や削除の可否が問題となった場合、前記第３の１(2)イ(ｳ)ｂの基準で比較衡量をする上で、プライバシーに属する事実が公共の利害に関する事実かどうかが、決め手となり得る重要な考慮要素となり、公共性がない場合には、よほどの例外的な事情がない限り、不法行為法上の違法が認められ、また、削除も認められると考えられる。

例えば、一般の私人の電話番号や住所は、通常、公共性のある情報ではなく、これらの情報がインターネット上に無断で投稿されている場合には、削除することができると考えられる。

(c)　前科・前歴に関する事実

ⅰ　問題の所在

法務省の人権擁護機関に寄せられる前科・前歴に関する被害事例は、一般の私人の必ずしも重大とはいえないと考えられる前科・前歴に関するものが少なくない。しかしながら、そのような事例であっても、プロバイダ等の削除対応率は目立って低い状況にある。裁判例を見ても、こうした事例で削除を認めたものは少なく、この分野に詳しい法律実務家からは、検索結果の削除の文脈ではあるが、平成２９年判例後、下級審が過度に慎重になっているのではないかとの意見も示されているところである。こうした実情を踏まえると、前科・前歴に関する事実に関する被害事例については、本来救済されるべきものが適切に救済されているかという視点も重要であると考えられる。

他方で、前科・前歴に関する被害事例は、その多くがマスメディアによる報道を端緒とするものであり、実名報道の在り方とも関わる上、これまで、前科・前歴に関する事実は、一般に、公共性のあるものと考えられてきたことから、慎重な検討を要する事柄でもある[34]。

ⅱ　前科・前歴に関する情報によるプライバシー侵害の判断の在り方

前科・前歴に関する情報がインターネット上に投稿されている場合、一般的には、それが公共の利害に関する事実といえるかどうかが問題となる。個別具体的な事情により、公共性がないと認められれば、前項(b)のとおり、よほどの例外的な事情がない限り、不法行為法上の違法や人格権に基づく差止めによる削除が認められると考えられるのに対し、公共性があると認められた場合には、掲載当時の社会的状況とその後の変化等の諸事情を考慮して、プライバシーとの比較衡量を行うことになると考えられる。

そこで、この公共性をどのように考えるべきかが問題となるところ、法務省の人権擁護機関において特に問題となっている、一般の私人の前科・前歴が実名で公表されている事案に関しては、こうした前科・前歴に関する事実がどのような意味で公共性を有するのかということや、一般の私人の前科・前歴について、実名で公表し、又は公表し続けることに、どのような意味で公共性があるといえるのか、さらには、その公共性の程度はどの程度なのか、犯罪の重大性はどのように評価し、考慮すべきなのかといった点を検討する必要があると考えられる。

この**一般の私人の前科・前歴に関する事実の公共性**に関しては、

①　犯罪であることそれ自体から公共性を有するのであり、その主体が一般の私人かどうかという点は二次的な要素である。もっとも、こうした公共性は、年月が経つにつれて減退していくものである。

[34] 法務省の人権擁護機関には、マスメディアがウェブページ上で報道した逮捕事実に関する記事がＳＮＳや電子掲示版上に転載等されたものについて、被害申告がなされる場合が多い。また、こうした事案の多くは、発端となったマスメディアのウェブページ上の記事は既に削除されており、転載等された投稿だけが残存し続けているという被害状況となっている。

②　犯罪発生時や捜査、刑事裁判の時点においては、犯罪事実それ自体について公共性があることは前提にしてよい。ただ、時の経過とともに、プライバシーや更生の利益との関係で、犯罪事実も保護の対象になり、そうなったときに、それでも公表する利益が上回るかどうかを検討することになる。

という考え方や

③　一般の私人の前科・前歴に関する事実がどのような意味で公共性を有するかという問題は、そもそも、ここでいう公共性というものがいかなるものであるのかが必ずしも明確ではないこともあって、非常に難しい問題であるが、ノンフィクション「逆転」事件最高裁判決（最判平成６年２月８日民集４８巻２号１４９頁）においては、「事件それ自体を公表することに歴史的又は社会的な意義が認められるような場合」とされており、これがここでいう公共性の内実ではないかと考えられる。これは、事件について社会的に検証を行う必要があるがゆえに公共性があり、そのために事件に関する情報を残す必要があるということである。

という考え方が示された。また、③の考え方からは、

④　従来、事件に関する情報は、新聞のマイクロフィルム等の形態で図書館に保管されるなどして残されていたが、現在のインターネット環境の下では、誰もがアクセスすることが容易な形で、半永久的に情報が残ることとなるため、公共性の内実との関係で、必要な限度を超えて残存することとなってしまっているのではないかという懸念がある。また、前科・前歴に関する事実がインターネット上に拡散される発端となるマスメディアの報道記事自体は、各社の方針に基づき、一定期間経過後に削除されているという実情がある。こうした懸念や実情に加えて、ノンフィクション「逆転」事件最高裁判決も踏まえると、前科・前歴に関する事実の実名での公表の問題については、実名での公表が必要なのかということも考慮し、事件についての社会的検証の必要はあるとしても、いつまで残しておく価値のある情報なのかという点を検討すべきなのではないか。

との指摘がなされた。

また、④の指摘に関しては、

⑤　公共性のある犯罪事実について実名等の個人を特定する情報を公表することが違法となるかどうかは、報道の迫真性等のために、犯人に関する事実をどこまで公表する必要があるかという表現者側の事情や読み手の知る権利をも踏まえて、公表する利益と被害者の更生の利益やプライバシーとを比較衡量して、報道において犯人の属性の公表がどこまで必要で

あったかを判断すべきものである。実名かどうかで線引きをすべき問題ではない。このことは必ずしも犯人の実名に限った問題ではなく、被害者報道でも同様である。

との意見や

⑥　ノンフィクション「逆転」事件のように、一旦公知となった前科・前歴に関する事実が時の経過により非公知の、すなわち、プライバシーの状態に変化したという事例と、前科・前歴に関する事実を公知の状態に置き続けるインターネット上の投稿とでは、問題状況が異なるといえる。

との意見が示された。

また、**犯罪の重大性**については、法定刑によって直ちに決まるものではないと考えられるところ、この点については、

⑦　重大かどうかという二者択一的に判断されるものではなく、比較衡量における総合的な考慮を行う上で、考慮要素とその重み付けによって適切に判断していくべきである。

⑧　（②の意見を前提として）時の経過により犯罪事実が更生の利益やプライバシーとの関係で保護されるようになったときに、それでも公表する利益が上回るかどうか検討する場合の考慮要素の１つは、犯罪の性質・重大性である。これによって保護に値するかどうかが変わってくるものと考えられる。

といった意見が示された。

iii　**小括**

インターネット上に前科・前歴に関する事実が実名で公表され続けている場合のプライバシー侵害の判断の在り方については、前項 ii のとおりの様々な観点を指摘できるところ、とりわけアクセスが容易な形で半永久的に情報が残存するというインターネットの特性を踏まえると、少なくとも、当該事実が公共性を有するとした場合のその公共性の内実は何か、その公共性の内実との関係で、現時点においてもなお当該事実を実名で公表する必要性があるのかどうか、ある場合にはその必要性はどの程度なのかといった点を十分に検討した上で、プライバシーの利益との比較衡量を慎重に行うべきであると考えられる。

こうした点も含め、この問題については、今後、更に幅広い検討が行われることが期待される。

【参考】前掲最判平成６年２月８日（ノンフィクション「逆転」事件最高裁判決）（抜粋）

ある者の前科等にかかわる事実は、他面、それが刑事事件ないし刑事裁判という社会一般の関心あるいは批判の対象となるべき事項にかかわるものであるから、事件それ自体を公表することに歴史的又は社会的な意義が認められ

るような場合には、事件の当事者についても、その実名を明らかにすることが許されないとはいえない。また、その者の社会的活動の性質あるいはこれを通じて社会に及ぼす影響力の程度などのいかんによっては、その社会的活動に対する批判あるいは評価の一資料として、右の前科等にかかわる事実が公表されることを受忍しなければならない場合もあるといわなければならない（最高裁昭和五五年（あ）第二七三号同五六年四月一六日第一小法廷判決・刑集三五巻三号八四頁参照）。さらにまた、その者が選挙によって選出される公職にある者あるいはその候補者など、社会一般の正当な関心の対象となる公的立場にある人物である場合には、その者が公職にあることの適否などの判断の一資料として右の前科等にかかわる事実が公表されたときは、これを違法というべきものではない（最高裁昭和三七年（オ）第八一五号同四一年六月二三日第一小法廷判決・民集二〇巻五号一一一八頁参照）。

そして、ある者の前科等にかかわる事実が実名を使用して著作物で公表された場合に、以上の諸点を判断するためには、その著作物の目的、性格等に照らし、実名を使用することの意義及び必要性を併せ考えることを要するというべきである。

要するに、前科等にかかわる事実については、これを公表されない利益が法的保護に値する場合があると同時に、その公表が許されるべき場合もあるのであって、ある者の前科等にかかわる事実を実名を使用して著作物で公表したことが不法行為を構成するか否かは、その者のその後の生活状況のみならず、事件それ自体の歴史的又は社会的な意義、その当事者の重要性、その者の社会的活動及びその影響力について、その著作物の目的、性格等に照らした実名使用の意義及び必要性をも併せて判断すべきもので、その結果、前科等にかかわる事実を公表されない法的利益が優越するとされる場合には、その公表によって被った精神的苦痛の賠償を求めることができるものといわなければならない。なお、このように解しても、著作者の表現の自由を不当に制限するものではない。けだし、表現の自由は、十分に尊重されなければならないものであるが、常に他の基本的人権に優越するものではなく、前科等にかかわる事実を公表することが憲法の保障する表現の自由の範囲内に属するものとして不法行為責任を追求される余地がないものと解することはできないからである。この理は、最高裁昭和二八年（オ）第一二四一号同三一年七月四日大法廷判決・民集一〇巻七号七八五頁の趣旨に徴しても明らかであり、原判決の違憲をいう論旨を採用することはできない。

そこで、以上の見地から本件をみると、まず、本件事件及び本件裁判から本件著作が刊行されるまでに一二年余の歳月を経過しているが、その間、被上告人が社会復帰に努め、新たな生活環境を形成していた事実に照らせば、被上告人は、その前科にかかわる事実を公表されないことにつき法的保護に値する利益を有していたことは明らかであるといわなければならない。しかも、被上告人は、地元を離れて大都会の中で無名の一市民として生活していたのであって、公的立場にある人物のようにその社会的活動に対する批判ないし評価の一資料として前科にかかわる事実の公表を受忍しなければならない場合ではない。

所論は、本件著作は、陪審制度の長所ないし民主的な意義を訴え、当時のアメリカ合衆国の沖縄統治の実態を明らかにしようとすることを目的としたものであり、そのために本件事件ないしは本件裁判の内容を正確に記述する必要があったというが、その目的を考慮しても、本件事件の当事者である被上告人について、その実名を明らかにする必要があったとは解されない。本件著作は、陪審評議の経過を詳細に記述し、その点が特色となっているけれども、歴史的事実そのものの厳格な考究を目的としたものとはいえず、現に上告人は、本件著作において、米兵たちの事件前の行動に関する記述は周囲の人の話や証言などから推測的に創作した旨断っており、被上告人に関する記述についても、同人が法廷の被告人席に座って沖縄へ渡って来たことを後悔し、そのころの生活等を回顧している部分は、被上告人は事実でないとしている。その上、上告人自身を含む陪審員については、実名を用いることなく、すべて仮名を使用しているのであって、本件事件の当事者である被上告人については特にその実名を使用しなければ本件著作の右の目的が損なわれる、と解することはできない。

さらに、所論は、本件著作は、右の目的のほか、被上告人ら四名が無実であったことを明らかにしようとしたものであるから、本件事件ないしは本件裁判について、被上告人の実名を使用しても、その前科にかかわる事実を公表したことにはならないという。しかし、本件著作では、上告人自身を含む陪審員の評議の結果、被上告人ら四名がＡに対する傷害の罪で有罪と答申された事実が明らかにされている上、被上告人の下駄やシャツに米兵の血液型と同型の血液が付着していた事実など、被上告人と事件とのかかわりを示す証拠が裁判に提出されていることが記述され、また、陪審評議において、喧嘩両成敗であるとの議論がされた旨の記述はあるが、被上告人ら四名が正当防衛として無罪であるとの主張がされた旨の記述はない。したがって、本件著作は、被上告人ら四名に対してされた陪審の答申と当初の公訴事実との間に大きな相違があり、また、言い渡された刑が陪審の答申した事実に対する量刑として重いという印象を強く与えるものではあるが、被上告人が本件事件に全く無関係であったとか、被上告人ら四名の行為が正当防衛であったとかいう意味において、その無実を訴えたものであると解することはできない。

以上を総合して考慮すれば、本件著作が刊行された当時、被上告人は、その前科にかかわる事実を公表されないことにつき法的保護に値する利益を有していたところ、本件著作において、上告人が被上告人の実名を使用して右の事実を公表したことを正当とするまでの理由はないといわなければならない。そして、上告人が本件著作で被上告人の実名を使用すれば、その前科にかかわる事実を公表する結果になることは必至であって、実名使用の是非を上告人が判断し得なかったものとは解されないから、上告人は、被上告人に対する不法行為責任を免れないものというべきである。

【参考】平成２９年判例（抜粋）

抗告人は、本件検索結果に含まれるＵＲＬで識別されるウェブサイトに本件事実の全部又は一部を含む記事等が掲載されているとして本件検索結果の削除を求めているところ、児童買春をしたとの被疑事実に基づき逮捕されたという本件事実は、他人にみだりに知られたくない抗告人のプライバシーに属する事実であるものではあるが、児童買春が児童に対する性的搾取及び性的虐待と位置付けられており、社会的に強い非難の対象とされ、罰則をもって禁止されていることに照らし、今なお公共の利害に関する事項であるといえる。また、本件検索結果は抗告人の居住する県の名称及び抗告人の氏名を条件とした場合の検索結果の一部であることなどからすると、本件事実が伝達される範囲はある程度限られたものであるといえる。
以上の諸事情に照らすと、抗告人が妻子と共に生活し、前記一（１）の罰金刑に処せられた後は一定期間犯罪を犯すことなく民間企業で稼働していることがうかがわれることなどの事情を考慮しても、本件事実を公表されない法的利益が優越することが明らかであるとはいえない。

【参考】前科・前歴に関する最高裁判例における違法性の考慮要素

前科・前歴に関する判例における違法性の考慮要素			
	平成２９年判例	長良川事件	ﾉﾝﾌｨｸｼｮﾝ「逆転」事件
①	プライバシーに属する事実の性質及び内容	犯罪行為の内容	事件それ自体の歴史的又は社会的意義
②	プライバシーに属する事実が伝達される範囲と被る具体的被害の程度	プライバシーに属する情報が伝達される範囲と被る具体的被害の程度	
③	社会的地位や影響力	記事が週刊誌に掲載された当時の年齢や社会的地位	社会的活動及びその影響力
④	記事等の目的や意義	記事の目的や意義	著作物の目的、性格等に照らした実名使用の意義及び必要性
⑤	記事等が掲載された当時の社会的状況とその後の変化[35]	公表時の社会的状況	その後（※　前科等に関する刑事手続の終了後）の生活状況
⑥	記事等においてプライバシーに属する事実を記載する必要性	記事においてプライバシーに属する情報を公表する必要性	著作物の目的、性格等に照らした実名使用の意義及び必要性
⑦			当事者の重要性

(ｴ) 私生活の平穏（平穏な生活を営む権利）

ａ　意義等

(a) 意義

判例により、私生活の平穏という人格的利益が認められている（最判平成元年１２月２１日民集４３巻１２号２２５２頁）[36]。
裁判例においてこの私生活の平穏が問題とされる事例には、
①物理的な平穏が問題となる類型[37]

[35] この考慮要素において、前科等に関する刑事手続の終了後の生活状況も考慮されると考えられる。
[36] 裁判例においては、「平穏な生活を営む権利」「平穏生活権」「平穏に生活する人格権」「平穏に日常生活を送る利益」などといった呼称も用いられている。
[37] 静岡地浜松支決昭和６２年１０月９日判時１２５４号４５頁（建物を暴力団事務所として使用することの差止め）、大阪高決平成６年９月５日判タ８７３号１９４頁（建物を暴力団事務所として使用することの差止め）、仙台地決平成４年２月２８日判タ７８９号１０７頁（産業廃棄物最終処分場の使用操業差止め）、東京地判平成１１年８月２７日判タ１０６０号２２８頁（街宣活動の差止め）など。また、インターネット上の「殺す」「死ね」などの危害を加える内容の投稿を私生活の平穏の侵害であるとした裁判例として、東京地判平

②精神的な平穏が問題となる類型[38]
との、大きく２つの類型があることを指摘できる。

①の物理的な平穏が問題となる類型における私生活の平穏は、生命・身体等の利益が危険にさらされる結果侵害される平穏である。この類型においては、生命・身体等の利益が現実に侵害されるよりも前に私生活の平穏の侵害が認められることにより、保護の場面が前倒しされることになる。そのため、いかなる場合に保護の場面の前倒しが認められるかが問題となる。

②の精神的な平穏が問題となる類型における私生活の平穏は、生命・身体等の利益が危険にさらされるものではないが、人の主観的な（内面的な）利益が侵害されることにより侵害される平穏である。この場合、人の主観的な利益をどの範囲で法的に保護することができるかが問題になる[39]。なお、前項(ｳ)のプライバシーは、この類型の私生活の平穏に関連するものであるということができる。

(b)　私生活の平穏が機能する場面

私生活の平穏は、例えば、ヘイトスピーチや、特定の地域を同和地

成２９年８月２４日 D1-Law２９０５１１１７、東京地判平成３０年１１月２１日 D1-Law２９０５２７２３、東京地判令和２年１１月１２日 D1-Law２９０６２０７０、東京地判令和３年２月２４日 D1-Law２９０６２７５３、東京地判令和３年３月２３日 D1-Law２９０６３８１０などがある。

[38] 前掲最判平成元年１２月２１日（ビラ配りに対する損害賠償請求）、最判平成２２年６月２９日判タ１３３０号８９頁（葬儀場に対する目隠しフェンスの設置等の請求）など。また、東京地判令和元年７月２５日 D1-Law２９０５７４５９は、インターネット上の投稿による「心を乱されることなく平穏な日常生活を送る利益」の侵害を認めている。

[39] 私生活の平穏そのものについて述べるものではないが、最判平成１１年３月２５日集民１９２号４９９頁は、「各人の価値観が多様化し、精神的な摩擦が様々な形で現れる現代社会においては、他者の言動によって内心の静穏な感情を害され、精神的苦痛を被ることがまれではない。人は自己の欲しない他者の言動によって心の静穏を乱されないという利益を有し、この利益は社会生活の上において尊重されるべきものである。しかし、同時に他者の言論、営業その他の社会的活動も尊重されるべきであって、これをみだりに制限すべきではないから、人は、社会生活において他者の言動により内心の静穏な感情を害され、精神的苦痛を受けることがあっても、一定の限度ではこれを甘受すべきであり、社会通念上その限度を超えて内心の静穏な感情が害され、かつ、その侵害の態様、程度が内心の静穏な感情に対する介入として社会的に許容できる限度を超える場合に初めて、右の利益が法的に保護され、これに対する侵害について不法行為が成立し得るものと解するのが相当である。」と判示している。また、最判平成３年４月２６日民集４５巻４号６５３頁は、「一般的には、各人の価値観が多様化し、精神的な摩擦が様々な形で現れている現代社会においては、各人が自己の行動について他者の社会的活動との調和を充分に図る必要があるから、人が社会生活において他者から内心の静穏な感情を害され精神的苦痛を受けることがあっても、一定の限度では甘受すべきものというべきではあるが、社会通念上その限度を超えるものについては人格的な利益として法的に保護すべき場合があり、それに対する侵害があれば、その侵害の態様、程度いかんによっては、不法行為が成立する余地があるものと解すべきである。」と判示している。

区と指摘する情報による人格権の侵害の有無を検討する際、有用な権利・利益として捉えることが可能であると考えられる。

また、肖像権の内実を実質的に検討する際、非公知性の要件（前項(ウ) a 参照）との関係などから、保護法益として前項(ウ)のプライバシーを正面から捉え難い場合など、個別具体的な事案に基づき保護法益を想定する際にも、有用となる権利・利益であると考えられる（後記(オ)参照）。

b　**不法行為法上の違法の判断基準**

不法行為法上の違法の有無は、社会通念上受忍すべき限度を超えた精神的苦痛が生じたかどうかにより判断すべきであると考えられる（前掲最判平成元年１２月２１日）。

【参考】前掲最判平成元年１２月２１日（抜粋）

上告人の本件配布行為ののち、被上告人らの中には、電話、葉書、スピーカーによる嫌がらせや非難攻撃を繰り返し受け、家族に対してまで非難の宣伝をされた者があり、その余の者も右事実を知り同様の攻撃等を受けるのではないかと落ち着かない気持ちで毎日を送ったことは前示のとおりである。被上告人らの社会的地位及び当時の状況等にかんがみると、現実に右攻撃等を受けた被上告人らの精神的苦痛が社会通念上受忍すべき限度内にあるということはできず、その余の被上告人らの精神的苦痛も、その性質及び程度において、右攻撃等を受けた被上告人らのそれと実質的な差異はないというべきところ、原審が適法に確定したところによると、被上告人らの氏名・住所・電話番号等を個別的に記載した本件ビラを大量に配布すれば右のような事態が発生することを上告人において予見していたか又は予見しなかったことに過失がある、というのであるから、被上告人らは上告人の本件配布行為に起因して私生活の平穏などの人格的利益を違法に侵害されたものというべきであり、上告人はこれにつき不法行為責任を免れないといわざるを得ない。

c　**削除に係る差止請求権の判断基準**

私生活の平穏の侵害を理由とするインターネット上の投稿の削除請求の判断基準に関しては、前項ｂの不法行為法上の違法の判断基準により、違法な私生活の平穏の侵害であると認められる場合、私生活の平穏に基づく差止請求による当該投稿の削除が認められると考えられる。

なお、仮処分と本案訴訟とで、削除の実体的要件は異ならないと考えられる。

(オ)　**肖像権**

a　**意義**

いわゆる肖像権に関しては、判例により、「みだりに自己の容ぼう等を撮影されないということについて法律上保護されるべき人格的利益」

「自己の容ぼう等を撮影された写真をみだりに公表されない人格的利益」などとして、その保護が認められている（最判平成１７年１１月１０日民集５９巻９号２４２８頁（以下「平成１７年判例」という。）等）。

もっとも、肖像権の保護法益は、事案や場面によって様々であり、インターネット上に投稿された肖像の削除の可否を検討する際には、具体的な事例ごとに、当該肖像の投稿の内容や態様等から、投稿の趣旨や文脈をよく把握し、具体的にいかなる保護法益の侵害が問題となっているかを特定していくことが必要である[40]。

【参考】平成１７年判例（抜粋）

人は、みだりに自己の容ぼう等を撮影されないということについて法律上保護されるべき人格的利益を有する（最高裁昭和４０年（あ）第１１８７号同４４年１２月２４日大法廷判決・刑集２３巻１２号１６２５頁参照）。

（中略）

また、人は、自己の容ぼう等を撮影された写真をみだりに公表されない人格的利益も有すると解するのが相当・・・

（中略）

・・・人は、自己の容ぼう等を描写したイラスト画についても、これをみだりに公表されない人格的利益を有すると解するのが相当である。

【参考】最判平成２４年２月２日民集６６巻２号８９頁（抜粋）[41]

人の氏名、肖像等（以下、併せて「肖像等」という。）は、個人の人格の象徴であるから、当該個人は、人格権に由来するものとして、これをみだりに利用されない権利を有すると解される（氏名につき、最高裁昭和５８年（オ）第１３１１号同６３年２月１６日第三小法廷判決・民集４２巻２号２７頁、肖像につき、最高裁昭和４０年（あ）第１１８７号同４４年１２月２４日大法廷判決・刑集２３巻１２号１６２５頁、最高裁平成１５年（受）第２８１号同１７年１１月１０日第一小法廷判決・民集５９巻９号２４２８頁各参照）。

b　不法行為法上の違法の判断基準

(a) 保護法益がプライバシー、名誉感情、私生活の平穏である場合

---

[40] なお、本検討会において肖像権として検討する対象にパブリシティ権は含まない。

[41] この判例は、パブリシティ権の侵害の有無が問題となったものであるが、最高裁調査官の解説では、この判例は「人の肖像等は、個人の人格の象徴であるから、当該個人は、人格権に由来するものとしてこれをみだりに利用されない権利を有するとして、「肖像権」という権利を正面から認めるに至っている」、「パブリシティ権と同様に、氏名権についても排他的な権利としてこれを確認するとともに、併せて肖像権についても排他的な権利としてこれを初めて承認したものと解される」とされている（中島基至「判解」最判解民事篇平成２４年度（上）〔１月～２月分〕１８頁、２７－２８頁）。

前項ａの視点に基づく検討を経て、問題となる保護法益として、プライバシー、名誉感情、私生活の平穏といった実務上比較的その内実が明確な保護法益を特定できた場合には、それぞれの性質を踏まえて、不法行為法上の違法ないし肖像権に基づく差止めによる削除の一般的な判断基準を検討するべきである。

この検討を行う際には、平成１７年判例の基準、すなわち、被撮影者の社会的地位、撮影された被撮影者の活動内容、撮影の場所、撮影の目的、撮影の態様、撮影の必要性等、事案に応じて適切な事情を総合考慮して、被撮影者のみだりに自己の容ぼう等を撮影されない人格的利益の侵害が社会生活上受忍の限度を超えるかどうかにより人の容ぼう等の撮影行為の違法性を判断し、また、撮影が違法と評価される場合には、その容ぼう等が撮影された写真や動画（以下「写真等」という。）を公表する行為は、被撮影者の自己の容ぼう等を撮影された写真等をみだりに公表されない人格的利益を侵害するものとして違法となるという判断基準を出発点とすることが考えられる。

また、容ぼう等の撮影行為が違法とは認められない場合でも、その公表行為について、平成１７年判例を踏まえ、被撮影者の社会的地位、撮影された被撮影者の活動内容、撮影の場所、公表の目的、公表の態様、公表の必要性等、事案に応じて適切な事情を総合考慮して、被撮影者の自己の容ぼう等を撮影された写真等をみだりに公表されない人格的利益の侵害が社会生活上受忍の限度を超えるかどうかという判断基準を出発点として、公表行為自体の違法性の有無を検討することが考えられる。

以上を踏まえると、例えば、私的な場で撮影された肖像については、保護法益をプライバシーと捉えた上で、平成１７年判例の考慮要素を踏まえつつ、公共性がない場合には、特段の事情がない限り、社会生活上受忍の限度を超えるものであるとすることが考えられる。また、公的な場で撮影された写真については、その内容や公開の態様等が侮辱的なものであれば、保護法益を名誉感情と捉えた上で、平成１７年判例の考慮要素を踏まえつつ、侮辱の程度が社会生活上受忍の限度を超えたものかどうかを検討することなどが考えられる。

(b)　保護法益を特定できない場合

侮辱等の趣旨も伴わない単なる「なりすまし」による投稿に公の場で撮影された写真等が用いられた場合など、必ずしも、プライバシーや名誉感情、私生活の平穏といった前項(a)に掲げた保護法益に、直ちには引きつけて考えることのできない被害事例も少なからずある。

そのような場合であっても、肖像を無断に利用された者として、とりわけ通常の一般の私人を想定すると、その者が、精神的苦痛を被っていることを理由に、その写真等の削除を求めたいと考えることはあり得、これを肖像権により保護すべき場合もあり得る。

この場合にも、前項(a)の平成１７年判例の基準を出発点として、社会生活上受忍の限度を超えるかどうかを判断していくこととなる。

【参考】平成１７年判例（抜粋）

ある者の容ぼう等をその承諾なく撮影することが不法行為法上違法となるかどうかは、被撮影者の社会的地位、撮影された被撮影者の活動内容、撮影の場所、撮影の目的、撮影の態様、撮影の必要性等を総合考慮して、被撮影者の上記人格的利益の侵害が社会生活上受忍の限度を超えるものといえるかどうかを判断して決すべきである。

（中略）

人の容ぼう等の撮影が違法と評価される場合には、その容ぼう等が撮影された写真を公表する行為は、被撮影者の上記人格的利益を侵害するものとして、違法性を有するものというべきである。

（中略）

人は、自己の容ぼう等を描写したイラスト画についても、これをみだりに公表されない人格的利益を有すると解するのが相当である。…（中略）…本件イラスト画のうち上段のものは、前記のとおり、被上告人が手錠、腰縄により身体の拘束を受けている状態が描かれたものであり、そのような表現内容のイラスト画を公表する行為は、被上告人を侮辱し、被上告人の名誉感情を侵害するものというべきであり、同イラスト画を、本件第２記事に組み込み、本件写真週刊誌に掲載して公表した行為は、社会生活上受忍すべき限度を超えて、被上告人の人格的利益を侵害するものであり、不法行為法上違法と評価すべきである。

c　削除に係る差止請求権の判断基準

肖像権侵害を理由とするインターネット上の投稿の削除請求の判断基準に関しては、前項ｂの不法行為法上の違法の考え方により、違法な肖像権侵害であると認められる場合、肖像権に基づく差止請求による当該投稿の削除が認められると考えられる。

なお、仮処分と本案訴訟とで、削除の実体的要件は異ならないと考えられる。

d　肖像権に関するその他の論点

(a)　自ら投稿した肖像が無断転載された場合

自らインターネットに投稿した肖像の写真等が無断転載される場合がある。こうした被害事例に関しては、自らインターネット上に公開した顔写真であることを理由に肖像権の侵害を否定した裁判例があるほか[42]、写真の内容を認識した上で自ら公表している以上、肖像権侵害が成立することは考えにくいとの指摘もなされている[43]。

しかしながら、このような場合であっても、自らがその肖像の写真

[42] 大阪地判平成２８年２月８日判時２３１３号７４頁。

[43] 関述之＝小川直人編著『インターネット関係仮処分の実務』（きんざい、２０１８年）１０９頁。

等を投稿していたことそれ自体をもって、肖像権を放棄した、あるいは、転載の承諾を与えたものと評価すべきではないと考えられる。

その上で、このような場合には、まず、自らがインターネット上に肖像の写真等を投稿した際の趣旨や文脈を見て、それにより、肖像権の放棄や転載の承諾の有無や、これが有るとされた場合のその趣旨や範囲を特定し、次に、転載先の掲載の趣旨や文脈を見て、転載がその放棄や承諾の趣旨や範囲に収まるものかどうかを判断するのが適切である。

(b)　被撮影者の同定の要否とその程度

肖像の写真等が無断で使用されたという被害事例においては、写真等の顔の部分が加工されていたり、写りが不鮮明であるとか、そもそも顔が映っていないといった事情により、被撮影者本人には自分の肖像の写真等であると認識できるものの、一般の閲覧者には被撮影者が誰かを認識又は推知することが困難である場合がある。

こうした事例における肖像権侵害の成否に当たっては、被撮影者の同定が可能であることが必要か、またどの程度同定されることを要するかが論点となり得る。

この点については、前記第３の１(2)イ(オ)ａのとおり、肖像権の保護法益は多様であることから、保護法益の性質に応じて、同定の要否や程度は異なり得ると考えられる。

例えば、プライバシーの観点から見ると、プライバシーの侵害については対象者の同定が必要であると考えられることから、自身の肖像であると同定できないのであれば、実質的にはプライバシーの侵害があるとはいえないとして、肖像権の侵害が否定されるということも考えられる。

一方、ほかの人が見てもそれが誰なのか分からないといった場合であっても、名誉感情や私生活の平穏などの観点からは、これらの権利・利益については対象者の同定が必ずしも必要とされないことから、客観的に被害者の肖像等の写真等であると認められるときは、肖像権の侵害が肯定され、当該投稿の削除を請求し得る場合も十分に有り得ると考えられる[44]。

(c)　スポーツ選手等に対する盗撮、撮影した写真や動画の投稿等

---

[44] 例えば、写真等の顔の部分が加工されており、一般の閲覧者には被害者を同定できないが、被害者を揶揄する意図や態様で加工が行われて公表されていると認められるような場合には、名誉感情の保護法益を侵害するものとして、肖像権侵害が認められ得ると考えられる。また、顔が映っておらず、一般の閲覧者には被害者を同定できないが、写真等の内容が被害者の身体の性的な部分を殊更に写したものである場合には、それがインターネット上に投稿され、拡散等することにより被害者が強い羞恥心や不安感等を覚えるものであることから、プライバシーという保護法益の侵害が認められるかどうかはともかく、私生活の平穏という保護法益が侵害されたものとして、肖像権侵害が認められることも有り得るものと考えられる。

近時、スポーツ選手が、競技場等で、盗撮されたり、撮影された写真や動画を性的な目的でインターネット上に拡散されたりするといった被害を受けるという問題が深刻化している。この問題を肖像権の観点から見るとすれば、自己の肖像を性的な目的で撮影され、あるいは性的な文脈で用いられることが肖像権を侵害することになるかどうかという問題であると理解することができる。このような理解に立つと、この問題は必ずしもスポーツ選手に限られるものではなく、例えば、女子中高生の日常の体操着姿や制服姿を撮影した肖像の写真が性的な文脈で用いられるといった場合も同様に肖像権の問題となると考えることができる。

こうした事例における肖像権の侵害に関する判断基準や判断の方法は、前記第３の１⑵イ㈥ｂの考え方と異なるものではなく、性的な趣旨や文脈で撮影され、あるいは投稿がされていると評価できるケースについては、名誉感情、私生活の平穏等の保護法益が社会生活上受忍の限度を超えて侵害されているものとして不法行為法上の違法や肖像権に基づく差止めによる削除が認められ得るものと考えられる。

もっとも、必ずしも性的な趣旨や文脈による撮影又は投稿であると直ちには評価しきれない場合も少なくない。このような場合においては、スポーツ選手等が見る者によっては性的な関心を呼びやすい衣服等で競技に臨まざるを得ない状況を踏まえ、その投稿や投稿されているウェブサイトが暗に性的な関心を煽るものとなっていないかどうか、対象者が未成年者であって保護の必要性が高いかどうかなどの事情を考慮し、肖像権と表現の自由のバランスに配慮しつつ、肖像権の侵害を認めることができるかどうかについて、今後、更なる検討を行う必要がある。

なお、プロバイダ等においては、必ずしも違法であると評価しきれないものであっても、上記の視点をも踏まえ、積極的な検討や対応が求められる課題であると考えられる。

㈦ 氏名権

ａ　意義

氏名は、その個人の人格の象徴であり、人格権の一内容を構成するものであるから、人は、その氏名を他人に冒用されない権利を有するものと解されている（最判昭和６３年２月１６日民集４２巻２号２７頁）。

この氏名を冒用されない権利のほかにも、氏名権と呼ばれる権利には、氏名を正確に呼称・表記される人格的利益（前掲最判昭和６３年２月１６日参照）や、氏名を表示するかどうかを決定する利益（仙台地判平成７年１２月７日判タ９０１号１５３頁、大阪地判平成８年７月１７日判タ９２９号１７６頁）などがある。もっとも、インターネット上における氏名に関する投稿による被害事例については、氏名を冒用されない権利の侵害が問題となる場合のほかは、名誉権や名誉感情等の人格権の侵害の問題として捉えれば足り、氏名を正確に呼称・表記される人格的利益等の氏名権の侵害を検討する実益がある場合は少ないものと考えられる。そこで、以下では、氏名を冒用されない権利（以下「氏名権」といった場合には、氏名を冒用されない権利のみを指す。）に関する整理を行う。

b　不法行為法上の違法の判断基準

(a) 人格の混同が生じる場合

インターネット上の投稿について、氏名が冒用されたことにより、人格の混同が生じた場合には、通常、私生活の平穏等の氏名権の保護法益としての人格的利益が侵害されていると考えられるから、原則として違法な氏名権の侵害であると考えることができる。

(b) 人格の混同が生じない場合

人格の混同が生じない場合でも、各種の事情を総合考慮して、氏名の冒用行為による被害者の精神的苦痛の程度が受忍限度を超えるときには、違法な人格的利益の侵害が認められるものとして、氏名権の侵害を認めることが考えられる。例えば、有名人の氏名での投稿が多数回繰り返されていて、被冒用者に精神的苦痛が生じている場合、それが受忍限度を超えているときは氏名権の侵害が認められることとなる。

なお、この点については、氏名の冒用が受忍限度を超えるような精神的苦痛を与える程度にまで至っているという状況から見て、人格の混同も少なからず生じているものと評価して、氏名権の侵害を認めるという考え方もある。

c　削除に係る差止請求権の判断基準

氏名権侵害を理由とするインターネット上の投稿の削除請求の判断基準に関しては、前項ｂの不法行為法上の違法の考え方により、違法な氏名権侵害であると認められる場合、氏名権に基づく差止請求による当該投稿の削除が認められると考えられる。

なお、仮処分と本案訴訟とで、削除の実体的要件は異ならないと考えられる。

d　なりすまし行為との関係

いわゆる「なりすまし」行為との関係については、後記２(2)イ及び同(4)を参照。

(ｷ) その他の人格権又は人格的利益

ここまでに掲げた人格権のほかにも、インターネット上の誹謗中傷の投稿により侵害され得るものとしては、氏名及び出自・国籍を第三者に正しく認識してもらう人格的利益[45]や、遺族の敬愛追慕の情[46]などを挙げることができる（なお、いわゆる「アイデンティティ権」については、後記２⑸を参照。）。

２　ＳＮＳ等における「なりすまし」

⑴　問題の所在

実在する他人の氏名を冒用するなどしてＳＮＳ等のアカウントを作成し、当該アカウント上で投稿を行うことで、あたかもその者がアカウントを開設して投稿を行っているかのような外観が作出されることがある。このような行為は、一般に、「なりすまし」と呼ばれている[47]。

「なりすまし」は、近時、特に、ＳＮＳ等においてアカウントを作成して行われる場合が問題になっているが、アカウントの作成を伴わず、電子掲示板等において、投稿者名に実在する他人の氏名を冒用するなどして行われる場合もある。こうした「なりすまし」て行われる投稿（以下「なりすまし投稿」という。）は、「なりすま」された者（以下「対象者」という。）の人格の同一性に混同を生じさせるなどの被害をもたらすものである。

以下では、こうした「なりすまし」行為による人格権侵害の法律構成等について整理を行う[48]。

⑵　基本的な考え方

ア　なりすまし投稿による人格権侵害

なりすまし投稿がなされたことそれ自体をもって、直ちに違法な人格権侵害であると評価できるものではなく（なお、アイデンティティ権については、後記⑸参照。）、なりすまし投稿が名誉権、名誉感情、プライバシー、私生活の平穏等の人格権を侵害するものであると認められる場合に、不法行為法上の違法や差止めによる削除が認められ得る

---

[45] 仙台地判平成３０年７月９日 D1-Law２８２６３３２６。この裁判例ではインターネット上の投稿の削除が認められている。

[46] 東京高判昭和５４年３月１４日判タ３８７号６３頁、東京地判平成２３年６月１５日判時２１２３号４７頁等。

[47] その投稿の閲覧者において、投稿した主体が「なりすま」された者であると認識する場合（以下「なりますしが成功した場合」という。）と、投稿した主体は「なりすま」された者ではなく、第三者が「なりすまし」て行ったものであると認識する場合（以下「なりすましが失敗した場合」という。）とがあるが、ここでは、いずれの場合も「なりすまし」と呼称している。

[48] なお、以下の整理は、裁判実務を念頭に、対象者に対する下記⑶及び⑷の人格権の侵害があるかどうかというアプローチを前提とするものである。これに対し、プロバイダ等の事業者において、対象者に対する前記の人格権侵害があるかどうかにかかわらず、なりすまし行為そのものを重く見て、約款やその解釈に基づき、なりすまし行為が認められた以上は、アカウントの凍結や当該投稿の削除をするとの判断を行うことは当然可能である。

ものであると考えられる。

これらの人格権の侵害が認められる場合における違法性の判断基準や、差止めによる削除の判断基準については、前記第３の１で整理したとおりである。

イ　なりすます手段による人格権侵害

なりすましを行うためには、氏名や肖像等のなりすます対象者を特定する情報が用いられる。こうしたなりすましの手段として本人を特定する情報がインターネット上に投稿されることによって、人格権が侵害される場合がある。

⑶　なりすまし投稿による人格権の侵害（名誉権、名誉感情、プライバシー、私生活の平穏）

ア　名誉権

事実を摘示して行われる名誉毀損は、通常、投稿の内容が示す対象者に関する事実が対象者の社会的評価を低下させるものであることにより成立するものである。なりすまし投稿についても、投稿の内容が対象者に関する事実を示すものであり、当該事実が対象者の社会的評価を低下させるものであれば、名誉毀損が成立し得ることには、特段問題がないものと考えられる。

他方で、なりすまし投稿による被害事例については、第三者を誹謗中傷する投稿など、なりすまし投稿の内容自体は対象者に関する事実を示すものではないが、対象者にとっては、そのような投稿を自分がしていると認識されてしまうことで精神的苦痛を被るというものも見られるところである。この場合、投稿の内容自体は対象者の社会的評価を低下させるものではないため、なりすまし投稿であるという性質を踏まえた場合に名誉毀損が認められるのかどうかが問題となる。

なりまし投稿による名誉毀損に関する裁判例を見ると、なりすまし投稿による名誉毀損については、なりすましが成功した場合となりすましが失敗した場合とに分けた上で、以下の(ア)及び(イ)のように摘示事実や社会的評価の低下を判断することができると考えられる。このような判断の仕方をする場合、前記のなりすまし投稿に特有の被害事例については、(ア) bの考え方に基づいて検討することで、名誉毀損の成立が認められ得ることとなる。このように、なりすまし投稿による名誉毀損の成否を判断する上では、(ア)、(イ)の考え方を踏まえて、事案に応じて適切な法律構成を用いるべきである。

(ア)　なりすましに成功した場合

a　投稿の内容自体に対象者に関する事実が摘示されている場合

例えば、自らが社会的評価を低下させる行為を行ったことを告白する投稿などである。この場合は、その事実が社会的評価を低下させるものかどうかを検討する。

b　投稿の内容自体には対象者に関する事実が摘示されていない場

合

このような場合でも、なりすましによる投稿をしたことそれ自体が摘示された事実であると認定することが考えられる。例えば、対象者の氏名と同一のアカウント名を用いてＳＮＳのアカウントを開設し、なりすましに成功した上で、そのアカウントで第三者を誹謗中傷する内容を投稿するといったときには、投稿者がそのような投稿をする人物であるとの事実を摘示するものであると認定し、当該事実により社会的評価が低下するかどうかを検討する[49]。

(ｲ) なりすましに成功しなかった場合

結果としてなりすましに成功したとはいえず、第三者による投稿であると読み取られる場合でも、例えば、対象者について記載した投稿内容が、対象者本人についての悪印象を殊更増幅するものであるなど、対象者についての事実を摘示しているものであると受け止められる場合には、社会的評価の低下が認められ得る[50]。

イ　名誉感情

なりすまし投稿の内容や態様次第では、なりすまし投稿が対象者に対する侮辱行為であり、名誉感情を侵害するといえる場合があり得る。名誉感情の侵害が問題となるのは、具体的な事実の摘示を伴わない事例である場合が多いと考えられるが（前記第３の１(2)イ(ｲ) a (b)参照）、事実の摘示による名誉感情の侵害を問題とする場合において、なりすまし投稿により摘示された事実を認定する場合には、前項ア(ｱ)及び(ｲ)を参考に検討することが考えられる。

ウ　プライバシー

プライバシーについては、なりすまし投稿がプライバシーに属する事実を摘示するものであれば、なりすましに成功したかどうかにかかわらず、当該投稿はプライバシーを侵害するものであると考えられる。

エ　私生活の平穏

なりすまし投稿により、名誉毀損やプライバシー侵害を認め難い場合でも、その内容や態様等によっては、私生活の平穏の侵害が認められる場合があり得ると考えられる。

(4) なりすます手段による人格権の侵害（肖像権、氏名権）[51]

ア　肖像権

なりすましにより作成されたＳＮＳ等のアカウントのアイコン画像やプロフィール画像等に、肖像の写真が無断で使用される場合がある。

---

49 大阪地判平成２９年８月３０日判タ１４４５号２０２頁等。

50 東京地判平成２８年６月７日 D1-Law２９０１８７８６等。

51 本検討会においては、なりすましに伴う氏名権や肖像権の侵害は、なりすましの手段としてではなく、侵害される権利の問題として整理することも可能ではないかとの意見も示された。

このような場合には肖像権の侵害が問題となる。

この場合の不法行為法上の違法及び差止めによる削除の判断基準は、前記第３の１⑵イ㈭のとおりであるが、とりわけ一般の私人がなりすましの被害者である場合には、通常、正当な目的があるとは考え難く、なりすましであること自体が社会生活上受忍の限度を超えることを基礎付ける事情になり得ると考えられる[52]。

イ　氏名権

なりすましに際して、対象者の実名や通称名などがアカウント名等に用いられることがある。このような場合には、氏名権の侵害が問題となる[53]。

この場合の不法行為法上の違法及び差止めによる削除の判断基準は、前記第３の１⑵イ㈮のとおりである。すなわち、アカウント名等に氏名を用いることでなりすましに成功したときには、人格の混同が生じているといえることから、同㈮ｂ⒜のとおり、氏名を冒用して行われた投稿は、通常、私生活の平穏等の氏名権の保護法益としての人格的利益を侵害するものであり、原則として氏名権を違法に侵害するものであると考えられる。他方、なりすましに成功しなかった場合には、人格の混同が生じているとは考えにくいため、同㈮ｂ⒝のとおり、各種の事情の総合考慮により氏名権の侵害を判断すべきものと考えられる。

氏名が冒用されてＳＮＳ等のアカウントが作成されることでなりすましが行われた場合において、その冒用行為が氏名権を違法に侵害すると認められるときには、冒用された氏名の部分について削除を求めることができる。これに対し、当該アカウントにおいて氏名を冒用してなされた投稿については、氏名を冒用して当該アカウントが作成されていることから直ちに当該投稿についても氏名権の違法な侵害であり、削除することができるということにはならず、これを削除するためには、別途、当該投稿が名誉権等の人格権を違法に侵害するものであるといえることが必要であると考えられる。

⑸　いわゆる「アイデンティティ権」について

ア　「アイデンティティ権」の意義

これまでの整理のとおり、なりすまし行為については、なりすます手段に肖像や氏名が用いられた場合に肖像権や氏名権による救済を、ま

---

[52] 本検討会においては、一般の私人がなりすましの被害者である場合に、通常、正当な目的があるとは考えにくく、なりすましであること自体が受忍限度を超えることを基礎付ける事情になり得ることは、肖像権の侵害の場合に限られるものではないとの意見も示された。

[53] 氏名の一部が用いられているにとどまる場合など、氏名権の侵害の問題とすることができないなりすまし行為もある（例えば、アルファベット表記により氏名の一部を用いるとともに、プロフィール欄に住所等の個人を特定し得る情報を記載することでなりすます場合などがある。）。

た、なりすまし投稿が対象者の社会的評価を低下させたり、プライバシーに属する事実を公表するものである場合には名誉権やプライバシーによる救済をなし得る。

しかしながら、氏名や肖像を用いることなくなりすましを行い、また、なりすまし投稿が社会的評価を低下させたり、プライバシーに属する事実を公表するものでもないといった事例が見られる[54]。また、なりすまし投稿の一部について違法性が認められても、そのアカウント自体が人格権侵害の意図で維持されているといった事情（後記５⑶ア参照）までは認め難いといった理由から、アカウントの削除を行うことが困難な場合もある。

このような「なりすまし」の事案において、名誉権やプライバシー等の既存の権利・利益では対処できない空白地帯を救済するための理論として、「なりすまし」により害される本質的な利益は何であるかという観点から、いわゆる「アイデンティティ権」という権利が主張されている[55]。ここで、「アイデンティティ権」とは、他者との関係において人格的同一性を保持する利益であり、あるいは、人格の同一性を保持し、社会生活における人格的生存に不可欠な権利であって、憲法第１３条後段が規定する幸福追求権又は人格権により導き出されるものであるとされる[56]。

「アイデンティティ権」という法律構成の利点として、「なりすまし」行為の一部を取り出した法律構成では、当該対象部分については削除可能だが、その他の部分については違法性の主張をすることができず、その結果削除することができないこととなるのに対し、「なりすまし」行為の全体を「アイデンティティ権」の侵害と構成すれば、個々の投稿行為が名誉権等を侵害していなくても全体として違法と評価でき、アカウント全体の削除が可能となることなどが主張されている[57]。

イ　「アイデンティティ権」による救済の可否

裁判例を見ると、「アイデンティティ権」が不法行為法上保護される法的利益になり得ることを認めたものがあるが[58]、現時点では、「アイ

---

[54] 例えば、氏名の一部のみが冒用されるなどし、氏名権の侵害があるとまでは評価しきれない場合で、かつ、投稿の内容はニュートラル、あるいはむしろ本人の社会的地位を向上させるようなもので、その名誉やプライバシー等を侵害するとまではいえないが、そのような投稿が多数回繰り返され、なりすまされた本人にとっては精神的苦痛を感じるといった場合があり得る。

[55] 中澤佑一『インターネットにおける誹謗中傷法的対策マニュアル（第３版）』（中央経済社、２０１９年）７３頁。

[56] プロバイダ責任制限法実務研究会『最新 プロバイダ責任制限法判例集』（ＬＡＢＯ、２０１６年）９６−９８頁。

[57] 中澤・前掲注５５）７５頁。

[58] 大阪地判平成２８年２月８日判時２３１３号７３頁、大阪地判平成２９年８月３０日判タ１４４５号２０２頁。

デンティティ権」の侵害による不法行為の成立や、インターネット上の投稿等の削除を認めた裁判例は見当たらない状況にある。

こうした裁判例の状況等を踏まえると、現時点において、「アイデンティティ権」は、名誉権、名誉感情、プライバシー、私生活の平穏、更には肖像権や氏名権といった裁判規範性のある権利・利益の背後にある理念的な権利として認めることができるが、それ自体として裁判規範性を有するものとはいえず、「アイデンティティ権」の侵害を理由として法的救済を求めることはできないと考えられる。

したがって、なりすまし行為による人格権の違法な侵害があるとして救済を認めるためには、単になりすまされたというだけでは足りず、裁判規範性を有する人格権が違法に侵害されたことが必要となる。もっとも、前項アの２段落目に挙げた事例のように、なりすましの手段による氏名権や肖像権の侵害が認められず、なりすまし投稿が名誉やプライバシーを侵害するものではない場合でも、内容及び態様等によっては、私生活の平穏の侵害を認めることができる場合もあり得ると考えられる。

３　インターネット上の表現行為の特徴に関する法的諸問題

⑴　対象者の同定や摘示された事実の認定に関し、どの範囲の情報を考慮することができるか

ア　問題の所在

人の社会的評価を低下させる事実やプライバシーに属する事実が公表されている場合において、名誉毀損やプライバシー侵害が成立するためには、その事実の帰属主体が推知できるものであること（対象者の同定）が必要である（前掲最判平成１５年３月１４日参照）。

この点、インターネット上の投稿は、簡素な短文であることや、伏せ字等が用いられているなどといった事情から、当該投稿のみでは、文意が判然とせず、誰について言及したものなのか（対象者の同定）や、どのような事実を述べたものなのか（摘示事実）が明らかでないものが少なくない。そのため、投稿の対象者や摘示事実をどのように認定すべきかが実務上重要な問題となる。

以下では、こうした対象者の同定や摘示事実の認定の在り方について整理を行う。

イ　対象者の同定及び摘示事実の認定に関する基本的な考え方

名誉毀損に関し、ある投稿により摘示された事実がどのようなものであるかは、一般の読者の普通の注意と読み方を基準として判断される（最判平成１５年１０月１６日民集５７巻９号１０７５頁参照）。したがって、名誉毀損の場合、対象者の同定や摘示事実の認定は、一般の読者の普通の注意と読み方を基準として判断すべきであると考えられる。

このことは、プライバシーの侵害の場合においても同様であると考えられる。

また、名誉感情の侵害については、前記第３の１⑵イ(ｲ)ａ(b)のとおり、その読者によって対象者が推知（同定）されることは、名誉感情の侵害が成立するために必要ではないものの、事実の摘示による名誉感情の侵害を検討する場合には（前記第３の２⑶イも参照）、摘示事実の認定に関し、同様に考えることができる。

ウ　具体的な考え方

(ｱ)　対象者の同定や摘示事実の認定に当たり、考慮するかどうかが問題となる情報としては、

①　電子掲示板のスレッドのタイトル等

②　電子掲示板の同一スレッド内の前後の投稿

③　電子掲示板の関連する別のスレッド内の投稿や関連するブログ記事等

④　ＳＮＳにおける他の投稿等

⑤　ハイパーリンク先の記事

⑥　検索エンジンで検索することにより得られる情報

などが考えられる。

これらの情報を対象者の同定や摘示事実の認定に当たり考慮することができるかどうかは、これらの情報の性質を踏まえ、個別具体的な事実関係の下で、一般の読者の普通の注意と読み方によれば、これらの情報を参照するものかどうかを検討して決すべきであると考えられる。

例えば、電子掲示板のスレッドやブログ記事等のインターネット上の記事のタイトル（①）や、電子掲示板の同一のスレッド内の前の投稿（②）は、スレッド内の投稿や記事の内容を読む上で参照されるのが通常であると考えられるから、これらを参照するとはいえないことをうかがわせる事情がない限り、対象者の同定や摘示事実の認定の際に考慮することができると考えられる[59]。

また、ハイパーリンク先のウェブページの内容（⑤）についても、対象者の同定に関しては[60]、通常参照されるものであると考えられ、

---

[59] 電子掲示板のスレッドやブログ記事等のインターネット上の記事のタイトルを考慮する裁判例として、東京地判令和２年１１月２７日 D1-Law２９０６１９７０、東京地判令和２年１０月１２日 D1-Law２９０６１２９８、東京地判令和２年１０月１４日 D1-Law２９０６１５６５、東京地判平成２９年９月１４日 D1-Law２９０３１８３１など多数の裁判例がある。電子掲示板の同一のスレッド内の前の投稿を考慮する裁判例として、東京地判平成２９年１０月３１日 D1-Law２９０３７９４３、東京地判令和２年９月２５日 D1-Law２９０６１１４１、東京地判令和元年１２月３日 D1-Law２９０５８６４１など多数の裁判例がある。

[60] ハイパーリンク先のウェブページに人格権を侵害する情報がある場合に、当該ハイパーリンクを設定した投稿が人格権を侵害するかどうかについては、一般の読者の普通の注意と読み方のみによって判断されるべきものではないと考えられる。この点の考え方につい

具体的な事情を踏まえて、一般の読者がリンク先のウェブページを閲覧するとはいえないような場合でない限り、これを考慮することができると考えられる[61]。

さらに、検索エンジンで検索することにより得られる情報（⑥）も、検索エンジンによる情報収集が広く普及していることからすると、対象者の同定に当たり、検索エンジンの検索により容易に得られる情報については考慮することができると考えられる[62][63]。

なお、これらの情報を考慮することができる場合に、当該情報により対象者が同定されるといえるかどうかも、一般の読者の普通の注意と読み方を基準として判断すべきであると考えられる。

(イ)　前項②の電子掲示板の同一スレッド内の後の投稿については、投稿当時には存在しなかった事後的に生じた事情であるため、これを考慮することが許されるのかどうかという問題がある[64]。

ては、後記⑶オを参照。

[61] 対象者の同定に関し、ハイパーリンク先のウェブページの内容を考慮する裁判例として、東京地判平成２８年８月２日 D1-Law２９０１９７２７、東京地判令和２年１１月２４日 D1-Law２９０６１７８７、東京地判令和２年１０月３０日 D1-Law２９０６１６５５など多数の裁判例がある。これに対し、具体的な事情を踏まえて、一般の閲覧者がハイパーリンク先の記事を閲覧するといえない場合に、ハイパーリンク先の記事の内容を考慮することを否定する裁判例として、東京地判令和２年１月２１日 D1-Law２９０５８６５８、東京地判令和２年１月１６日 D1-Law２９０５８９９０などがある。

[62] 検索エンジンで検索することにより表示される情報等を考慮する裁判例として、東京地判平成３０年７月６日 D1-Law２９０５５２２５、東京地判令和２年１０月２９日 D1-Law２９０６１４１０、東京地判令和２年１０月１５日 D1-Law２９０６１４０１、東京地判令和２年９月２９日 D1-Law２９０６１１９７など多数の裁判例がある。

[63] これらのほかに、電子掲示板の関連する別のスレッド内の投稿や関連するブログ記事等（③）を考慮する裁判例として、岡山地判平成２６年４月２４日 D1-Law２８２２２３７３、東京地判平成２９年３月２７日 D1-Law２９０４６３２９、東京地判令和元年１１月７日 D1-Law２９０５７９４０、東京地判平成２８年９月２９日 D1-Law２９０２０２２７、東京地判平成２８年１月２５日 D1-Law２９０１６２８６など多数の裁判例があり、他方で、具体的な事実関係を踏まえ、他のスレッドの内容を考慮することを否定する裁判例として、東京地判平成３０年６月１５日 D1-Law２９０５０６２４などがある。また、ＳＮＳにおける他の投稿等（④）を考慮する裁判例として、東京高判平成２７年７月３０日判例秘書Ｌ０７０２０３２７、東京地判令和２年１１月１６日 D1-Law２９０６１７０４、東京地判令和２年２月４日 D1-Law２９０５９１８２、東京地判平成３０年２月１９日 D1-Law２９０４８３５０など多数の裁判例があり、他方で、他の投稿との具体的な関係を踏まえ、他の投稿を考慮することを否定した裁判例として、東京地判令和２年１１月１４日 D1-Law２９０６１９８９などがある。

[64] 例えば、東京地判令和２年８月１２日 D1-Law２９０６０７８４は、「当該投稿後の他の投稿まで考慮すると、投稿者が他者の権利を侵害しないように注意を払い、対象が特定されないように投稿しても、その後の第三者の投稿によって遡及的に違法な投稿として責任を追及されるおそれが生じることになり、インターネット上の掲示板への投稿に対する萎縮効果が生じ、表現の自由を不当に制約することになる」として、主に行為責任（損害賠償責

後の投稿がなければ対象者の同定や摘示事実の認定ができない以上、投稿当時には、違法に権利を侵害するものであったということはできない。しかしながら、後の投稿により、その投稿がなされた後の読者にとっては、一般の読者の普通の注意と読み方を基準として、対象者の同定が可能となり、又は、社会的評価を低下させる事実を摘示するものとなった以上は、投稿者が損害賠償責任を負うかどうかはともかく、客観的には違法に権利を侵害するものであり、差止めによる削除をなし得るものであると考えられる[65]。

(2) まとめサイトをめぐる諸問題

ア　問題の所在

インターネット上のウェブサイトの中には、電子掲示板やＳＮＳ上の投稿等を引用し、編集、加工した記事を公開している、いわゆる「まとめサイト」と呼ばれる形態のものがある。

このまとめサイトにおいて、人格権を侵害する電子掲示板等における複数の投稿が引用され、更に編集、加工されて１つの記事として公開されている場合には、その記事が元の電子掲示板上の投稿とは別途独立して人格権を侵害する行為といえるのかどうかや、まとめサイトの記事に転載された個々の投稿の部分が人格権を侵害するにすぎないのか、それともこうした投稿をまとめた記事そのものが人格権を侵害するものであるのかといった問題がある。

イ　基本的な考え方

電子掲示板やＳＮＳ上の投稿等を引用し、編集や加工を加えて１つの記事としてインターネット上に公開する行為は、引用元の投稿等（以下「元の投稿等」という。）とは独立した表現行為となると考えられる。

もっとも、こうした記事を公開するまとめサイトと呼ばれるものには様々なものがあり、その表現行為による人格権の侵害の有無については、問題となるまとめサイトの性質や元の投稿等を引用する趣旨、被侵害利益の性質等を踏まえた検討が必要である。

ウ　権利侵害の有無の判断

例えば、元の投稿等が摘示する事実が名誉を毀損するものであるとしても、引用の趣旨によっては、当該記事が社会的評価を低下させる事実を摘示するものであるとはいえない場合があると考えられる。他方、元の投稿等がプライバシーに属する事実を含むものである場合には、これを引用するまとめサイトの記事はプライバシーを侵害するもので

任）が問われることによる表現の自由への影響の観点から、後の投稿を考慮することを否定している。

[65] 発信者情報開示請求の事案であって、差止めの事案ではないが、後の投稿の内容も考慮して被害者の同定を認めている裁判例として、東京地判平成２９年７月２０日 D1-Law２９０５０３３１などがある。

あると認められると考えられる[66]。また、肖像権については、問題となる保護法益が名誉感情であるときは名誉毀損の場合と同様に、引用の趣旨によっては、当該記事が侮辱に当たるとはいえない場合があり得ると考えることができ、他方で、保護法益がプライバシーであるときはプライバシー侵害の場合と同様に扱うことができると考えられる。

⑶　転載、リツイート、ハイパーリンク等による権利侵害

ア　問題の所在

インターネット上では、転載のほか、リツイートやハイパーリンクの設定など、他者がなした表現を流通させ、あるいは、その所在を示す様々な投稿（以下「間接的表現行為」という。[67]）がなされている。

こうした間接的表現行為については、第三者が行った人格権を侵害する表現を流通等させるものである場合に、当該間接的表現行為も人格権を侵害するものになるのかどうかという問題がある。

イ　検討の視点

間接的表現行為による人格権侵害の成否や、差止めによる削除の可否を検討する上では、下記の点を踏まえて検討を行うべきであると考えられる。

㋐　被侵害利益の性質

人格権侵害の成否に重要な事項は、人格権の性質により様々であるから、間接的表現行為による人格権侵害の成否を検討する上では、被侵害利益の性質を考慮する必要がある。

㋑　間接的表現行為の性質

間接的表現行為の性質については、①情報を拡散するために行われるものと、情報の所在を示すために行われるにすぎないものに分けられるという考え方と、②情報の所在を示すものであっても、それにより情報が拡散するものでもあるから、情報の所在を示すことと、情報を拡散することとを厳密に区別することはできないという考え方がある。

ある間接的表現行為が情報の所在を示すにすぎないものであると考える場合には、当該情報は名誉を毀損し、又はプライバシーを侵害するものであっても、その間接的表現行為は当該情報それ自体を示

---

[66] なお、まとめサイトの記事によるプライバシーの侵害があるかどうかについて述べたものであり、違法性があるかどうかについてまで述べたものではない。まとめサイトの記事がプライバシーを侵害すると認められても、そのことから直ちに違法性までもが認められてその削除等がなし得ることになるものではなく、別途、当該記事の公共性の有無等を考慮して比較衡量により違法性の有無が検討されるべきことは、前記第3の1⑵イ㋒ｂからｄまでに記載したとおりである。

[67] 飽くまで、こうした様々な投稿を総称する名称として「間接的表現行為」との呼称を用いたにすぎず、他者がなした表現を間接的にではあるが表現する行為であるなどといった実質的な意味を込めたものではない。

すものではないため、名誉を毀損し、又はプライバシーを侵害するものではないと考える余地があることになる。

(ウ) 間接的表現行為の意図、趣旨

被侵害利益の性質（前記(ア)）や間接的表現行為の性質（前記(イ)）次第では、削除の場合においても、一定の意図や趣旨で間接的表現行為を行ったという行為者の主観的態様が、主観的違法要素として考慮される場合があり得ると考えられる。

(エ) 読者の認識

表現行為による人格権の侵害を検討する以上、その読者が当該表現行為をどのように認識し、理解するのかということを考慮する必要がある。

(オ) 不法行為と差止めの違い

間接的表現行為による人格権侵害の不法行為責任の成立範囲が広がると、萎縮効果を含む表現の自由への影響が大きくなる。このような観点からは、前記(ウ)の一定の意図や趣旨で間接的表現行為を行ったことを主観的違法要素として要求することで、人格権侵害の成立範囲を限定することが考えられる。

他方で、差止めは、不法行為と異なり、表現行為者の行為責任を追及するものではなく、人格権を侵害するインターネット上の間接的表現行為の削除を認めることそれ自体によっては、萎縮効果を含む表現の自由への影響は必ずしも大きくはないと考える場合には[68]、客観的に人格権を侵害する状態があると認められるときには、直ちに不法行為責任が生ずるものではないが、間接的表現行為の意図、趣旨の如何を問わず、差止めによる削除はなし得ると考えることができる。

ウ　転載

(ア) 転載の性質

インターネット上では、他者の表現行為をそのまま編集、加工等を加えずに転載するものが見られる[69][70]。ここでいう転載は、転載元の表現をそのまま投稿することであるから、名誉を毀損し、又はプライバシーを侵害する情報を含む表現を転載する場合、転載した投稿それ自体に、名誉を毀損し、又はプライバシーを侵害する転載元の情報がそのまま含まれることになる。また、リツイートなどと異なり、転載元の表現が削除等されても、転載した投稿それ自体を削除等しな

---

68 前記第３の１(2)イ(イ)ｃ(c)も参照。

69 法務省の人権擁護機関に寄せられる相談事例においては、例えば、マスメディアが公表した犯罪事実に関する報道記事をそのまま転載するものなどがある。

70 他者の表現行為をそのまま転載するのではなく、その一部を引用した上で自らの意見等を記載したり、編集や加工を加えて転載するものについては、前記第３の３(2)のまとめサイトと同様に考えることができる。

い限り、転載元と同様の情報がインターネット上に残存し続けることになる。

このような転載行為がいかなる意図で行われるものであるかという点については、①通常は情報を拡散する意図で行われるものであるとする考え方と、②通常は情報の所在を示す意図で行われるものであるとする考え方とがある。

(ｲ)　権利侵害の判断の在り方

a　名誉毀損の場合

前項(ｱ)のとおり、名誉を毀損する情報を含む表現を転載した場合、転載元の情報がそのまま表示されることになるから、一般の読者の普通の注意と読み方を基準とすると、特段の事情のない限り、転載した投稿は、転載元と同様の事実等を示すものであって、名誉毀損になると考えられる。

この特段の事情としては、転載した投稿の前後の文脈等の諸事情から、情報の所在を示す意図で行われたものであり、一般の読者の普通の注意と読み方を基準としても、情報の所在を示すものであって、当該情報の内容そのものを摘示するものではないと認められる場合や、転載元の表現内容を批判する趣旨でなされたものであって、一般の読者の普通の注意と読み方を基準として対象者の社会的評価を低下させる印象を与えるものとはいえない場合などが考えられる[71][72]。

b　プライバシー侵害の場合

プライバシーの侵害は、プライバシーに属する事実が公表されることによって成立すると考えられる。そして、プライバシーに属する事実を含む投稿を転載すると、前項(ｱ)のとおり、転載した投稿において当該事実がそのまま表示されるから、プライバシーに属する事実を公表するものになるといえる。したがって、転載の意図や趣旨がいかなるものであるかを問わず、プライバシー侵害が成立し、転載の意図や趣旨は違法性の判断において考慮され得るにとどまるものと考えられる。

エ　リツイート、いいね

(ｱ)　リツイート、いいねの性質

a　リツイート

Ｔｗｉｔｔｅｒには、他者のツイートをフォロワーと共有する

---

[71] 情報の所在を示し、あるいは批判を加える意図や趣旨で行った場合であっても、転載の態様や前後の文脈等の諸事情から、一般の読者の普通の注意と読み方を基準とすると、転載元と同様の名誉を毀損する事実や意見を示すものであると認定される場合もあり得る。その場合に、不法行為責任も成立するとしてよいかどうかは、表現の自由への萎縮効果等を踏まえ、別途検討することが必要な問題であると考えられる。

[72] なお、転載による名誉毀損の成立を認める裁判例として、東京高判平成２５年9月６日D1-Law２８２１３７１７がある。

リツイートと呼ばれる機能[73]と、リツイートする際に、コメントを付けたり動画や画像などを追加したりすることができる引用ツイートという機能がある[74]。リツイート（人格権を侵害する情報と共に元ツイートをリツイートする引用ツイートを除く。[75]）は、元ツイートの内容そのものを新たに自身のフォロワーにおいて閲覧可能な状態に置くものであり、情報を拡散する機能を果たすものであって、通常は、情報を拡散する意図で行われるものであると考えられる。

b　いいね

Ｔｗｉｔｔｅｒやａｃｅｂｏｏｋ等のＳＮＳには、「いいね」という機能がある。例えば、Ｔｗｉｔｔｅｒの「いいね」機能は、「いいね」をした者のフォロワーのタイムラインに「いいね」をした先の投稿を表示させる効果があり、リツイートと同様に情報を拡散する機能を有している。もっとも、Ｔｗｉｔｔｅｒ社は、「いいね」について、その対象となる投稿に好意的な気持ちを示すために使われるものであると説明しており、公式には、情報を拡散するためのツールとしては位置付けられていない。ただし、論理的には、「いいね」が好意的な気持ちを示すために使用されることと実際上情報を拡散する機能を有することとは、両立し得ないものではないように思われるところ、その捉え方については、今後、社会実態上の使用状況等をも含め、更に検討されるべき事柄であると考えられる。

他方、Ｆａｃｅｂｏｏｋの「いいね！」機能は、「いいね！」をした者の友達等のニュースフィードに、「いいね！」をした先の投稿を表示させる効果はなく、「いいね！」をした先の投稿を閲覧できる者において、誰が「いいね！」をしたかを閲覧することができるにとどまる[76]。

(ｲ)　権利侵害の判断の在り方

---

[73] リツイートは、ハイパーリンクの態様の一つであるインラインリンクに該当する。インラインリンクとは、ユーザーがリンク元に表示されたＵＲＬをクリックする等の行為を行うことによってリンク先と接続する「通常の方式によるリンク」とは異なり、ユーザーの操作を介することなく、リンク元のウェブページが立ち上がった時に、自動的にリンク先のウェブサイトの画面又はこれを構成するファイルがユーザーの端末に送信されて、リンク先のウェブサイトがユーザーの端末に自動表示されるように設定されたリンクである（経済産業省「電子商取引及び情報財取引等に関する準則」（令和２年８月）１５８頁参照。）。

[74] Ｔｗｉｔｔｅｒ，Ｉｎｃ.「リツイートする方法」(https://help.twitter.com/ja/using-twitter/how-to-retweet)

[75] こうした引用リツイートは、引用リツイートをした者が直接行った表現行為に人格権を侵害する情報が含まれているため、人格権侵害が成立することに特段の問題はない。

[76] Ｍｅｔａ　Ｐｌａｔｆｏｒｍｓ，Ｉｎｃ.「投稿に『いいね！』したりリアクションしたりする」（https://ja-jp.facebook.com/help/1624177224568554)

ａ　リツイート

(a)　名誉毀損の場合

前項(ｱ)ａのとおり、リツイートは元ツイートの内容をそのまま表示するものであるから、元ツイートの内容が名誉を毀損するものである場合、その元ツイートをリツイートする行為も、一般の読者の普通の注意と読み方を基準とすると、特段の事情がない限り、元ツイートと同様の事実等を示すものであり、名誉を毀損するものであると考えられる。

この特段の事情としては、例えば、元ツイートに対して批判を加える趣旨でリツイートするとともに、その直後に、元ツイートの内容を否定するような投稿を行ったことにより、一般の読者の普通の注意と読み方を基準とすると、リツイートが元ツイートと同じ事実を摘示したものとはいえなくなる場合などが考えられる[77][78]。

(b)　プライバシー侵害の場合

前項(ｱ)ａのとおり、リツイートは元ツイートの内容をそのまま表示するものであるから、元ツイートにプライバシーに属する情報が含まれていれば、これをリツイートすると、プライバシーに属する情報を公開することとなる。そうすると、プライバシーを侵害する元ツイートのリツイートも、プライバシーを侵害するものであると考えられる[79]。

なお、リツイートの趣旨や意図は違法性の判断において考慮され得るものと考えられる。

ｂ　「いいね」について

(a)　Ｆａｃｅｂｏｏｋの「いいね！」

前項(ｱ)ｂのとおり、Ｆａｃｅｂｏｏｋの「いいね！」機能に

77　リツイートは容易になし得るものであるため、元ツイートの内容を十分に吟味することなく行われることも少なくないことから、名誉権を侵害する内容の元ツイートをその内容を認識した上でリツイートする行為が直ちに名誉毀損になるとすると、名誉毀損の成立範囲が広くなりすぎるのではないかとの懸念もある。リツイートが客観的に名誉を毀損するものである場合（一般の読者の普通の注意と読み方を基準として、リツイートが社会的評価を低下させる内容を示すものだと判断される場合）には、被害者（名誉権）保護の観点から、差止めによる削除を認め得るものとするのが相当であると考えられるが、この場合にリツイートの趣旨や意図の如何を問わず不法行為責任も成立すると考えてよいかどうかについては、表現の自由に対する萎縮効果等を踏まえた検討が必要であると考えられる。

78　リツイートによる名誉毀損を認めた裁判例として、大阪高判令和２年６月２３日 D1-Law２８２８２３３４、東京高判令和２年１１月２６日 D1-Law２８２８３９６０、東京地判令和元年１２月２６日 D1-Law２９０５８２７９、東京地判令和３年１１月３０日 D1-Law２８３００３６３などがあり、名誉毀損を否定した裁判例として、東京地判令和２年８月３日 D1-Law２９０６０７９８がある。

79　リツイートによるプライバシー侵害に関する裁判例として、東京地判令和元年１０月４日 D1-Law２９０５６４６７がある。

は、「いいね！」をした者の友達等のニュースフィードに、「いいね！」をした先の投稿を表示させる効果はなく、情報を拡散する機能はない。そうすると、名誉権やプライバシーを侵害する投稿に「いいね！」をしたことから、直ちに「いいね！」をした行為が名誉権やプライバシーを侵害する行為であるということはできないと考えられる。

(b)　Ｔｗｉｔｔｅｒの「いいね」

前項(ｱ)ｂにも関連し、Ｔｗｉｔｔｅｒの「いいね」は好意的な気持ちを示すものにすぎないと捉えると、「いいね」が直ちに名誉を毀損するものであるということはできないようにも思われるが、この点については、「いいね」の性質をどのように捉えるかにも関わるところである。

また、「いいね」には情報の拡散機能があることからすると、プライバシーを侵害するツイートに対する「いいね」は、不法行為が成立するかどうかはともかく、客観的にはプライバシーを侵害するものであると考える余地もあり得る。

いずれにしても、これらについては、「いいね」の性質等を踏まえた今後の検討課題となるものといえる。

オ　ハイパーリンクの設定による権利侵害[80]

(ｱ)　ハイパーリンクの性質

ハイパーリンクそれ自体は、ＵＲＬ情報にすぎず、当該ＵＲＬのウェブページの内容を表示するものではない[81]。そのため、ハイパーリンク先のウェブページに名誉を毀損し、又はプライバシーを侵害する情報がある場合に、当該ウェブページへのハイパーリンクを設定した投稿の読者が、当該ウェブページの内容（人格権を侵害する情報）を閲覧するためには、当該投稿内のＵＲＬ等をクリックするなどの操作を行う必要がある。

このハイパーリンクの性質については、①情報を拡散する行為であるという考え方、②情報の所在を示すにすぎない行為であるという考え方、③情報の所在を示すことによって情報を拡散するものであり、情報の所在を示すものか情報を拡散するものであるかを厳密

80　インターネット上の投稿には、ハイパーリンクを設定するとともに、ハイパーリンク先の内容を一部引用するものがある。こうした投稿において、その引用部分が摘示する事実が一般の読者の普通の注意と読み方を基準として社会的評価を低下させるものである場合や、当該部分にプライバシーに属する情報が含まれている場合には、当該投稿が名誉を毀損し、又はプライバシーを侵害するものと評価されることには特段問題はないと考えられる（東京地判令和３年３月１６日判タ１４９０号２１６頁参照）。

81　ユーザーがリンク元に表示されたＵＲＬをクリックする等の行為を行うことによってリンク先と接続する「通常の方式によるリンク」であり、ハイパーリンクの設定された投稿の読者がＵＲＬをクリックする等しなければ、リンク先の人権侵害情報を含む内容は表示されない。

に区別することはできないという考え方がある。

また、ハイパーリンクを設定する意図や趣旨については、ⓐ単に情報の所在を示す意図にとどまる場合、ⓑリンク先の情報を拡散する意図で行う場合、ⓒリンク先の情報の内容を否定ないし批判する意図で行う場合などが考えられる。

(ｲ)　権利侵害の判断の在り方

ａ　名誉毀損の場合

前項(ｱ)のハイパーリンクの性質や機能、これを設定する意図に関する考え方を踏まえると、ハイパーリンクの設定による名誉権の侵害については、

Ａ　ハイパーリンクの設定は、情報の所在を示すことによって情報を拡散するものであるという理解を前提に、その違法性については、主観的要件やその他の態様を加味して判断すべきである

Ｂ　ハイパーリンクの設定は、情報の所在を示すものであるとの理解を前提に、情報を拡散する意図により行われた場合に人格権を侵害するものとなると考えた上で、ハイパーリンクの設定は情報を拡散する意図で行われるのが通常であるとの理解から、リンク先の情報を否定するような記載とともになされたなどの特段の事情がない限り[82]、原則として情報を拡散する意図で行われたものであると認定する

Ｃ　ハイパーリンクの設定は、情報の所在を示すものであって、一般に、情報の所在を示す意図で行われるものであるとの理解を前提に、リンク先のウェブページによる人格権侵害を助長する意図で行われていると認められる場合や、リンク先のウェブページの情報を自らの表現行為の一部として利用していると認められる場合に限り、人格権を侵害するものであると認めることができる

という３つの考え方がある。これらのいずれの立場を採るべきかについては、今後の検討が待たれるが、「リンク先のウェブページによる人格権侵害を助長する意図で行われていると認められる場合や、リンク先のウェブページの情報を自らの表現行為の一部として利用していると認められる場合」に該当すると認められると

82　なお、ハイパーリンクの設定とともにリンク先の内容に否定的な投稿がなされていても、その真意は情報の拡散等にある場合もあるから、単に否定的な文言が合わせ記載されているということから直ちに、特段の事情があるとするのは適当でないと考えられる。

きは、これらのいずれの考え方によった場合でも、名誉毀損の成立を認めることができると考えられる[83]。

b　プライバシー侵害の場合

ハイパーリンク先のウェブページにプライバシーに属する情報が含まれている場合でも、前項(ア)のとおり、ハイパーリンクを設定した投稿それ自体には、ＵＲＬ情報が表示されているにすぎないから、転載やリツイートの場合と異なり、客観的にみてプライバシーに属する事実が公表されている状態にあるということはできない。

こうしたことから、ハイパーリンクの設定によるプライバシーの侵害については、名誉毀損の場合と同様に、前項ａのＡからＣまでの考え方があり得るところであり、いずれの立場を採るべきかについては、今後の検討が待たれるところである。なお、「リンク先のウェブページによる人格権侵害を助長する意図で行われていると認められる場合や、リンク先のウェブページの情報を自らの表現行為の一部として利用していると認められる場合」に該当すると認められるときは、いずれの考え方によった場合でも、プライバシー侵害の成立を認めることができると考えられることについても、名誉毀損の場合と同様である。

⑷　基礎となる事実が明示されていない意見ないし論評の表明

ア　問題の所在

名誉毀損は、意見ないし論評の表明によっても成立するとされているところ（大判明治４３年１１月２日民録１６輯７４５頁、最判平成９年９月９日民集５１巻８号３８０４頁）、最高裁判例は、ある事実を基礎としての意見ないし論評の表明による名誉毀損については、その行為が公共の利害に関する事実に係り、かつ、その目的が専ら公益を図ることにあった場合に、その意見ないし論評の前提としている事実が重要な部分について真実であることの証明があったときには、人身攻撃に及ぶなど意見ないし論評としての域を逸脱したものでない限り、違法性が阻却されるとしているが（前掲最判平成９年９月９日）、黙示的にも基礎となる事実の摘示がない意見ないし論評の表明による名誉毀損の違法性阻却事由については、判断枠組みを示していない。そのため、黙示的にも基礎となる事実の摘示がない意見ないし論評の表明による名誉毀損が認められるとした場合、その違法性の判断をどのように行うべきであるかは、最高裁判例からは明らかではない状況にある。

---

[83] ハイパーリンクの設定による名誉毀損はおよそ成立し得ないということはないと考えられる。法務省の人権擁護機関が行う削除要請に対し、リンク先の情報を削除すれば良いなどといった理由から、およそハイパーリンクを設定した投稿の削除は認めないとするプロバイダ等もあるが、そのような対応は適当とはいえない。

そこで、以下、意見ないし論評の表明による名誉毀損をめぐる諸問題について整理を行う。

イ　意見ないし論評の表明による名誉毀損が認められるか

(ｱ)　基礎となる事実が摘示されているが、これに名誉毀損が成立しない場合

そもそも、意見ないし論評の基礎となる事実（以下「基礎事実」という。）が摘示されている場合においても、当該基礎事実について名誉毀損が成立しない場合に、こうした意見ないし論評の表明そのものによって名誉毀損が成立するのか（名誉感情の侵害が問題となるにとどまるのではないか）という理論的な問題がある（前記第３の１⑵イ(ｲ) a (b)も参照）。

この点については、

Ａ　摘示された基礎事実が名誉を毀損するものではない場合でも、それを前提とする意見ないし論評の表明によって社会的評価が低下することがあり、名誉毀損が成立し得る

Ｂ　摘示された基礎事実に名誉毀損が成立しない場合には、意見ないし論評の表明による名誉感情の侵害が問題となるにすぎない

との２つの考え方がある。いずれの考え方を採るべきかについては今後の検討が待たれるところであるが、その検討の際には、

○　民法第７２３条に基づく原状回復処分の適用の有無
○　法人に対する意見ないし論評の表明による権利侵害を認めることができるかどうか

という点について、Ａの考え方とＢの考え方との間に差異が生ずるかどうかや

○　Ａの考え方により基礎事実が摘示されていない意見ないし論評による名誉毀損が成立するものとしても、真実性の法理・相当性の法理を適用することができない

ことを踏まえて検討すべきであると考えられる[84]。

(ｲ)　明示の摘示はないが、黙示の摘示がある場合

基礎事実が明示的には摘示されていない場合でも、前後の文脈等の事情を総合的に考慮することで黙示的には基礎事実が摘示されていると認められる場合がある（前掲最判平成９年９月９日参照）。この場合には、基礎事実の摘示があることになるから、当該基礎事実が社会的評価を低下させるものであれば、名誉毀損が成立し得ること

84　いずれにせよ、基礎事実の摘示がない場合でも、名誉毀損又は名誉感情の侵害が問題となるのであり、基礎事実の摘示がなければおよそ人格権侵害にはなり得ないということにはならない。

になる。当該基礎事実に名誉毀損が成立しない場合の考え方は、前項(ア)と同様となる。

(ウ)　黙示の摘示もない場合

黙示的にも基礎事実の摘示がない（以下「基礎事実を欠く」という。）場合には、前記第３の３(4)イ(ア)のＢの考え方によると、名誉感情の侵害が成立し得るにとどまることになる。

他方、同(ア)のＡの考え方は、意見ないし論評そのものによる社会的評価の低下を認めるものであるから、基礎事実を欠く場合にも、意見ないし論評そのものによる名誉毀損の成立が認められることになる。

同(ア)のとおり、いずれの考え方を採るべきかは今後の検討が待たれるところであるが、基礎事実については名誉毀損が成立しない場合に意見ないし論評の表明による名誉毀損が成立し得ることを前提とした最高裁判例（最判平成１６年７月１５日民集５８巻５号１６１５頁[85]）があることや、基礎事実を欠く意見ないし論評の表明の場合に名誉毀損を問題とする裁判例があることから、以下では、同(ア)のＡの考え方（基礎事実を欠く意見ないし論評の表明によっても名誉毀損が成立し得る。）に立った場合の名誉毀損の成立要件等について整理を行う。

【参考】前掲最判平成９年９月９日（抜粋）

新聞記事による名誉毀損の不法行為は、問題とされる表現が、人の品性、徳行、名声、信用等の人格的価値について社会から受ける客観的評価を低下させるものであれば、これが事実を摘示するものであるか、又は意見ないし論評を表明するものであるかを問わず、成立し得るものである。ところで、事実を摘示しての名誉毀損にあっては、その行為が公共の利害に関する事実に係り、かつ、その目的が専ら公益を図ることにあった場合に、摘示された事実がその重要な部分について真実であることの証明があったときには、右行為には違法性がなく、仮に右事実が真実であることの証明がないときにも、行為者において右事実を真実と信ずるについて相当の理由があれば、その故意又は過失は否定される（最高裁昭和三七年（オ）第八一五号同四一年六月二三日第一小法廷判決・民集二〇巻五号一一一八頁、最高裁昭和五六年（オ）第二五号同五八年一〇月二〇日第一小法廷判決・裁判集民事一四〇号一七七頁参照）。一方、ある事実を基礎としての意見ないし論評の表明による名誉毀損にあっては、その行為が公共の利害に関する事実に係り、かつ、その目的が専ら公益を図ることにあった場合に、右意見ないし論評の前提としている事実が重要な部分について真実であることの証明があったときには、人身攻撃に及ぶなど意見

[85] 最高裁調査官の解説では、「本件では、法的見解の前提事実として摘示された事実（本件採録）は、Ｘの名誉を毀損するものではなく、法的な見解の表明である本件各表現による名誉毀損の成否が問題となった」とされている（中村也寸志「判解」最判解民事篇平成１６年度（下）４９０頁、５００頁）。

ないし論評としての域を逸脱したものでない限り、右行為は違法性を欠くものというべきである（最高裁昭和五五年（オ）第一一八八号同六二年四月二四日第二小法廷判決・民集四一巻三号四九〇頁、最高裁昭和六〇年（オ）第一二七四号平成元年一二月二一日第一小法廷判決・民集四三巻一二号二二五二頁参照）。そして、仮に右意見ないし論評の前提としている事実が真実であることの証明がないときにも、事実を摘示しての名誉毀損における場合と対比すると、行為者において右事実を真実と信ずるについて相当の理由があれば、その故意又は過失は否定されると解するのが相当である。

右のように、事実を摘示しての名誉毀損と意見ないし論評による名誉毀損とでは、不法行為責任の成否に関する要件が異なるため、問題とされている表現が、事実を摘示するものであるか、意見ないし論評の表明であるかを区別することが必要となる。ところで、ある記事の意味内容が他人の社会的評価を低下させるものであるかどうかは、当該記事についての一般の読者の普通の注意と読み方とを基準として判断すべきものであり（最高裁昭和二九年（オ）第六三四号同三一年七月二〇日第二小法廷判決・民集一〇巻八号一〇五九頁参照）、そのことは、前記区別に当たっても妥当するものというべきである。すなわち、新聞記事中の名誉毀損の成否が問題となっている部分について、そこに用いられている語のみを通常の意味に従って理解した場合には、証拠等をもってその存否を決することが可能な他人に関する特定の事項を主張しているものと直ちに解せないときにも、当該部分の前後の文脈や、記事の公表当時に一般の読者が有していた知識ないし経験等を考慮し、右部分が、修辞上の誇張ないし強調を行うか、比喩的表現方法を用いるか、又は第三者からの伝聞内容の紹介や推論の形式を採用するなどによりつつ、間接的ないしえん曲に前記事項を主張するものと理解されるならば、同部分は、事実を摘示するものと見るのが相当である。また、右のような間接的な言及は欠けるにせよ、当該部分の前後の文脈等の事情を総合的に考慮すると、当該部分の叙述の前提として前記事項を黙示的に主張するものと理解されるならば、同部分は、やはり、事実を摘示するものと見るのが相当である。

ウ　基礎事実を欠く意見ないし論評の表明による名誉毀損の成立要件及び違法性の判断基準

(ｱ)　検討の視点

ａ　社会的評価の低下の仕方

ある人物に対する評価はその者に関する事実に基づいてなされるのが通常であると考えられる。事実の摘示により名誉が毀損されるのは、その読者が当該事実に基づきその者に対する消極的な評価を行う危険があると考えられるからである（最判平成９年５月２７日民集５１巻５号２００９頁参照）。

これに対し、ある者に対する否定的な評価を内容とする意見ないし論評が投稿された場合には、読者は投稿の内容が示す事実によってその者を評価することができない。そのため、他者がなした第三者に対する否定的な意見ないし論評をどのように受け止めるかは人により様々となり、必ずしも読者が当該意見に従った評価を形成する危険があるということはできないものと考えられる[86]。

したがって、基礎事実を欠く意見ないし論評が人に対する否定的な評価を内容とする場合でも、そのことから直ちに、社会的評価を低下させるものであるということはできないと考えられる[87][88]。

b　意見の要保護性

前掲最判平成１６年７月１５日は、「事実を摘示しての名誉毀損と意見ないし論評による名誉毀損とで不法行為責任の成否に関する要件を異にし、意見ないし論評については、その内容の正当性や合理性を特に問うことなく、人身攻撃に及ぶなど意見ないし論評としての域を逸脱したものでない限り、名誉毀損の不法行為が成立しないものとされているのは、意見ないし論評を表明する自由が民主主義社会に不可欠な表現の自由の根幹を構成するものであることを考慮し、これを手厚く保障する趣旨によるものである」として、意見ないし論評の表明を特に保護している。

この判例に鑑みると、意見ないし論評が社会的評価を低下させるものであっても、そのことから直ちに名誉毀損が成立するものとするのは、相当ではないものと解され得る。

c　違法性に関する判断枠組

基礎事実を欠く意見ないし論評より名誉毀損が成立するものとしても、基礎事実を欠く以上、その違法性の判断に真実性の法理を用いることはできない（不法行為責任に関し、相当性の法理を用いることもできない。）。

そのため、基礎事実を欠く意見ないし論評による名誉毀損の成立を認める場合には、事実の摘示による名誉毀損の場合とは異なる違法性の判断枠組が必要になる。

(ｲ)　成立要件及び違法性の判断基準

前項(ｱ)の検討の視点を踏まえると、基礎事実を欠く意見ないし論評の表明による名誉毀損の成立要件については、名誉権の保護法益

86　事実の摘示による名誉毀損の場合でも、当該事実がその読者に真実であるか又は真実らしいものであると受け止められることが前提となっていると考えられるが、これが問題にされることは少ない（前掲最判平成９年５月２７日、平成２４年３月２３日判タ１３６９号１２１頁参照）。

87　基礎事実を欠くことについては、このように社会的評価に与える影響が小さいことを意味するものであるとする考え方のほかに、当該意見ないし論評を保護する必要性がないことを意味するものであるとする考え方もある。

88　基礎事実を欠く意見ないし論評の表明によっても社会的評価が低下することの説明の仕方としては、一般の読者は、その意見ないし論評の背後に当該評価にふさわしい何らかの事実があると認識し、そうした認識を通じて社会的評価が低下するというもの（もっとも、ここでいう「事実」は、前掲最判平成９年９月９日のいう「証拠等をもってその存否を決することが可能な他人に関する特定の事項」というに足りる具体性を有するものではないと考えられる。）や、専門家等の権威のある者が行った否定的評価などについては、一般の読者がその評価を受け入れるため、社会的評価が低下するといったものなどが考えられる。

が人の社会的評価である以上、まず、

①　社会的評価を低下させるものであること

が必要であると考えられる。その上で、前項(ｱ) a の観点から、社会的評価が低下するかどうかについては、

②　ある者に対する否定的な評価を加える意見ないし論評の表明によって直ちに社会的評価が低下するということはできず、投稿の主体、投稿の内容及び態様、前後の文脈等の事情を総合的に考慮し、一般の読者が、当該意見ないし論評と同様の評価を形成するといえるかどうかによって判断する

ことが考えられる。
次に、違法性の判断に関しては、前項(ｱ) b 及び c の観点から、

③－１　公共の利害に関する意見ないし論評であって、意見の域を逸脱するものでないときは、違法性を欠く

とすることが考えられる。もっとも、前項(ｱ) b の観点を重視し、意見ないし論評を特に保護する観点からは、

③－２　①及び②により社会的評価が低下すると認められるものであって、かつ、公共の利害に関するものではないか、公共の利害に関するものであっても、意見としての域を逸脱したといえる場合に、違法な名誉毀損が成立する

とすることも考えられる。③－１の考え方によれば、社会的評価を低下させることによって原則として違法性が肯定されるが、公共の利害に関する意見ないし論評であって、意見の域を逸脱するものでない場合に違法性が欠けることとなるのに対し、③－２の考え方によれば、社会的評価を低下させることから原則として違法性が肯定されるということにはならず、これに加えて、公共の利害に関するものではないことや、公共の利害に関するものであっても意見の域を逸脱したものであることが認められた場合に初めて違法な名誉毀損となる[89]。

(ｳ)　小括
基礎事実を欠く意見ないし論評の表明による名誉毀損の成立要件

89　本検討会においては、特定の事案のあてはめについては、③-１と③-２のいずれの考え方に立っても同じ結論になるのではないかとの意見も示された。

及び違法性の判断基準をどのように考えるべきかについては、今後、ここまで述べてきたとおりの検討をも踏まえ、更なる理論の深化が期待されるところである。

【参考】前掲最判平成９年５月２７日（抜粋）

新聞記事による名誉毀損にあっては、他人の社会的評価を低下させる内容の記事を掲載した新聞が発行され、当該記事の対象とされた者がその記事内容に従って評価を受ける危険性が生ずることによって、不法行為が成立するのであって、当該新聞の編集方針、その主な読者の構成及びこれらに基づく当該新聞の性質についての社会の一般的な評価は、右不法行為責任の成否を左右するものではないというべきである。けだし、ある記事の意味内容が他人の社会的評価を低下させるものであるかどうかは、当該記事についての一般の読者の普通の注意と読み方とを基準として判断すべきものであり（最高裁昭和二九年（オ）第六三四号同三一年七月二〇日第二小法廷判決・民集一〇巻八号一〇五九頁参照）、たとい、当該新聞が主に興味本位の内容の記事を掲載することを編集の方針とし、読者層もその編集方針に対応するものであったとしても、当該新聞が報道媒体としての性格を有している以上は、その読者も当該新聞に掲載される記事がおしなべて根も葉もないものと認識しているものではなく、当該記事に幾分かの真実も含まれているものと考えるのが通常であろうから、その掲載記事により記事の対象とされた者の社会的評価が低下させられる危険性が生ずることを否定することはできないからである。

【参考】前掲平成２４年３月２３日（抜粋）

前記事実関係によれば、本件記事は、インターネット上のウェブサイトに掲載されたものであるが、それ自体として、一般の閲覧者がおよそ信用性を有しないと認識し、評価するようなものであるとはいえず、本件記載部分は、第１文と第２文があいまって、上告人会社の業務の一環として本件販売店を訪問したＸ２らが、本件販売店の所長が所持していた折込チラシを同人の了解なくして持ち去った旨の事実を摘示するものと理解されるのが通常であるから、本件記事は、上告人らの社会的評価を低下させることが明らかである。

【参考】前掲最判平成１６年７月１５日（抜粋）

事実を摘示しての名誉毀損と意見ないし論評による名誉毀損とで不法行為責任の成否に関する要件を異にし、意見ないし論評については、その内容の正当性や合理性を特に問うことなく、人身攻撃に及ぶなど意見ないし論評としての域を逸脱したものでない限り、名誉毀損の不法行為が成立しないものとされているのは、意見ないし論評を表明する自由が民主主義社会に不可欠な表現の自由の根幹を構成するものであることを考慮し、これを手厚く保障する趣旨によるものである。

(5) ハンドルネームを使用している者に対する権利侵害

ア　問題の所在

インターネット上では、ハンドルネームを用いた投稿が広く行われている。こうした中、ハンドルネームを使用している者に対し、これを誹謗中傷する投稿が行われることがある。このような投稿は、これに接した読者においてそのハンドルネームを使用している人物が誰であるかを特定できない場合が少なくなく、こうした場合に、そのハンドルネームを使用している者の名誉権やプライバシーなどの人格権が侵害されているということができるのかが問題になる。

イ　被害者の同定の要否

ハンドルネームを使用している者と実在の人物との同定ができる場合には、名誉毀損やプライバシーの侵害を認めることに特段問題はない。

また、ハンドルネームを使用している者と実在の人物との同定ができない場合でも、ペンネームや芸名などのように、そのハンドルネームを用いて社会的活動を行っているともいえる場合（インターネット上でのみ活動している場合も、この「社会的活動」に該当し得る。）には、その使用者の名誉毀損やプライバシーの侵害を認めることができると考えられる。

他方、ハンドルネームを使用している者と実在の人物との同定ができず、そのハンドルネームを用いて社会的活動を行っているともいえない場合には、インターネット上の人格が侵害されたにとどまるところ、現時点においては、インターネット上の人格を法的に保護すべきであるとまではいえないことから、当該ハンドルネームに向けられた投稿による名誉権やプライバシーの侵害を認めることはできないと考えられる[90][91]。

もっとも、名誉感情については、対象者の同定は必要ではなく（前記

[90] 裁判例は、インターネット上で用いるハンドルネームに対する投稿等による名誉毀損やプライバシー侵害の成立には、当該ハンドルネームと現実の人物とが同定できることが必要であるとする傾向にある（東京地判令和２年３月３日 D1-Law２９０６００２１（名誉権）、東京地判令和元年１２月１９日 D1-Law２９０５８３０８（プライバシー）、東京地判平成２９年１月１９日 D1-Law２９０３８４３８・１２４（名誉権、プライバシー）など。）。他方で、いわゆるＹｏｕＴｕｂｅｒについて、その通称名に対する投稿につき、チャンネル登録者数や動画総再生回数を考慮し、相応の知名度があるといえることから、当該通称名に対する権利侵害は原告に対する権利侵害であるとして、名誉毀損等を認めた裁判例（東京地判令和３年６月２５日 D1-Law２９０６５１４５）がある（この裁判例については、社会的活動を行っていると認められる場合に当たるものと整理することができる。）。

[91] 本検討会においては、本文における「現時点においては、インターネット上の人格を法的に保護すべきであるとまではいえない」という表現は相当ではなく、インターネット上のみでの活動を「社会的活動」と認める以上は、「インターネット上の人格」の法的保護についてその定義等も含めて検討する余地があり、今後そのような検討の要請は更に高まるものと思われるとの意見も示された。

第３の１⑵イ(ｲ)ａ(b)参照）、ハンドルネームを使用している者に対する侮辱の投稿による名誉感情の侵害を認めることができると考えられる[92][93]。

４　個別には違法性を肯定し難い大量の投稿

⑴　問題の所在

インターネット上では、電子掲示板の特定のスレッドにおける投稿や特定のＳＮＳアカウントに対する投稿などの形で、特定の個人を誹謗中傷する投稿が大量に行われることがある[94]。こうした場合、個々の投稿自体は名誉権やプライバシーを侵害するものではなく、その投稿のみを見ると人格権を侵害するとまではいえないような投稿であっても、そのような投稿が大量に行われることによって、投稿された者が重大な精神的苦痛を被ることがある。

このような投稿を既存の人格権又は人格的利益に基づく差止めによって削除しようとする場合には、名誉感情や私生活の平穏によることが考えられる。

そこで、以下、この個別には違法性を肯定し難い大量の誹謗中傷の投稿について、名誉感情や私生活の平穏に基づく差止めによる削除の可否やその判断基準等について整理を行う。

⑵　特定の者によって大量に誹謗中傷の投稿がされた場合

名誉感情の違法な侵害は、前記第３の１⑵(ｲ)ｃ(a)のとおり、社会通念上許される限度を超える侮辱行為であるかどうかが出発点となるところ、同ｂ(b)のとおり、裁判例は、投稿数や投稿の経緯を考慮してこれを判断している。そうすると、投稿に用いられた文言それ自体の侮辱性が高いとはいえず、それのみをもっては社会通念上許される限度を超える侮辱行

---

[92] 東京地判平成３０年１２月１２日 D1-Law２９０５１３６２は、「名誉感情に対する侵害行為に関しては、社会的評価の低下の有無は問題とならず、原告に向けられた投稿がされたという事実があれば足り、一般の閲覧者の通常の読み方を基準にして、当該記事の対象が原告であると特定できることを要するものではない。」「本件各記事は、いずれも原告のペンネームである「Ｘ’」を対象に投稿されたものであり、これは、同ペンネームを有する原告を対象として投稿されたものと評価することができる。」などと判示している。ＹｏｕＴｕｂｅｒに関する事案において同様の指摘をするものとして、東京地判令和３年２月１９日 D1-Law２９０６２９６７がある。

[93] ＹｏｕＴｕｂｅｒに対する名誉感情の侵害を認めた裁判例として、東京地判令和３年３月５日 D1-Law２９０６４０５５、前掲東京地判令和３年２月１９日（ただし、現実の人物との同定が可能であった事案）が、いわゆるＶＴｕｂｅｒに対する名誉感情の侵害を認めた裁判例として、東京地判令和３年４月２６日 D1-Law２９０６４３７２がある。

[94] ここでの議論は、基本的には１箇所に誹謗中傷の投稿が集中している場合を想定しているが、後述の⑶ア(ｲ)ｂの考え方によっては、インターネット上の様々な場で特定の者に対する誹謗中傷が行われている場合にも妥当し得るものがあるように思われる。

為とはいえない場合であっても、そうした投稿が特定の者により大量に行われているときには[95]、これらの投稿を全体として評価することで、個々の投稿が社会通念上許される限度を超えた侮辱行為であり、名誉感情を違法に侵害するものであると判断し得る場合があると考えることができる。

なお、こうした大量の投稿の中には、正当な批判をなすものが含まれている場合もあり得る。表現の自由の観点からは、正当な批判を内容とする投稿については、全体として評価した場合にも、社会通念上許される限度を超える侮辱行為であると判断することはできないと考えられる[96]。

⑶　複数の者により全体として大量に誹謗中傷の投稿がされた場合

ア　名誉感情の侵害

㋐　問題の所在

投稿に用いられた文言それ自体の侮辱性が高いとはいえず、それのみをもっては社会通念上許される限度を超える侮辱行為とはいえない投稿が、複数の者により全体として大量に行われている場合、各人の投稿行為は、それ自体としては名誉感情を違法に侵害する行為であるということはできない。こうした名誉感情の侵害とはいえない複数の者の投稿について、それが大量に積み重なったときに、全体として見れば違法な名誉感情の侵害であると評価できるかどうかという点については、これまで、確立した法理論があるとはいえない状況にあった。

㋑　名誉感情侵害の考え方

ａ　考え方の方向性

インターネット上の投稿の高度の流通性、拡散性、永続性という性質をも踏まえると、大量の誹謗中傷の投稿がインターネット上でなされれば、それを行ったのが特定の者であるか複数の者であるかにかかわらず、被害者は社会通念上受忍限度を超える精神的苦痛（損害）を被り得るものであり、法的救済の必要性があると考えられる。また、前記第３の１⑵イ㋑ｂ(b)ⅳのとおり、裁判例においても、複数の投稿者による投稿を考慮した上で名誉感情の侵害を認めるものがあることからすると、各人の投稿行為それ自体のみでは名誉感情の侵害とはいえなくとも、これらの投稿を全体として見ることで、各人の投稿行為が名誉感情を侵害するものであると認めることができる場合があると考える余地がある。

95　特定の者が被害者に関する否定的な評価を内容とする投稿を執拗に繰り返している場合には、こうした行為態様から違法性が基礎付けられると考えることもできる。

96　大量の投稿を全体として評価した場合に「社会通念上許される限度を超える侮辱行為」であるといえるかどうかを判断する上では、前記第３の１⑵イ㋑ｂ(b)で示した裁判例の考慮要素や、同㋑ｃ(d)で示した公務員又は公職選挙の候補者に対する評価、批判等の表現行為であるかどうかといった個別具体的な事情を適切に考慮することが求められる。

そうすると、投稿に用いられた文言それ自体の侮辱性が高いとはいえず、それのみをもっては社会通念上許される限度を超える侮辱行為とはいえないということから、直ちに名誉感情の侵害は成立し得ないとするのは適当ではなく、こうした投稿が複数の者により全体として大量に行われていることを考慮することで、名誉感情の侵害が認められる場合があるとするのが相当であると考えられる。

b　具体的な考え方

前項ａのように全体として評価することで名誉感情の侵害を認めることがあり得るとする場合、その具体的な考え方としては、

Ａ　個々の投稿が社会通念上許される限度を超えるものであるかどうかを判断する上では、口頭弁論終結時における客観的な事情をも考慮して判断すべきであり、ある投稿の他にも大量に誹謗中傷の投稿が特定の者に対してなされている場合には、これを考慮して、個別の投稿が社会通念上許される限度を超えるかどうかをそれぞれ判断すればよく、その結果、ある投稿が社会通念上許される限度を超えていると認められるときは、差止めによる削除をなし得る。

Ｂ　主観的要素と客観的要素を考慮して、複数人の行為が社会通念上一体の行為（共同行為）であると評価できる場合には、複数人の行為を全体として評価し、その違法性を判断することができる。例えば、投稿者がお互い並行して投稿を行っていることを認識しているときは、その限りで複数人の投稿行為を全体として評価して違法性を判断することができ[97]、個別に評価した場合には違法とはいえない投稿も、全体として評価することで、名誉感情の違法な侵害であると認められ、差止めによる削除をなし得る場合がある。

という２つの考え方がある。これらの考え方は、削除請求の相手方が投稿者である場合もプロバイダ等である場合にも妥当するものであるが、このほかに、プロバイダ等の立場に着目し、

Ｃ　ある電子掲示板のスレッドやＳＮＳを管理するプロバイダ等には、そのスレッドや特定のアカウントに特定の者に対する誹謗中傷の投稿が大量に行われることで被害が集積する状態を放

[97] 全体として社会通念上許される限度を超える侮辱行為となっていることの認識は不要である。飽くまで行為を一体として評価するための主観的要素であり、ある行為が権利侵害かどうかという点に関する主観的要素ではない。

置してはならず、これらの投稿を削除しなければならない作為義務があり、具体的な事案において当該作為義務の成立が認められた場合[98]には、被害者はプロバイダ等に対して差止めによる削除を求めることができる。

とする考え方もある。

Ａの考え方は、差止請求権は客観的な違法状態を除去するものであるという理解に基づくものである。すなわち、行為者の損害賠償責任を問うために行為者の帰責事由に重点が置かれる不法行為とは異なり、差止めは、人格権に対する現にある侵害（客観的な違法状態）の除去を求めるものであるから（前記第３の１⑴ア㈠ｃ参照）、行為者の主観的態様や、人格権が侵害される状態を作出したのが個人か複数人かに重点が置かれるものではないと考えるものである[99]。

Ｂの考え方は、差止請求権の一般原則として、行為者の主観的な態様を問わずに他者の行為を考慮して違法性を判断することができるということはできず、複数の者の行為を一体として（共同行為として）法的に評価するには、それを正当化する要件を検討する必要があると考えるものである。

Ｃの考え方は、投稿者において、多数の投稿が集中する１つの場に投稿すれば、他の投稿と併せて違法性を帯びた場合には削除されるという制約を課されることは甘受しなければならないとの考え方から、被害が集積することで全体として違法な状態になっているのであれば、プロバイダ等がそれを放置するのは違法である

---

[98] 具体的な事案において投稿を削除する作為義務が成立するためには、プロバイダ等において、当該投稿が存在するという事実を認識していることが必要であるかどうか、また、当該投稿が名誉感情を違法に侵害するものであることを認識し又は認識し得たことが必要かどうか、という問題がある。この点については、差止めの場合にはプロバイダ等の主観的態様に重点が置かれるものではないとの理解から、プロバイダ等において投稿が存在する事実や名誉感情を違法に侵害するものであることを認識し、又は認識し得たことは不要であるとする考え方や、差止めではなく損害賠償責任に関するものではあるが、特定電気通信役務提供者の損害賠償責任の制限及び発信者情報の開示に関する法律（平成１３年法律第１３７号。令和３年法律第２７号による改正前のもの。以下「プロバイダ責任制限法」という。）第３条第１項が、プロバイダ等に損害賠償義務が生じるのは特定電気通信によりその情報が流通していることを現実に認識していた場合に限られるものとして、特定電気通信役務提供者には一般的な監視義務がないことを明確化している一方で、当該情報の流通によって他人の権利が侵害されていると知ることができたと認めるに足りる相当の理由があるときには損害賠償責任が生じ得るものとしていることを踏まえ、投稿が存在する事実の認識は必要であるが、これが名誉感情の侵害になるかどうかの認識については、そのことを認識し得ることで足りるとする考え方などがある。

[99] （行為の違法ではなく）物権の内容の完全な実現が妨害されているという客観的違法状態に基づいて生ずる物権的請求権とパラレルに考えるものであると理解することもできる。

と判断することができ、個別の投稿の違法性を判断する必要はないと考えるものである。

なお、Cの考え方は、プロバイダ等の作為義務に着目するものであり、A及びBの考え方と対立するものではない。

(ウ) 小括

前項(イ)のいずれの考えを採るにせよ、まずは、投稿に用いられた文言それ自体の侮辱性が高いとはいえず、それのみをもっては社会通念上許される限度を超える侮辱行為とはいえない投稿が複数の者により行われている場合であっても、その侮辱的投稿が大量になされているときには、名誉感情の違法な侵害が認められ、差止めによる削除をなし得る場合があることには留意が必要であると考えられる[100]。

その上で、今後は、前記第３の４(3)ア(イ)ｂに示された考え方を踏まえつつ、様々な場面において、更なる検討の深化や運用等が期待される。

なお、こうした大量の投稿の中に正当な批判を内容とする投稿が含まれている場合、これを社会通念上許される限度を超える侮辱行為であると判断することはできないと考えられることは、前記第３の４(2)のとおりである[101]。

イ　私生活の平穏の侵害

(ア) 「オンラインハラスメント」と私生活の平穏

近時、インターネット上の誹謗中傷による被害の本質は、名誉の侵害ではなく、「オンラインハラスメント」であって、私生活の平穏等を害するものであるといった指摘がなされている[102]。ここで問題とされている私生活の平穏は、精神的な平穏（前記第３の１(2)イ(エ)ａの②）であると考えられる。

この点については、

① これまでの誹謗中傷とオンライン上の誹謗中傷は質的に異なっており、名誉感情侵害だけで捉えられきれるものではなく、保護法益として私生活の平穏を付加する必要がある。オンライン上では、匿名性やアクセスの容易性から、誹謗中傷が集団化、過激化しやす

100　この場合に投稿者の責任を問うことができるかどうか（不法行為責任が生じるかどうか）は、（共同）不法行為の要件に照らし、別途検討する必要がある。

101　大量の投稿を全体として評価した場合に「社会通念上許される限度を超える侮辱行為」であるといえるかどうかを判断する上で、裁判例の考慮要素や公務員又は公職選挙の候補者に対する評価、批判等の表現行為であるかどうかといった個別具体的な事情を適切に考慮することが求められるのは、前項(2)の場合と同様である。

102　インターネット上の誹謗中傷の問題を「オンラインハラスメント」や私生活の平穏等の侵害の問題として捉えることを主張する近時の文献として、深町晋也「オンラインハラスメントの刑法的規律―侮辱罪の改正動向を踏まえて」法学セミナー８０３号１２頁、志田陽子「ネット言論と表現の自由のこれから」法学セミナー８０３号２６頁などがある。

く、オンライン上の集団いじめのような加害態様になりやすい。そうなると、被害者は周囲の者が皆敵意を向けてきていると感じて絶望的な気持ちになるなどして、自尊が害される[103]。こうした質の違いから、少なくとも差止めによる削除の文脈においては、オンライン上の誹謗中傷を全体として評価して違法性を判断するという構成が必要である。

② 被侵害利益を私生活の平穏と見るとしても、投稿時に私生活の平穏を侵害する意図がなければ結果として私生活の平穏が害されたとしても違法な侵害であるとは認められないという形で行為者側の要件が加重されるのではないかと考えられる。保護法益を変えたとしても、別のハードルが出てくるのではないか。

③ 裁判例においては、私生活の平穏を害するものであるとか、私生活の平穏を害する態様で公開されるものであるなどとしてプライバシー侵害を認めるものがあり、私生活の平穏を保護法益とすることは珍しいものではない。こうしたプライバシーに関する裁判例の状況を踏まえて、この問題において私生活の平穏を取り上げるとよいのではないか。

といった意見が示された。

(イ) 小括

インターネット上の誹謗中傷の被害を「オンラインハラスメント」とし、あるいは、私生活の平穏の侵害であると捉えることも、この問題を解決する際の検討の材料となり得るものであり、こうした点をも踏まえつつ、様々な場面において、更なる検討の深化や運用等が期待される。

(4) 人格権の侵害が認められない場合の対処の在り方

大量の誹謗中傷の投稿はときに重大な精神的苦痛を招く。こうした被害に関し、前項(3)のように、名誉感情の違法な侵害を認める考え方をとるときには、個別具体的な判断の結果、こうした権利侵害が認められないものとされた大量の誹謗中傷の投稿については、重大な精神的苦痛を招くものではないか、あるいは、重大な精神的苦痛を招くものであっても、公共性の高い表現であることから表現の自由が優越するものであるため更に削除等の救済措置を講ずる必要性は高いとはいえない。

他方で、現時点においては前項(3)のように大量の誹謗中傷の投稿を全体として評価して違法と判断する考え方をとらないなど、人格権侵害が成立する範囲を狭く考える場合には、個別具体的な判断の結果、人格権侵害が認められないとされたときでも、被害者が重大な精神的苦痛を受け

103　本検討会では、自尊の侵害は個人の尊重という憲法上の究極の価値の侵害であり、私人によって自尊が侵害されることを国家が防ぐという形で、基本権保護義務論を限定的に導入することも考えられるのではないかとの意見も示された。

る場合があるものと考えられる。そこで、プロバイダ等においては、重大な精神的苦痛を被る被害者を救済するという観点から、上記(3)の考え方によれば名誉感情の違法な侵害であると認められるような場合については、プラットフォーム上の表現の自由に配慮しつつ、アーキテクチャの工夫等のほか、約款等に基づく自主的な削除等の措置を講ずることによって、大量の誹謗中傷の投稿の問題に対処することが期待される。

5　削除の範囲

(1)　問題の所在

インターネット上の投稿について、人格権を違法に侵害するものであるとして差止めによる削除を検討する際には、削除の可否のみならず、どの範囲で削除をなし得るのかについても検討する必要がある。この点について、電子掲示板における短文のレスや、ＳＮＳ上の短文の投稿が人格権を侵害するものである場合には、差止めによる削除の範囲が問題となることは少ない。他方で、例えば、あるＳＮＳのアカウントでなりすまし行為が行われている場合に、そのアカウント自体を削除することができるかどうかといった、いわば投稿の場自体を削除することができるのかといった問題や、大量の投稿を全体として評価することで違法な人格権侵害が認められると考える場合には削除の範囲をどのように決すべきなのかといった問題など、インターネット上の表現行為の多様性から、様々な問題が生じているところである。

そこで、以下では、インターネット上の投稿に関し、人格権侵害を理由とする差止めによる削除が認められる範囲について、整理を行う。

(2)　基本的な考え方

人格権侵害を理由とする差止めによる削除の範囲は、原則として、人格権を侵害する違法な１つの表現行為（主観・客観両面から判断される。通常は１つの投稿を指すものと考えられる。）により画されるものと考えられる。

もっとも、違法な１つの表現行為の中で、その意味内容等に照らし、人格権を侵害する情報とそれ以外との情報とを区別することができ、かつ、１つの表現行為の一部の削除が技術的にも容易である場合には、その一部のみを削除するものとすることが考えられる。

(3)　削除の範囲が特に問題となる事例

ア　アカウント自体の削除や電子掲示板のスレッド自体の削除等

(ｱ)　問題の所在

法務省の人権擁護機関に寄せられるなりすましに関する被害事例では、相談者がアカウント自体の削除を求めることが多い。しかしながら、前項(2)の削除の範囲に関する基本的な考え方と、前記第３の２

(2)のなりすましによる人格権侵害に関する基本的な考え方を前提とすると、ＳＮＳのアカウント上でなりすましが行われている場合に削除をなし得るのは、人格権を侵害する個々の投稿であって、なりすましが行われているアカウントそれ自体ではないことになる。

また、法務省の人権擁護機関に寄せられる被害事例の中には、電子掲示板のスレッドにおいて人格権を侵害する投稿が大量に行われているという事例も見られるが、前項(2)の考え方によれば、削除できるのは人格権を侵害する個々の投稿であり、基本的にはスレッド自体の削除はなし得ないことになる。

しかしながら、事案によっては、特定のＳＮＳアカウントにおいて、なりすましによる投稿や他者を誹謗中傷する投稿が繰り返しなされる場合や、電子掲示板において、スレッド内のいわゆる「住民」が相互に影響し合い、他者を誹謗中傷する大量の投稿が集中するような場合など、個々の表現行為の削除では、被害の救済として不十分な場合があり、アカウント自体やスレッド自体の削除を認めることが必要な場合もあるのではないかと考えられるところである。また、裁判例においても、アカウント自体の削除を認めたもの[104]、スレッド自体の削除を認めたもの[105]、ブログ全体の削除を認めたもの[106]が見受けられるところであった。

(イ)　アカウント等

前項(ア)のとおり、削除の必要性があることや、削除を認める裁判例があることをも踏まえると、少なくとも、ＳＮＳのアカウントやブログ等（以下「アカウント等」という。）については[107]、例えば、投稿の内容や態様（回数、期間等も含む。）等から、当該アカウント等が、他人の人格権を侵害する目的で開設又は維持されているものと推認できる場合などでは、当該アカウント等それ自体がその他人の人格権を侵害しているものということができ、その削除が可能となり得るものと考えられる[108]。

なお、このような主観面の推認ができる場合、当該アカウント等に基づく投稿の全てが人格権を侵害するものであることは必要でない。

(ウ)　スレッド等

104　なりすましに関する裁判例として、さいたま地決平成２９年１０月３日判時２３７８号２２頁が、なりすましに関するものではない裁判例として、東京地判令和２年２月２７日D1-Law２９０５９２３２、東京地判令和元年７月２９日D1-Law２９０５７６５８がある。

105　東京地判平成２７年１月１５日D1-Law２９０４４４６９。なお、否定例として、東京地判平成２２年３月１９日Westlaw２０１０ＷＬＪＰＣＡ０３１９８０１７がある。

106　東京地判平成３１年４月２４日D1-Law２８２７３４３２。

107　ここでは特定の者が複数の投稿を行うために利用するツールを想定している。

108　ＳＮＳ等のアカウントについては当該アカウント自体を削除することができ、ブログについては、個々のブログ記事ではなく、当該ブログ記事に係るウェブサイトそれ自体を削除することができる。

電子掲示板のスレッドや複数の者の表現行為により構成されるウェブページの場合（以下「スレッド等」という。）にも、前記の削除の必要性や裁判例の状況を踏まえれば、一定の場合にはスレッド等の削除をなし得るものと考えられる。もっとも、スレッド等に関しては、それを設営している者（管理者）と、そこに書き込む者とが別人であることに留意する必要がある。

その上で、少なくとも、例えば、その大多数が他人の名誉を毀損するような書き込みであって、それが放置されている場合など、当該スレッド等になされた投稿の内容や態様等から、当該スレッド等が、他人の人格権を侵害する手段として用いられていることを管理者が容認し、そのスレッド等を維持しているものと推認できる場合などでは、当該スレッド等それ自体がその他人の人格権を侵害しているものということができ、その削除が可能となり得るものと考えられる。

なお、このような主観面の推認ができる場合、当該スレッド等になされた投稿の全てが人格権を侵害するものであることは必要でない。

イ　まとめサイト

(ｱ) 問題の所在

まとめサイトの記事は、電子掲示板やＳＮＳ上の投稿等を引用し、編集、加工した記事である。そのため、こうした引用元の投稿等が人格権を侵害するものである場合に、削除の範囲は当該引用元の投稿等に限られるのか、それとも、こうした引用元の投稿等の部分に限られず、これを含む記事それ自体が削除の対象になるのかという問題がある。

(ｲ) 削除の範囲

前項(2)の削除の範囲に関する基本的な考え方を前提とすると、前記第３の３(2)イのとおり、まとめサイトの記事は元の投稿からは独立した表現行為であると考えられることから、まとめサイトの記事（内の引用元の投稿等）が人格権を侵害するものである場合の削除の範囲は、まとめサイトの記事ごとに決されることになる（記事内の引用元の投稿等が削除の基本単位となるものではない。）。

もっとも、表現の自由の保障の観点からは、その意味内容等に照らし、まとめサイトの記事内の情報を、人格権を侵害する情報とそれ以外の情報とを区別することができ、かつ、当該記事中の人格権を侵害する部分に限定した削除が技術的に容易であるときには、当該部分についてのみ削除することができるにとどまるものと考えられ得る。このように考える場合でも、当該まとめサイトの性質や引用元の投稿等を引用する趣旨等を考慮し、当該記事が他者を害する目的で作成されたものであると認められる場合には、人格権を侵害する部分に限定することなく、当該記事を削除することもできると考えられる。

ウ　個別には違法性を肯定し難い大量の投稿

(ア) 問題の所在

前記第3の4(2)及び(3)のとおり、個別には違法性を肯定し難い場合であっても、大量になされた場合には、名誉感情の侵害が成立する場合があると考えられる。もっとも、個別には名誉感情の侵害が認められないものについて、他の投稿を考慮することで名誉感情の侵害を認めるというものであることから、削除の範囲をどのように画するべきかが、このような場合に名誉感情の侵害が認められるとする根拠とも関連して問題になる。

(イ) 削除の範囲

個別には違法性を肯定し難い大量の投稿について名誉感情の侵害が認められる場合の差止請求権による削除の範囲については、前記第3の4(3)ア(イ)ｂに示された名誉感情の侵害の成否に関する考え方に応じて、

Ａ　削除請求等の対象とされた個々の投稿が社会通念上許される限度を超えた侮辱行為であるかどうかをそれぞれ判断し、これが認められた投稿について削除をなし得る（同ｂのＡの考え方）

Ｂ　複数の投稿行為を一体として評価することができる場合において、一体として評価される投稿が全体として社会通念上許される限度を超えていると判断される場合には、一体として評価されている投稿は全て名誉感情の侵害の構成要素となっている以上、その投稿全体を削除することができる（同ｂのＢの考え方）

との２つの考え方があり得る。さらに、同ｂのＣの考え方からは、

Ｃ　ある電子掲示板のスレッドやＳＮＳを管理するプロバイダ等に、そのスレッドや特定のアカウントに特定の者に対する誹謗中傷の投稿が大量に行われることで被害が集積する状態を放置してはならず、これらの投稿を削除しなければならない作為義務があると認められたときは、プロバイダ等に対し、誹謗中傷の投稿全部の差止めによる削除を求めることができる

とすることも考えられる。

これらのいずれの考え方を採るにせよ、今後は、同ｂに示された名誉感情の侵害の成否に関する考え方をも踏まえつつ、様々な場面において、更なる検討の深化や運用等が期待される。

エ　複数の投稿の組み合わせにより人格権を侵害する内容となる場合の削除の範囲

例えば、ある者の前科等に関する情報がその者の実名を伏せて投稿され、その後に、その者の実名が投稿されるといった場合など、複数の投稿を組み合わせることによって、その内容が人格権を侵害するもの

になる場合があり得る。この場合、削除をなし得るのはどちらの投稿なのか、あるいは両方とも削除することができるのかという問題がある。

この点については、被侵害利益の性質等を踏まえた個別具体的な検討が必要であり、今後の検討が待たれるところであるが、いずれにしても、前記の事例においては、後者の投稿には前科等に関する情報も黙示的に示されているということができる場合が多いと考えられ、そのような場合には、少なくとも後者の投稿を削除し得るものと考えられる。

6　集団に対するヘイトスピーチ

(1)　問題の所在

ア　「ヘイトスピーチ」の多義性

いわゆる「ヘイトスピーチ」は、例えば、特定の国の出身者であること又はその子孫であることのみを理由に、日本社会から追い出そうとしたり危害を加えようとしたりするなどの一方的な内容の言動（内閣府「人権擁護に関する世論調査」平成２９年１０月）といった、一定の要素を備えた言動である。もっとも、「ヘイトスピーチ」とされるためにはこうした一定の要素を備えていることが必要であるとしてもなお、その要素としては様々なものがあり、多様な表現が「ヘイトスピーチ」となり得るものであることから、極めて多義的である[109]。

ヘイトスピーチ解消法の施行から約６年が経過し、同法の立法事実とされた「ヘイトスピーチ」に関するデモや街宣活動の件数は減少傾向にあるものの、依然として、インターネット上で「ヘイトスピーチ」が行われている現状にある。こうした中、インターネット上の「ヘイトスピーチ」による被害の救済を図る必要があるが、人格権に基づく差止めによる削除を考える上では、前記のとおり、「ヘイトスピーチ」が極めて多義的であることから、表現内容その他の個別具体的事情を踏まえた検討が必要となる。また、差止めによる削除をなすためには、特定の個人の権利・利益が侵害されていることが要件となることから、問題とされる「ヘイトスピーチ」によっていかなる権利・利益が侵害されるのかを特定しなければならない。

そこで、以下では、「ヘイトスピーチ」により侵害される権利・利益は何かということや、その侵害の具体的な判断の在り方等について整理を行う。

イ　集団等に向けられた「ヘイトスピーチ」

109　「ヘイトスピーチ」に関する法律として、「本邦外出身者に対する不当な差別的言動の解消に向けた取組の推進に関する法律」（平成２８年法律第６８号。以下「ヘイトスピーチ解消法」という。）がある。ヘイトスピーチ解消法は、第２条で「本邦外出身者に対する不当な差別的言動」の定義を置くが、これは「ヘイトスピーチ」の定義ではない（もっとも、この「本邦外出身者に対する不当な差別的言動」に該当するものは、通常、「ヘイトスピーチ」であるといってよいと考えられる。）。

また、「ヘイトスピーチ」とされる表現は、人種や民族などの属性に着目してなされるという性質上、そうした属性を有する集団等に向けられた表現としてなされることが少なくない。こうした集団等に向けられた「ヘイトスピーチ」については、これまで、特定の個人の権利・利益の侵害を観念し難く、対処が困難であるとの指摘がなされてきた。

そこで、以下では、こうした集団等に向けられた「ヘイトスピーチ」による被害の救済の在り方についても整理を行う。

⑵　「ヘイトスピーチ」が個人に対して向けられている場合

ア　被侵害利益

特定の個人に向けられた「ヘイトスピーチ」によって侵害され得る人格権としては、まずは、名誉権、名誉感情、私生活の平穏[110]が考えられる。

このほか、「ヘイトスピーチ」による侵害の対象となる権利・利益として、これまでに裁判実務で定着してきた人格権以外に、新たな権利・利益を観念することができるかについては、今後の検討が待たれるところである。

イ　人格権に基づく差止めによる削除の判断基準

㈠　判断基準

名誉権、名誉感情、私生活の平穏に基づく差止めによる削除の一般的な判断基準は、前記第３の１⑵の各人格権の箇所で整理したとおりである。

㈡　人格権侵害の具体的な判断の在り方

a　名誉感情の侵害

一般に「ヘイトスピーチ」とされる言動には、例えば、「～を殺せ」「～を海に投げ入れろ」「～はゴキブリだ」「～はこの町から出ていけ」「～は祖国へ帰れ」「～は強制送還すべき」などといった表現がある。こうした表現が、人種や国籍等の特定の集団の属性を理由として特定の個人に向けてなされている場合、名誉感情を侵害するものであるといえるかどうかについては、次のように考えることができる。

まず、「～を殺せ」「～を海に投げ入れろ」といった表現は、人の存在を否定し、自尊を害する言明であるといえるから、社会通念上許される限度を超える侮辱行為であって、名誉感情を違法に侵害するものといえると考えられる（前記第３の１⑵㈡ｂ（b）ｉも参照）。

「～はこの町から出ていけ」「～は祖国へ帰れ」「～強制送還す

110　なお、投稿内容によっては、生命、身体及び財産も問題となり得る。もっとも、生命、身体等の利益が問題となり得るインターネット上の投稿の多くは、その現実の侵害があるものではないことから、まずは私生活の平穏（前記第３の１⑵イ㈣ａ（a）の①の類型）の侵害が問題とされるものと考えられる。

べき」といった表現についても、その社会における構成員であることを否定するものであり、自尊を害する言明であるといえるから、社会通念上許される限度を超える侮辱行為であって、名誉感情を違法に侵害するものといえると考えられる。

「～はゴキブリだ」などと差別的、軽蔑的な意味合いで昆虫や動物などに例える表現については、対象者を低位な存在であるとするものであり、自尊を害する言明であるといえるから、社会通念上許される限度を超える侮辱行為であって、名誉感情の違法な侵害であるといえると考えられる。

b　私生活の平穏の侵害

差別を助長する、あるいは憎悪を増進する表現であって、名誉権や名誉感情の侵害が認められないものについては、私生活の平穏を被侵害利益とすることが考えられる。

まず、差別を助長し、あるいは憎悪を増進するインターネット上の投稿を閲読した第三者によって、生命・身体等への加害行為が行われる危険に着目する場合には、物理的な平穏（前記第３の１⑵イ(エ) a (a)の①）が問題となる。この法律構成は、第三者の行為による実害が現実に発生するよりも前の段階で私生活の平穏の侵害が生じていると捉えるものであるから、保護の場面が前倒しされることになる。そのため、どのような場合に社会通念上受忍の限度を超える精神的苦痛を与えるものであるとして私生活の平穏の侵害を認めてよいかは慎重に検討する必要があると考えられるところ、少なくとも、一般の通常人を基準として、生命・身体等が侵害されるおそれがあると感じることが合理的であるといえることが必要であると考えられる。

他方で、差別を助長し、あるいは憎悪を増進するインターネット上の投稿が、被害者の主観的利益を直接に侵害するものであると見る場合には、精神的な平穏（前記第３の１⑵イ(エ) a (a)の②）が問題となる。この点については、

①　インターネット上の誹謗中傷の問題が自尊の侵害であって、従来の典型的な名誉感情の問題とは質的に異なるのではないかという問題意識から、被侵害利益として私生活の平穏を付加するという考え方が近年増えている。しかし、自尊の侵害が、典型的な名誉感情の侵害とは質的に異なるとしても、これを私生活の平穏の問題として捉えるのが妥当かどうかには疑問があり、今後の検討が必要である。

という意見や、

②　人の主観的・感情的な利益については、これまで法的保護に値するものが類型化されてきたところであり、そのような中、「ヘイトスピーチ」について精神的な平穏類型の私生活の平穏により保護しようとすることは、保護範囲が不明確になるため適当

ではなく、名誉感情を適切に法律構成することにより対応する方がよい。

という慎重な意見も示されたところである。

精神的な平穏類型の私生活の平穏による保護の可能性については、このような観点も含め、今後の検討が待たれるところである。

(3)　「ヘイトスピーチ」が集団等に対して向けられている場合

前項(2)のとおり、「～を殺せ」「～は祖国へ帰れ」などといった表現が、特定の集団の属性を理由として特定の個人に向けてなされている場合、名誉感情の侵害が認められると考えられる。

これに対し、こうした表現が、「～人を殺せ」「～人は祖国へ帰れ」などといった形で集団等に向けてなされた場合には、特定の個人の名誉感情への影響が抽象的なものとなるため、直ちにその侵害があるとはいい難くなるものと考えられる。

もっとも、最判平成１５年１０月１６日民集５７巻９号１０７５頁が、「ほうれん草を中心とする所沢産の葉物野菜が全般的にダイオキシン類による高濃度の汚染状態にあり、その測定値は、Ｋ株式会社の調査結果によれば、１ｇ当たり「０．６４～３．８０pgＴＥＱ」であるとの事実」の摘示が、所沢市内において各種野菜を生産する農家の社会的評価を低下させるものであることを認めていることからすると、集団等に向けられた表現であっても、特定の個人に対する人格権の侵害は認められ得るものであると考えられる。

また、「ヘイトスピーチ」は、人種又は民族などの属性を理由として当該属性を有する者を社会から排除することや、これらの者に対する差別意識を助長し又は誘発するといった不当な目的で行われるものであって、当該属性を有する者に対して侮辱を加えるものや、差別の意識、憎悪等を誘発し若しくは助長するもの、あるいは、その生命、身体等に危害を加えるといった犯罪行為を扇動するようなものなどであるとされているから、こうした「ヘイトスピーチ」が向けられるのは、通常、差別を受けてきた社会的事実があるマイノリティであることをも踏まえると、当該属性を有する者に多大な精神的苦痛を与えるものである（ヘイトスピーチ解消法前文参照）のみならず、これらの者に実害が加えられる危険性の高いものであるといえる。そうすると、こうした「ヘイトスピーチ」が集団等に向けられており、特定の個人に対する人格権の影響がある程度抽象的であっても、実害が生じる高い危険性に鑑み、違法な人格権侵害を認めてよい場合があると考えられる。

以上からすれば、集団等に向けられた「ヘイトスピーチ」については、その集団等の規模、構成員の特定の程度によっては、集団に属する特定個人の権利・利益が侵害されていると評価できる場合があると考えられ、具体的には、少なくとも「〇〇市●●地区の△△人」といった程度に集団等の規模が限定されており、その構成員が特定されている場合には、名誉感情等の人格権の侵害を認めることができると考えられる。

⑷　特定の個人の権利・利益を侵害するとはいえない場合の対処の在り方

ア　プロバイダ等による自主的な対応

特定の個人の権利・利益の侵害が認められないとしても、「ヘイトスピーチ」とされるインターネット上の投稿の中には、当該集団等に属する者がこれを閲覧した場合、その者に深刻な精神的苦痛を与えるものがあり、これを抑止する必要性が高いものであるといえる（最判令和４年２月１５日D1-Law２８３００２８２も参照）。

特に、インターネット上の投稿には、高度の流通性や拡散性があるほか、投稿及びアクセスの容易性、情報の半永続性といった特性があり、その内容が多数の者の目にとまりやすく、差別の助長や憎悪の増進が生じやすい。

また、当該集団に属する者は、マイノリティであることが一般であり、対抗言論が機能しにくいほか、インターネットは公共的な事柄について冷静に討論する場でもあるところ、差別の助長や憎悪の増進があると、そのような場が失われてしまうということをも踏まえて対処することが求められる。

さらに、一般に利用されているプラットフォームサービスにおいて「ヘイトスピーチ」が野放しにされれば、対象とされたマイノリティは、そのサービスを安心して利用することができず、社会的な不利益を被ることとなる。そのため、一般に利用されているプラットフォームサービスに関しては、いかなる属性の者でも、当該サービスを平等に利用できるような配慮が求められるということができる[111]。

以上に鑑みると、前項⑵及び⑶で見た、特定の個人の権利・利益の侵害を理由とする差止めによる削除が困難とされる場合であっても、少なくともヘイトスピーチ解消法第２条の「本邦外出身者に対する不当な差別的言動」に該当するとされる場合[112]には、「ヘイトスピーチ」による具体的な被害を予防するために、プロバイダ等は、これについて削除依頼や、法務省の人権擁護機関からの情報提供を受けた際には、ガイドラインや約款等に基づく自主的な対応を積極的に行うことが社会的

[111] この点については、反対の意見もあった。すなわち、例えば、ＳＮＳについても、特定の話題に重点を置く、一部のユーザーは参加しにくいような論争的な議論を許容する等は、ＳＮＳ運営事業者の自由の範囲に含まれており、「どのような属性の人でも利用できるようにすることを確保する義務がある」とか「いかなる属性の者でも、サービスを平等に利用できるような配慮が求められる」とはいえない、というものである（もっとも、本検討会においては、ヘイトスピーチ解消法第２条の「本邦外出身者に対する不当な差別的言動」に該当する場合には、削除依頼等を受けたプロバイダ等が約款等に基づく自主的な対応を積極的に行うことが社会的に期待されるとの結論には異論はなかった。）。

[112] 本検討会においては、これに該当する場合には、（権利侵害があるかどうかという意味での違法ではないが）いわば公法上違法であると見ることができるとの意見も示された。

に期待される。

【参考】前掲最判令和４年２月１５日（抜粋）

本件各規定は、拡散防止措置等を通じて、表現の自由を一定の範囲で制約するものといえるところ、その目的は、その文理等に照らし、条例ヘイトスピーチの抑止を図ることにあると解される。そして、条例ヘイトスピーチに該当する表現活動のうち、特定の個人を対象とする表現活動のように民事上又は刑事上の責任が発生し得るものについて、これを抑止する必要性が高いことはもとより、民族全体等の不特定かつ多数の人々を対象とする表現活動のように、直ちに上記責任が発生するとはいえないものについても、前記１⑵で説示したところに照らせば、人種又は民族に係る特定の属性を理由として特定人等を社会から排除すること等の不当な目的をもって公然と行われるものであって、その内容又は態様において、殊更に当該人種若しくは民族に属する者に対する差別の意識、憎悪等を誘発し若しくは助長するようなものであるか、又はその者の生命、身体等に危害を加えるといった犯罪行為を扇動するようなものであるといえるから、これを抑止する必要性が高いことに変わりはないというべきである。加えて、市内においては、実際に上記のような過激で悪質性の高い差別的言動を伴う街宣活動等が頻繁に行われていたことがうかがわれること等をも勘案すると、本件各規定の目的は合理的であり正当なものということができる。

イ　「本邦外出身者に対する不当な差別的言動」該当性の判断

㈠　定義

ヘイトスピーチ解消法は、その第２条に、次のとおり「本邦外出身者に対する不当な差別的言動」の定義規定を置いている。

（定義）
第二条　この法律において「本邦外出身者に対する不当な差別的言動」とは、専ら本邦の域外にある国若しくは地域の出身である者又はその子孫であって適法に居住するもの（以下この条において「本邦外出身者」という。）に対する差別的意識を助長し又は誘発する目的で公然とその生命、身体、自由、名誉若しくは財産に危害を加える旨を告知し又は本邦外出身者を著しく侮蔑するなど、本邦の域外にある国又は地域の出身であることを理由として、本邦外出身者を地域社会から排除することを煽動する不当な差別的言動をいう。

同条は、「本邦外出身者に対する不当な差別的言動」とは「本邦の域外にある国又は地域の出身であることを理由として、本邦外出身者を地域社会から排除することを煽動する不当な差別的言動」であるとした上で、その典型例として、①（専ら本邦外出身者に対する差別的意識を助長し又は誘発する目的で公然と）生命、身体、自由、名誉若しくは財産に危害を加える旨を告知するものと、②（専ら本邦外出身者に対する差別的意識を助長し又は誘発する目的で公然と）著しく侮蔑するものの２つの例を規定したものと解される[113]。

(ｲ) 判断基準

ある投稿の内容が、ヘイトスピーチ解消法第２条の「本邦外出身者に対する不当な差別的言動」に該当するかどうかは、ヘイトスピーチ解消法の趣旨を踏まえて、当該投稿の背景、前後の文脈、趣旨等の諸事情を総合的に考慮して判断すべきであると考えられる。

(ｳ) 具体例

「本邦外出身者に対する不当な差別的言動」に当たるかどうかは、前項(ｲ)のとおり判断されるべきものであるから、個別具体的な事情を踏まえることなく、「本邦外出身者に対する不当な差別的言動」に常に該当する特定の表現を示すことは困難である。

もっとも、典型的なものについては、具体的な事情をある程度捨象することができると考えられるため、以下、典型的な例を掲げる。

まず、ヘイトスピーチ解消法第２条が例示する「本邦外出身者の生命、身体、自由、名誉若しくは財産に危害を加える旨を告知」するものについては、例えば、対象者が本邦の域外にある国又は地域の出身であることを理由に、「～人は殺せ」「～人を海に投げ入れろ」「～人の女をレイプしろ」などというものが該当し得ると考えられる。

次に、同条が例示する「著しく侮蔑する」ものについては、例えば、対象者が本邦の域外にある国又は地域の出身であることを理由に、蔑称で呼んだり、差別的、軽蔑的な意味合いで「ゴキブリ」などの昆虫、動物、物に例えるなどするものが該当し得ると考えられる。

また、「地域社会から排除することを煽動する」ものについては、例えば、対象者が本邦の域外にある国又は地域の出身であることを理由として、「～人はこの町から出て行け」、「～人は祖国へ帰れ」、「～人は強制送還すべき」などというものが該当し得ると考えられる。さらに、災害時において、「～人が井戸に毒を入れた」などといっ

113　ヘイトスピーチ解消法第２条は、その対象を「本邦外出身者」、すなわち、「本邦の域外にある国若しくは地域の出身である者又はその子孫であって適法に居住するもの」に対するものに限定している。しかしながら、同法が審議された衆・参法務委員会の附帯決議にあるとおり、同法の趣旨、日本国憲法及びあらゆる形態の人種差別の撤廃に関する国際条約の精神に照らせば、同条が規定する「本邦外出身者に対する不当な差別的言動」以外のものであれば、いかなる差別的言動であっても許されるとの理解は誤りであり、プロバイダ等が約款等に基づく削除等の措置を講ずる上では、こうしたヘイトスピーチ解消法の趣旨を踏まえた柔軟な運用が求められる。

た投稿がなされることがあるが、こうした投稿が本邦の域外にある国又は地域の出身であることを理由としてなされている場合、当該属性を有する者に対する差別意識や憎悪を誘発、助長するものであるから、「地域社会から排除することを扇動する」ものに該当し得ると考えられる。

７　同和地区に関する識別情報の摘示

(1)　問題の所在

ア　部落差別（同和問題）

部落差別（同和問題）は、日本社会の歴史的過程で形作られた身分差別により、日本国民の一部の人々が、長い間、経済的、社会的、文化的に低い状態に置かれることを強いられ、同和地区と呼ばれる地域の出身者であることなどを理由に結婚を反対されたり、就職などの日常生活の上で差別を受けたりするなどしている、我が国固有の人権問題である[114]。

この問題の解決を図るため、国は、地方公共団体と共に、昭和４４年から３３年間、特別措置法に基づき、地域改善対策を行ってきた。また、昭和５０年１１月には、全国の同和地区の所在地等を掲載した「部落地名総監」と呼ばれる図書が高額で販売され、企業や興信所等で就職や結婚の際の身元調査等に使用されていたことが発覚して社会問題となり、国において回収等の措置が講じられるなどした[115]。

これらの取組の結果、同和地区の劣悪な環境に対する物的基盤の整備は着実に成果を上げ、一般地区との格差は大きく改善されるとともに、「部落地名総監」は入手や閲覧が困難な状況となり、同和地区の所在は容易に知ることができない状況となったはずであった。

しかしながら、情報化の進展に伴い、インターネット上で特定の地域を同和地区であると指摘する情報（法務省の人権擁護機関では、これを「識別情報の摘示」と呼んでいる。）が投稿されるなどの事態に至った。このことをも踏まえ、部落差別の解消を目指し、平成２８年１２月、部落差別の解消の推進に関する法律（平成２８年法律第１０９号）が施行された。

同法第６条に基づき法務省が実施した調査の結果を取りまとめた「部落差別の実態に係る調査結果報告書」によれば、一般国民に対する意識調査において、現在でも部落差別があると思うかとの質問に対し、

114　法務省「部落差別（同和問題）を解消しましょう」
https://www.moj.go.jp/JINKEN/jinken04_00127.html

115　法務省の人権擁護機関は、昭和 50 年から平成元年までの間、人権侵犯事件として調査を行い、発行者、購入者等から、任意に合計 663 冊の部落地名総鑑の提出を受けて回収するなどした。

「部落差別はいまだにある」と回答した者の割合は、全体の73.4パーセントであった。また、交際相手や結婚相手について、同和地区の出身であることを気にするかとの質問に対し、「気になる」と回答した者の割合は、全体の15.8パーセントであり（近畿、中国、四国では20パーセントを超えている。）、心理面における偏見、差別の意識が依然として残っていることが明らかとなっている。さらに、同調査結果によれば、インターネット上での差別的書き込みが増加傾向にあること、インターネット上で部落差別関連情報を閲覧した者の一部には差別的な動機で閲覧している者がいるとうかがわれることなどが明らかになっている[116]。

イ　インターネット上の「部落差別」

インターネット上で、特定の地域を同和地区と指摘する情報は、それ自体としては、特定の地域に関する情報であって、人の属性を示すものではない。もっとも、このような情報がインターネット上に投稿されている場合、同和地区の居住者や出身者に対して差別意識を有する者（これを「気にしている」者も含む。以下同じ。）としては、検索エンジンで検索を行うことによって、ある者が同和地区の居住者や出身者であるかどうかを容易に特定することができることとなり、これらの者に差別を行うための手段を提供することとなる。

法務省の人権擁護機関においては、インターネット上の識別情報の摘示は当該地区の出身者等に対して将来差別が行われるおそれの高いものであるとの考え方から、関係行政機関からの通報等により当該情報の存在を認知した場合には、プロバイダ等に対する削除要請を行っている。しかしながら、部落差別（同和問題）が我が国固有の人権問題であるため海外事業者の理解を得ることが困難であることなどから、名誉毀損やプライバシー侵害の類型に比し、削除対応率が低水準にとどまっている状況にある。

こうした問題状況を踏まえ、以下では、インターネット上の識別情報の摘示を人格権に基づく差止めにより削除することができるかどうかや、仮に人格権を侵害するものではないとした場合の対応の在り方等について整理を行う。

(2)　特定の個人が同和地区の出身であると摘示する情報

ア　被侵害利益

(ア)　プライバシー

ある者が同和地区の出身であることが知られると、その者が同和地区の出身であることを理由に就職や結婚などの場面で差別を受けるなどするおそれがあるから、同和地区の出身であることは、一般人

116　法務省「部落差別の実態に係る調査結果報告書」令和２年６月
https://www.moj.go.jp/content/001327359.pdf

の感受性を基準にして当該私人の立場に立った場合、公開を欲しないであろうと認められる事柄であるといえる。また、同和地区の出身であることは私生活上の事実であるといえ、前項⑴アのとおり、現在では、かつて同和地区であった地域がどこであるかは容易に知ることができない状態となっていることから、非公知性も認められる。

したがって、特定の個人が同和地区の出身であることは、プライバシーに属する事実であると認められ、これを公表することは、プライバシーを侵害するものであるといえる（東京地判令和３年９月２７日Westlaw２０２１ＷＬＪＰＣＡ０９２７６００２参照）。

㈡　名誉権

一般に同和地区の出身であることが人の社会的評価を低下させるものと見るべきではないことから、個別具体的な事案において名誉毀損が主張されることが有り得るとしても、一般論として名誉権を被侵害利益として捉えることについては、慎重にあるべきであると考えられる。

㈢　私生活の平穏

私生活の平穏を被侵害利益として観念すること自体は可能である。もっとも、ある者が同和地区の出身であることを示す情報それ自体は、その者に対する差別行為等が行われるおそれのあるものであるが、直ちに生命・身体等の利益が害される危険があるものとまでは考えられないことから、物理的な平穏類型（前記第３の１⑵イ㈣ａ⒜の①）は問題とならず、精神的な平穏類型（前記第３の１⑵イ㈣ａ⒜の②）の私生活の平穏の問題になると考えられる。

イ　人格権に基づく差止めによる削除の判断基準

プライバシーや私生活の平穏について、人格権に基づく差止めによる削除の一般的な判断基準については、前記第３の１⑵イの各人格権の箇所で整理したとおりである。

⑶　特定の地域を同和地区であると摘示する情報

ア　特定の地域を同和地区であると摘示する情報に当たるかどうかの判断の在り方

特定の地域を同和地区であると指摘する情報であるかどうかは、一般の読者の普通の注意と読み方を基準に判断するのが相当である。

「○○市△△は部落」などといったものが同和地区に関する識別情報の摘示に当たることは明らかであるが、「部落」「同和地区」といった直接的な表現が用いられていなくても、一般の読者の普通の注意と読み方に照らして、同和地区であることを示す情報が含まれていると認められる場合には、識別情報の摘示に該当し得るものと考えられる（例えば、「○落」と伏字が用いられているが、文脈等からして「部落」と述べるものであると認められる場合や、ある地域に隣保館があることを指摘するもの等）。また、行政区画としては現在存在しない地名を用いている場合であっても、一般の読者の普通の注意と読み方に照らし、特定の地域を指すと理解されるものについては、識別情報の摘示に該当し得ると考えられる。

他方、「○○市は部落」「××村は同和地区」などといったものについては、一般の読者の普通の注意と読み方に照らすと、ある地方公共団体の全域が同和地区であると受け止められるとは通常想定し難いことから、同和地区に関する識別情報の摘示には当たらないものと考えられる。

イ　人格権の侵害

(ア) プライバシー

a　侵害の有無

特定の地域を同和地区であると指摘する情報それ自体は、人の属性を示すものではないため、プライバシーに属する事実であるということはできない。

しかしながら、差別意識を持つ者が検索エンジンで検索を行うことによって、ある者が同和地区の居住者や出身者であるかどうかを容易に特定することができること等からすると、インターネット上で特定の地域を同和地区であると指摘する情報を公表する行為は、実質的には、プライバシーを侵害する行為であると評価することができると考えられる（前掲東京地判令和３年９月２７日参照）。

b　違法性の有無

特定の地域を同和地区であると指摘する情報の公表がプライバシー侵害になると認められる場合には、前記第３の１(2)イ(ウ) c のとおり、当該事実を公表されない法的利益とこれを公表する理由とを比較衡量し、前者が後者に優越するかどうかにより削除の可否を判断することとなる。

そして、この比較衡量の判断においては、同(ウ) d (b)のとおり、公共の利害に関する事実でない場合には、よほどの例外的な事情がない限り、差止めによる削除が認められると考えられるところ、特定の地域が同和地区であるとの情報は、一般的には、社会の正当な関心事ではなく、公共性があるとはいえないものであると考えられる（前掲東京地判令和３年９月２７日参照）。したがって、インターネット上の特定の地域を同和地区であると指摘する情報は、通常、プライバシー侵害を理由とする差止めにより削除することができると考えられる。

もっとも、同 d (a)のとおり、この比較衡量の判断においては表現の自由を適切に考慮する必要があるところ、例えば、学術、研究等の正当な目的でなされた場合には、当該表現は公共性を帯びるため、その目的に照らして必要かつ相当な範囲で公開する場合には、表現の自由に配慮することが望ましい（最判令和２年１０月９

日民集７４巻７号１８０７頁参照）。この点、特定の地域を同和地区であるとする情報が学術専門誌等に掲載される場合には、その読者が限られていることなどから、被害者（当該地域の出身者等）が差別を受けるなどの具体的被害を受ける可能性は相当に低いといえるため、当該情報を公表されない法的利益がこれを公表する理由に優越するとはいえず、当該雑誌の差止めを求めることはできないと考えられる。他方、当該情報がインターネット上で公開される場合には、通常、誰もが容易にアクセスすることができ、当該情報が伝達される範囲が広範にわたるものである上、差別意識を持つ者に対してある者が同和地区の出身であることを容易に知ることができる手段を与えることにもなることから、通常、被害者（当該地域の出身者等）が差別を受けるなどの具体的被害を受ける可能性が相当に高いものといえる。したがって、インターネット上の特定の地域を同和地区であるとする情報は、学術、研究等の正当な目的に基づくものであり、その目的に照らして必要な範囲で公開するものであっても、その公開の態様や文脈等から、被害者（当該地域の出身者等）が具体的な被害を受ける可能性が相当に低いといえる場合でない限り、当該情報を公開されない法的利益がこれを公表する理由に優越し、削除することができると考えられる。

なお、投稿者に差別の助長、誘発目的があったという事情は、比較衡量を行う際に違法性を基礎付ける考慮要素の１つとなると考えられるが、当該目的がなければ違法性が認められないというものではないことに留意する必要がある。

(ｲ)　私生活の平穏

前項(ｱ)のとおり、プライバシーの侵害を理由とする差止めが認められると考える場合には、私生活の平穏の侵害を検討する必要性は必ずしも高いものではない[117]。もっとも、私生活の平穏を被侵害利益として想定することは可能であるため、この点について整理を行う。

特定の地域を同和地区であるとする情報それ自体には、直ちに当該地域の出身者等の生命、身体等の利益が害される危険性があるとはいえないため、この場合も、前記⑵ア(ｳ)と同様、通常は、精神的な平穏類型の私生活の平穏が問題となると考えられる。

削除の可否については、前記第３の１⑵イ(ｴ)ｃのとおり、社会通念上受忍すべき限度を超えた精神的苦痛が生じているかどうかにより決されるものであるが、その際には、削除請求を行う個人にこの精

117　インターネット上に特定の地域を同和地区であるとする情報が公開されることで、同地区の出身者等が将来差別を受け、あるいは受けるおそれを感じながら生活することを余儀なくされることによって、精神的平穏の類型の私生活の平穏が侵害されると考える場合には、プライバシーと実質的に同一の法的利益を問題としていると考える余地もある（前記第３の１⑵イ(ｴ)ａ(a)も参照。）

神的苦痛が生じているかどうかを、当該個人に固有の事情に基づき判断するのではなく、同和地区であると指摘された当該地域の出身者等がいかなる被害を受けるかという観点から、個別具体的な事情に基づき検討を行うべきであると考えられる。

その上で、この総合考慮を行うに当たっては、

・　情報の流通性、拡散性、永続性等のインターネットの持つ特性を踏まえると、差別意識を有する者が、検索エンジンで検索を行うことによって、ある者が同和地区の居住者や出身者であるかどうかを容易に特定することができること、また、結婚差別や就職差別というように、特定の地域を同和地区であると指摘する情報を契機として発生するおそれの高い害悪の内容が明確であること

などの積極的な事情がある一方、

・　地域によっては過去に同和地区であったことが相当程度風化している場合もあり得ることや、個別の表現行為の内容によっては、例えば、他の前提知識等を併せて考慮しなければ当該地域が同和地区であることを特定できないなど、情報の識別性があいまいである場合や、表現態様等に照らして差別を助長・誘発するおそれが低いこと

などの消極的な事情もあり得る。そのため、いかなる場合に社会通念上受忍すべき限度を超えた精神的苦痛が生じ、私生活の平穏が侵害されたといえるのかについては、これらの点も踏まえ、具体的な検討を行うこととなる。

【参考】前掲東京地判令和３年９月２７日（抜粋）

⑴　プライバシー侵害の有無について

ア　個人のプライバシーに属する情報をみだりに公表されない利益は、法的保護の対象となるというべきである（最高裁平成２８年（許）第４５号同２９年1月３１日第三小法廷決定・民集７１巻1号６３頁参照）。

イ　本件地域一覧は、かつて被差別部落があったとされる地域（以下「本件地域」という。）の所在を明らかにする情報（以下「本件地域情報」という。）を掲載したものであるところ、前記1⑴アないしエ及びカ認定の事実関係によれば、封建社会の身分制度に由来する不合理な差別は、明治初期は戸籍の記載自体に基づいて行われたものであったものの、この差別の問題を解決しようとした行政及び立法の対応により戸籍の調査が困難になると、本籍や住所が本件地域にあるか否かの調査に基づいて行われるようになり、前記1⑵イ認定の意識調査の結果等に照らしても、ある個人の住所又は本籍が本件地域内にあることが他者に知られると、当該個人は被差別部落出身者として結婚、就職等の場面において差別を受けたり、誹謗中傷を受けたりするおそれがあることが容易に推認される。以上に照らすと、ある個人の「住所又は本籍が本件地域内にあること」は、みだりに他人に知られたくない情報として当該個人のプライバシーに属する情報に当たると認めるのが相当である。

（中略）

ウ　もっとも、本件地域情報それ自体は、地域に関する情報にすぎないから、本件地域一覧が公開されたからといって、直ちに個人について「住所又は本籍が本件地域内にあること」が公表されたものとはいえない。

しかし、前記イ説示のとおり、ある個人を被差別部落出身者として差別しようとする者は、当該個人の住所や本籍が本件地域内にあるか否かを調査し、その住所や本籍が本件地域内にあれば当該個人について差別的な取扱いをしようとするものであるところ、個人が社会生活を営む上で住所を開示することは不可避であり、また、結婚や就職等の場面において本籍を開示しないことも困難である（甲３２２、３２３、３２５）。前記１(2)認定の事実関係に照らすと、ある個人を被差別部落出身者として差別しようとする者は、現在もなお全国に少なからず存在することが推認されるところ、本件地域情報が公表されれば、これらの者は、開示された住所又は本籍の情報と本件地域情報を対照して調査することにより、本件地域内に住所又は本籍がある個人について、その「住所又は本籍が本件地域内にあること」を容易に知り得ることとなる。本件地域一覧は、本件地域情報を集約して都道府県別に一覧表の形に整理しただけのものであって、これをインターネット上のウェブサイトに掲載するなどして一般に公開する行為は、専ら上記の調査を容易にするものというべきである。

そして、前記認定事実(1)イ、ウ、オ、キ及びクのとおり、不合理な差別を根絶するため本件地域情報を公表しようとする動きを官民挙げて抑止する粘り強い努力が続けられ、本件地域情報を知ることは一般的に容易ではない状況となっており、本件地域一覧が公開されなければ、本件地域内に住所又は本籍がある個人について、その「住所又は本籍が本件地域内にあること」が広く知られることはないにもかかわらず、本件地域一覧が公開されれば、上記のとおり、これが広く知られる結果を招くことになるものである。被告らは、本件地域の所在は、過去の出版物等の内容や隣保館等の所在により特定できると主張するが、それらの出版物等は広く流通販売されているとはいえないし、隣保館等の所在は必ずしも本件地域の所在と合致するものではないから、上記認定を左右するものではない。

以上のとおり、本件地域一覧を公開する行為は、それ自体は個人の「住所又は本籍が本件地域内にあること」を公表するものではないものの、これを開示された個人の住所又は本籍の情報と対照する調査を容易にすることによって、当該個人の「住所又は本籍が本件地域内にあること」を広く知られる結果を招くものであり、専らそのような調査を容易にするものというべきであるから、これを本件地域内に住所又は本籍がある個人についてその「住所又は本籍が本件地域内にあること」を公表する行為と同視することができるというべきである。被告Ｙ２は、上記の点を指摘した本件仮処分申立て１の申立書等の副本を閲読した平成２８年３月２６日の後である同月２８日以降、さらに本件地域一覧を公開したものであること（前提事実(3)ウ、(4)イ、オ）に照らしても、この点を十分に認識しつつ、あえてこれを公開したものと認めるべきである。

エ　そして、本件地域一覧によって明らかにされる本件地域の所在が社会的に正当な関心事であるとはいい難く、また、被告Ｙ２が、平成２８年１０月１７日頃、本件ツイッターアカウントに「□□の発禁が解除されたら、今度は本格的にバンバン売って金儲けしますよ。それによってアホが憤怒して発狂することを含めて表現でありアートなので。」などという挑発的な投稿をしていたこと（甲４２）も踏まえると、本件地域一覧に学術的価値がある旨の被告らの主張を考慮しても、その公開が専ら公益を図る目的のものでないことは明白である。

したがって、本件地域一覧の公開は、個人原告らのうち、その住所又は本籍が本件地域一覧に本件地域として記載された地域に属する者との関係では、そのプライバシーを違法に侵害するものというべきである。

⑷　特定の個人の権利・利益を侵害するとはいえない場合の対処の在り方

ア　プロバイダ等による自主的な対応

前項⑶のとおり、インターネット上の同和地区に関する識別情報の摘示は、プライバシーを侵害するものとして、差止めによる削除をなし得るものと考えられるが、仮に、プライバシー等の人格権を侵害するものではないと考える場合[118]でも、これを放任することは適当ではないと考えられる。

すなわち、部落差別については、長年にわたる歴史の中で、土地に結びついた差別がなされてきたという特殊性や、同和地区の物的基盤の整備や「部落地名総鑑」の回収などにより、その特定を明るみにしないための官民を挙げた様々な努力が積み重ねられてきたほか、同和地区に関する情報が差別意識を増幅させることを指摘した最高裁判所の判例（最判平成２６年１２月５日D1-Law２８２３０９９３）や、特定の地域を同和地区であると指摘するインターネット上の情報の削除を認めた裁判例（前掲東京地判令和３年９月２７日）が存在することを踏まえると、特定の地域を同和地区であると指摘する情報をインターネット上に投稿する行為については、特定の個人の権利・利益を侵害するとはいえないものであっても、原則として許されざる差別の助長に当たるものであるとの考慮も十分尊重に値する。

そこで、プロバイダ等においては、このような観点をも踏まえ、特定の地域を同和地区であると指摘する情報について削除依頼等を受けた場合には、差別を助長・誘発する目的があるかどうかにかかわらず、約款等に基づき、削除を含む積極的な対応を採ることが期待される。

イ　約款等に基づく削除等の対応を採るのが相当ではない場合

前項⑶アの判断方法により特定の地域を同和地区であると指摘する情報であると認められる場合でも、表現の自由の保障の観点から、前項⑶イ㈠ｂのとおり、学術、研究等の正当な目的に基づくものであり、

118　そもそもインターネット上の識別情報の摘示はプライバシーの侵害に当たらないという立場をとる場合、という意味であり、プライバシーを侵害するものであるが、個別具体的な事情の下で違法性がない場合をいうものではない。

その目的に照らして必要な範囲で公開するものであって、その公開の態様や文脈等から、被害者（当該地域の出身者）が具体的な被害を受ける可能性が相当に低いといえる場合には、約款等に基づく削除等の措置を講ずるべきではないと考えられる。

8　その他の論点

(1)　ハード・ローとガイドラインや約款等の役割分担

ア　問題の所在

インターネット上の誹謗中傷の投稿等による被害については、当該投稿等が特定の個人の権利（法律上保護される利益を含む。以下同じ。）を侵害するものであれば、法的な救済措置（ハード・ローによる対応）を受けることができる。他方で、特定の個人の権利を侵害すると認められないものについては、法的な救済措置を受けることはできない。法務省の人権擁護機関が行う削除要請も、強制力を伴うものではないとはいえ、国家機関が表現内容の当否を判断し、私人間に介入することは、表現の自由の観点から謙抑的にあるべきことから、まずは、特定の個人の権利が侵害されている場合を念頭に行うことが相当であり、特定の個人の権利を侵害するものではない誹謗中傷の投稿について削除要請を行うことは、基本的に相当でないと考えられる[119]。

しかしながら、こうした権利侵害が認められない誹謗中傷の投稿等であっても、その被害者が精神的苦痛を受けることがある上、高度の流通性、拡散性や永続性といったインターネット上の投稿の特性によって、その被害は時に深刻なものともなる。そのため、権利侵害が認められない誹謗中傷の投稿等による被害についても、何らかの救済措置を講ずることが求められるところ、ハード・ローによる対応が困難であることから、プロバイダ等が自主的に定める約款等によって対応することが考えられるところである[120]。

イ　基本的な考え方

119　識別情報の摘示については、前記第3の7でも見たとおり、いかなる場合に特定の個人の権利を侵害したと認められるかについて様々な検討が行われているところであるが、これまで法務省の人権擁護機関においては、仮に特定の個人の権利を侵害するとは認められないとしても、将来差別が行われるおそれの高い行為であることから、予防的に、削除要請を行ってきたところである。また、いわゆる「ヘイトスピーチ」については、特定の個人の権利を侵害するとまでは認められないものであっても、ヘイトスピーチ解消法第2条所定の「本邦外出身者に対する不当な差別的言動」に該当すると考えられるものについては、プロバイダ等にその旨の情報提供を行い、プロバイダ等の自主的な対応を促す取組を行っている。

120　これに対して、「深刻な被害」があってもなお適法なものは、何らかの事情（公の関心事である等）により正当化・適法化されているものであり、プロバイダ等の対応が期待されるものに含めるべきではない、との意見もあった。

(ア) 特定の個人の権利侵害が認められる場合

プロバイダ等は、特定の個人の権利を侵害する違法な情報であるとして削除依頼等を受けた場合には、自らもその違法性の有無を迅速かつ的確に判断し、これがあると認めた場合には、速やかに削除等の措置を講ずることが期待される。

なお、特定の個人の権利を侵害する違法な情報であるかどうかの判断が容易ではないことが、裁判外での円滑かつ迅速な救済の支障とならないように、民間のガイドラインにおいて、事例を集積するなどして、違法性判断の明確化を図ることも有用である。

(イ) 特定の個人の権利侵害が認められない場合

事業者が自主的に定める約款等においては、特定の個人の権利を侵害する違法なものではない投稿をも削除の対象とすることができる。もとより、プロバイダ等において、個人の権利を侵害する違法なものではない投稿について、約款等に基づく削除等の措置の対象とするかどうか、するとしてどのような範囲とするかといったことは、プロバイダ等が自主的に決定すべきものであるものの、個人の権利を侵害するものであると直ちには認められないが、なお被害者に重大な精神的苦痛を与えるような誹謗中傷の投稿等について、アーキテクチャの工夫による対処のほか、プロバイダ等が自主的に定める約款等による削除等の措置によって対応することも社会的に期待されるところである[121]。特に、近年、インターネット上の誹謗中傷に関する行政機関等への相談事例は高止まりの状況にある上、インターネット上の誹謗中傷は、時に深刻な人権侵害につながる場合があるにもかかわらず、大量投稿の問題など、これまでの法理論や判例の考え方によっては十分に捉えきれず、ハード・ローによる対応が困難な問題が発生し、これが重大な社会問題となったという状況に鑑みれば、こうした問題については、行政機関においてハード・ローによる対応の可否（特定の個人の権利侵害が認められるかどうかや特定の個人の権利を侵害するものではないが「違法」なものとするかどうか）に関する更なる検討を進めるとともに、プロバイダ等において約款等による削除等の措置を講ずることも期待される[122]。

以下、プロバイダ等が約款等による削除等の措置の対象とするこ

121　これに対して「被害者に重大な精神的苦痛を与える」ようなものであってもなお適法なものは、何らかの事情（公の関心事である等）により正当化・適法化されているものであり、プロバイダ等の削除等の措置が期待されるものに含めるべきではない、との意見もあった。

122　なお、通信関連業界四団体の代表で構成される違法情報等対応連絡会が公表している「違法・有害情報への対応等に関する契約約款モデル条項の解説」（平成２９年３月１５日）においては、禁止事項の「他人に対する不当な差別を助長する等の行為」に、ヘイトスピーチ解消法第２条所定の「本邦外出身者に対する不当な差別的言動」を含むいわゆるヘイトスピーチと、不当な差別的取扱いを助長・誘発する目的で、特定の地域がいわゆる同和地区であるなどと示す情報をインターネット上に流通させる行為が含まれるものとされている。

とが期待される表現類型の例を示すこととする。

ウ　約款等による対応が期待される表現類型

(ｱ) 基本的な考え方

ａ　特定の個人の権利を侵害するものであるか、その疑いの高いもの

今後、個人の権利を侵害する違法な情報であると判断される余地が十分あり得るものであるが、現時点においては、裁判例が乏しいなどの事情から、個人の権利を違法に侵害するものであると直ちに認めることができないものについては、約款等による削除等の措置の対象とすることが期待される[123]。

ｂ　特定の個人の権利を侵害するものではないが「違法」なもの

また、特定の個人の権利を侵害するとはいえないが、法令に反することから「違法」であるといえるものについても、約款等による削除等の措置の対象とすることが期待されるものであると考えることもあり得る。もっとも、いかなる場合に個人の権利を侵害するものではなくとも「違法」であるといえるのかについては、今後、更なる理論の整理、深化が期待されるところである。

ｃ　被害者に看過できない精神的苦痛を与えるもの

なお、ａ及びｂには該当しないものであっても、インターネット上の表現行為の性質（高度の流通性、拡散性や永続性）を踏まえると、被害者が看過できない精神的苦痛を被ることがあり得る。そこで、こうした投稿については、プロバイダ等において、表現の自由に十分配慮しつつ、約款等に基づく削除等の措置やアーキテクチャの工夫等の様々な対応を行うかどうかについて検討を行うことが期待される。

(ｲ) 具体例

ａ　個別には違法性を肯定し難い大量の投稿

前記第３の４⑵及び⑶のとおり、個別には違法性を肯定し難い大量の投稿がなされた場合には、それが特定の者により行われた場合であるか複数の者により行われた場合であるかを問わず、名誉感情の侵害を理由とする差止めによる削除をなし得るものと考えられる。

しかしながら、これまでのところ、このような削除を認めた裁判例は見当たらないことから、現時点ではこのような考え方を採用しないとの立場を採るプロバイダ等もあり得るところである。その場合には、違法な権利侵害とは認められないものであっても、被

123　例えば、プライバシーについては、米国において１９世紀末にその保護が主張されたことを契機として、２０世紀前半に不法行為法上の権利として多くの裁判所で承認されるようになったものであり、我が国においても、前掲東京地判昭和３９年９月２８日によってその保護が認められるに至った。このように、社会状況の変化等に伴い、それまで保護されなかったものが保護されるようになることがあることも参考となる。

害者が看過できない精神的苦痛を被る事例があることとなり、また、前記のとおり、こうした事例についても名誉感情の侵害が成立し得ると考えることができ、今後、裁判例等により名誉感情の違法な侵害であると認められる余地が十分にあるものと考えられる。

したがって、プロバイダ等においては、こうした大量の投稿が前記のとおり名誉感情の侵害になり得るとの考え方を採る場合には、違法な名誉感情の侵害と認められたものについて前項イ(ア)のとおり速やかに削除等の措置を講ずることが期待されるとともに、このような考え方を採らない場合であっても、こうした大量の投稿（前記の考え方に立てば名誉感情の侵害が認められるもの）を約款等による削除等の措置の対象とすることを検討することが期待される。

b　集団に対するヘイトスピーチ

前記第3の6(3)のとおり、集団等に対する「ヘイトスピーチ」については、集団等の規模や構成員の特定の程度によっては、当該集団等に属する特定の個人の権利が侵害されていると認めることができると考えられるが、特定の民族全体に向けられているものなど、集団等の規模が広範である場合には、特定の個人の権利侵害を認めることはできない。

しかしながら、同(4)のとおり、こうした「ヘイトスピーチ」であってもその集団等に属する者に深刻な精神的苦痛を与えるものがあることや、プラットフォームサービスの平等な利用への配慮が求められること等からすると、ヘイトスピーチ解消法第2条所定の「本邦外出身者に対する不当な差別的言動」に該当するものについては、約款等による削除等の措置の対象とすることが期待される[124]。

c　識別情報の摘示

前記第3の7(3)イ(ア)のとおり、特定の地域を同和地区であると指摘するインターネット上の投稿は、プライバシーを侵害するものであると考えられる。したがって、プロバイダ等において、当該投稿が当該地域の出身者等のプライバシーを違法に侵害するものであると認められる場合には、前項イ(ア)のとおり、速やかに削除等の措置を講ずることが期待されるものである。

仮に、現時点においては、こうした投稿がプライバシー等の人格権を侵害するものではないとの考え方に立つ場合であっても、前記のとおりプライバシーを侵害するものであるとの考え方が裁判例によっても認められており、十分成り立つものであること、

124　ヘイトスピーチ解消法がその前文で許されないものとしている「本邦外出身者に対する不当な差別的言動」に当たるものは、ヘイトスピーチ解消法に反するという意味で「違法」であるといえることを論拠とすることも考えられる（前項(ア)b参照）。

こうした投稿は被害者に重大な精神的苦痛を与え得るものであること、前記第３の７⑷アのとおり、同和地区に関する識別情報の摘示は原則として許されざる差別の助長であるとの考慮が十分に尊重に値することからすると、差別を助長・誘発する目的があるものであるかどうかにかかわらず、同イの削除等の対応を採るのが相当でない場合を除き、約款等による削除等の措置の対象とすることが期待される。

(ウ)　約款等の有効性

前項イ(イ)のとおり、プロバイダ等が自主的に定める約款等においては、個人の権利を侵害する違法なものではない投稿をも削除の対象とすることができるから、当該約款等が投稿者の表現の自由を過度に制約するなどの事情により民法第９０条違反として無効とされるなどの特段の事情のない限り、当該約款等に基づき法律上有効に削除を行うことができ、プロバイダ等が削除に関して投稿者に対する不法行為責任を負うこともないと考えられる。

そして、前項(イ)のａからｃまでの表現類型については、前記のとおり、削除の対象とすることに合理的な理由があり、また、対象となる表現がどのようなものであるかも相当程度明確であることから、特段の事情のない限り、これらを削除の対象とする約款等が表現の自由の過度な制約であるなどとして民法第９０条に違反することはないと考えられる[125]。

⑵　投稿を削除しないプロバイダ等の損害賠償責任について

ア　プロバイダ責任制限法が適用されるプロバイダ等の損害賠償責任について

(ア)　損害賠償責任の法的根拠

プロバイダ責任制限法の制定前後を通じて、裁判例は、プロバイダ等が名誉毀損等の人格権を侵害する投稿を削除しなかった場合の不法行為に基づく損害賠償責任を、条理上の作為義務違反による不作為の不法行為責任と構成しており、プロバイダ等が当該投稿の存在を認識していること、投稿された電子掲示板等の設置目的や管理・運営状況、匿名性、営利性、被侵害利益の性質等を総合的に検討し、事例ごとの特性に合わせて条理上の作為義務を認定しているとされている[126]。

125　なお、プロバイダ等の約款等が民法第５４８条の２の「定型約款」に該当する場合には、同法第５４８条の４所定の要件を満たすことで相手方の同意を得ることなくその変更を行うことができる。前記表現類型を削除の対象とする内容に定型約款を変更する場合については、前記のとおり、これらの表現類型を削除の対象とすることに合理性があり、削除対象も相当程度明確であるといえることが、同条第１項第２号の要件を肯定する方向に働くものと考えられる。

126　利用者視点を踏まえたＩＣＴサービスに係る諸問題に関する研究会「プロバイダ責任制

このように、プロバイダ等が人格権を違法に侵害する投稿を削除しなかった場合の不法行為に基づく損害賠償責任は、不作為の不法行為責任であり、条理上の作為義務が認められる場合に成立するものであると考えられる。

(ｲ) 成立要件

その成立要件としては、プロバイダ責任制限法第３条第１項の規定も踏まえると、

① 当該投稿の送信を防止する措置を講ずることが技術的に可能な場合であること

② 当該投稿が被害者の権利を違法に侵害するものであること

③ プロバイダ等が当該投稿の存在を現実に認識したこと

④ プロバイダ等が当該投稿により被害者の権利が違法に侵害されていることを認識し、又は認識し得たこと

⑤ 損害

⑥ 因果関係

が必要であると考えられる。

(ｳ) 成立要件の判断の在り方

前項(ｲ)②の要件に関しては、当該投稿による権利侵害の違法性を阻却する事実が抗弁となり（⑦）、前項(ｲ)④の要件に関しては、プロバイダ等が当該投稿により権利が違法に侵害されていることを認識し得たとの評価を妨げる事実が抗弁となる（⑧）と考えられる[127]。

また、前項(ｲ)④の要件については、被害者及び発信者から提供された事実に基づき判断すべきであり、プロバイダ等には違法な権利侵害の有無に関する事実についての一般的な調査・確認義務はないものと考えられる。

この点、

α　判例を確認しなかったために違法な権利侵害の法的評価を誤った場合

β　通常は明らかにされることのない私人のプライバシー情報（住所、電話番号等）や、公共の利害に関する事実でないこと又は公益

限法検証に関する提言」（平成２３年７月）１８頁。

[127] 名誉毀損が問題となる場合においては、プロバイダ等に対する差止めによる削除の要件における違法性阻却事由に関する立証責任について、削除請求者が違法性阻却事由の不存在を立証すべきであるとの考え方をとると（前記第３の１⑵イ⑺ｃ⒝参照）、ここでも、当該投稿による権利侵害の違法性を阻却する事実が存在しないことが請求原因となると考えることもできる。他方で、差止めの場合に違法性阻却事由の不存在の立証責任を削除請求者に課すのは、プロバイダ等に真実性の立証責任を課すことによって、投稿内容に関する詳細な情報を持たないプロバイダ等が真実性の立証に失敗することにより、真実である可能性の残る投稿が削除されることを防ぐためであると考える場合には、損害賠償における違法性阻却事由の立証責任は飽くまでも請求の相手方であるプロバイダ等にあるとすることも考えられる。

目的でないことが明らかである名誉毀損の投稿について削除依頼等があった場合

などには、前項(イ)④の要件が満たされるものと考えられる[128]。

イ　検索事業者の検索結果の提供に関する損害賠償責任について

(ア)　平成２９年判例の「明らか」要件について

「明らか」要件が損害賠償請求の場合においても適用されるかどうかについては、明示的な判断をした裁判例は見当たらない。この点については、「明らか」要件を積極的に評価するかどうかによっても考え方が異なり得るところであり、今後の検討が待たれるところである。

(イ)　特定電気通信役務提供者に当たるかどうかについて

検索事業者がプロバイダ責任制限法第２条第３号の「特定電気通信役務提供者」に当たるかどうかについては、肯定する考え方と否定する考え方のいずれもあり得るところであり、この点に関する裁判例は見当たらない状況にある。

仮に、検索事業者が「特定電気通信役務提供者」に該当しないと解される場合であっても、検索事業者が情報の媒介者としての側面を有することや、収集元ウェブページについて詳細な情報を有していないという点で、プロバイダ等と共通するところがあることに鑑み、プロバイダ責任制限法第３条第２項を踏まえて、損害賠償責任の成立要件を検討することが考えられる。

(3)　いわゆる「モニタリング」について

近年、一部の地方公共団体においては、名誉毀損やプライバシー侵害などのインターネット上の誹謗中傷の投稿等を積極的に探知し、プロバイダ等に対して削除依頼を行うという取組が行われている。

このような「モニタリング」を行政機関が行うことの是非や、これを行う場合の留意点等については、「モニタリング」の実情を踏まえた議論がなされるべきであり、将来的な検討課題となる[129]。

128　プロバイダ責任制限法第３条第１項第２号の「情報の流通によって他人の権利が侵害されていることを知ることができたと認めるに足りる相当の理由があるとき」の要件に関し、プロバイダ等が発信者に照会をしたところ、発信者から問題となる投稿が違法に権利を侵害するものかどうかについて不合理な説明がされたときや、法務省の人権擁護機関からの削除要請を受けたがこれに応じられない理由がないときには、原則としてこの要件を満たすといえるとの指摘もある（曽我部真裕ほか『情報法概説（第２版）』（弘文堂、２０１９年）１９１頁〔栗田昌裕〕）。

129　法務省の人権擁護機関においては、「モニタリング」は行っていない。

◆ 付記

本取りまとめの公表後、本取りまとめ第３の１⑵ア(ｲ)及び同イ(ｳ)ｃに関し、ＳＮＳ上の投稿がプライバシーを侵害する場合の削除の判断基準を示した最高裁判決[130]が下されたため、これを参考として掲載する。

> **【参考】最判令和４年６月２４日裁判所ＨＰ参照（令和２年(受)第１４４２号）**
>
> 個人のプライバシーに属する事実をみだりに公表されない利益は、法的保護の対象となるというべきであり、このような人格的価値を侵害された者は、人格権に基づき、加害者に対し、現に行われている侵害行為を排除し、又は将来生ずべき侵害を予防するため、侵害行為の差止めを求めることができるものと解される（最高裁平成１３年（オ）第８５１号、同年（受）第８３７号同１４年９月２４日第三小法廷判決・裁判集民事２０７号２４３頁、最高裁平成２８年（許）第４５号同２９年１月３１日第三小法廷決定・民集７１巻１号６３頁参照）。そして、ツイッターが、その利用者に対し、情報発信の場やツイートの中から必要な情報を入手する手段を提供するなどしていることを踏まえると、上告人が、本件各ツイートにより上告人のプライバシーが侵害されたとして、ツイッターを運営して本件各ツイートを一般の閲覧に供し続ける被上告人に対し、人格権に基づき、本件各ツイートの削除を求めることができるか否かは、本件事実の性質及び内容、本件各ツイートによって本件事実が伝達される範囲と上告人が被る具体的被害の程度、上告人の社会的地位や影響力、本件各ツイートの目的や意義、本件各ツイートがされた時の社会的状況とその後の変化など、上告人の本件事実を公表されない法的利益と本件各ツイートを一般の閲覧に供し続ける理由に関する諸事情を比較衡量して判断すべきもので、その結果、上告人の本件事実を公表されない法的利益が本件各ツイートを一般の閲覧に供し続ける理由に優越する場合には、本件各ツイートの削除を求めることができるものと解するのが相当である。原審は、上告人が被上告人に対して本件各ツイートの削除を求めることができるのは、上告人の本件事実を公表されない法的利益が優越することが明らかな場合に限られるとするが、被上告人がツイッターの利用者に提供しているサービスの内容やツイッターの利用の実態等を考慮しても、そのように解することはできない。

[130] 前掲東京高判令和２年６月２９日（６頁注５）の上告審判決である。

別添1

令和4年5月現在

「インターネット上の誹謗中傷をめぐる法的問題に関する有識者検討会」委員名簿

（敬称略、五十音順）

委員

	氏名	所属
座長	宍戸　常寿	東京大学大学院法学政治学研究科教授
	曽我部　真裕	京都大学大学院法学研究科教授
	橋本　佳幸	京都大学大学院法学研究科教授
	巻　美矢紀	上智大学大学院法学研究科教授
	森　亮二	弁護士（第一東京弁護士会所属）
	森田　宏樹	東京大学大学院法学政治学研究科教授

関係省庁等

（法務省）

氏名	所属
唐澤　英城	法務省人権擁護局参事官
日下部　祥史	法務省人権擁護局付
佐藤　しずほ	法務省人権擁護局付
竹田　御眞木	法務省人権擁護局総務課人権擁護支援官

（総務省）

氏名	所属
小川　久仁子	総務省総合通信基盤局電気通信事業部消費者行政第二課長
池田　光翼	総務省総合通信基盤局電気通信事業部消費者行政第二課課長補佐

（最高裁判所）

氏名	所属
岩井　一真	最高裁判所事務総局民事局第一課長
池本　拓馬	最高裁判所事務総局民事局付

別添２

「インターネット上の誹謗中傷をめぐる法的問題に関する有識者検討会」開催状況

第１回　令和３年４月２７日
　○論点整理
第２回　令和３年５月１８日
　○論点整理
第３回　令和３年６月２１日
　○論点１：違法性及び差止請求の判断基準や判断の在り方
第４回　令和３年７月２１日
　○論点１：違法性及び差止請求の判断基準や判断の在り方
第５回　令和３年８月３１日
　○論点１：違法性及び差止請求の判断基準や判断の在り方
　○論点２：ＳＮＳ等における「なりすまし」
第６回　令和３年９月２４日
　○論点２：ＳＮＳ等における「なりすまし」
　○論点３：インターネット上の表現行為の特徴に関する法的諸問題
第７回　令和３年１０月１８日
　○論点３：インターネット上の表現行為の特徴に関する法的諸問題
　○論点４：個別には違法性を肯定し難い大量の投稿
　○論点５：集団に対するヘイトスピーチ
第８回　令和３年１１月２４日
　○論点５：集団に対するヘイトスピーチ
　○論点６：識別情報の摘示
第９回　令和３年１２月１３日
　○論点７：その他
　○中間取りまとめ（案）
第１０回　令和３年１２月２３日
　○中間取りまとめ（案）
第１１回　令和４年３月７日
　○取りまとめに向けた論点整理
第１２回　令和４年３月２４日
　○論点１：違法性及び差止請求の判断基準や判断の在り方
　○論点２：ＳＮＳ等における「なりすまし」
　○論点３：インターネット上の表現行為の特徴に関する法的諸問題
第１３回　令和４年４月１４日
　○論点４：個別には違法性を肯定し難い大量の投稿
　○論点５：集団に対するヘイトスピーチ
　○論点６：識別情報の摘示
　○論点７：その他
第１４回　令和４年５月１６日
　○取りまとめ（案）

別添２

第１５回　令和４年５月２４日
　〇取りまとめ（案）

〈参考判例〉

※【 】内で示す頁番号は、本書の頁番号ではなく、「取りまとめ」本文の頁番号（各頁下部に表記されるもの）を指す。

最決平成29年1月31日民集71巻1号63頁（Google検索結果削除請求事件）

【取りまとめ5〜9、27〜33頁】

主　　　文

本件抗告を棄却する。

抗告費用は抗告人の負担とする。

理　　　由

抗告代理人神田知宏の抗告理由について

一　記録によれば、本件の経緯は次のとおりである。

(1)　抗告人は、児童買春をしたとの被疑事実に基づき、平成26年法律第79号による改正前の児童買春、児童ポルノに係る行為等の処罰及び児童の保護等に関する法律違反の容疑で平成23年11月に逮捕され、同年12月に同法違反の罪により罰金刑に処せられた。抗告人が上記容疑で逮捕された事実（以下「本件事実」という。）は逮捕当日に報道され、その内容の全部又は一部がインターネット上のウェブサイトの電子掲示板に多数回書き込まれた。

(2)　相手方は、利用者の求めに応じてインターネット上のウェブサイトを検索し、ウェブサイトを識別するための符号であるURLを検索結果として当該利用者に提供することを業として行う者（以下「検索事業者」という。）である。

相手方から上記のとおり検索結果の提供を受ける利用者が、抗告人の居住する県の名称及び抗告人の氏名を条件として検索すると、当該利用者に対し、原々決定の引用する仮処分決定別紙検索結果一覧表のウェブサイトにつき、URL並びに当該ウェブサイトの表題及び抜粋（以下「URL等情報」と総称する。）が提供されるが、この中には、本件事実等が書き込まれたウェブサイトのURL等情報（以下「本件検索結果」という。）が含まれる。

二　本件は、抗告人が、相手方に対し、人格権ないし人格的利益に基づき、本件検索結果の削除を求める仮処分命令の申立てをした事案である。

三(1)　個人のプライバシーに属する事実をみだりに公表されない利益は、法的保護の対象となるというべきである（最高裁昭和52年（オ）第323号同56年4月14日第三小法廷判決・民集35巻3号620頁、最高裁平成元年（オ）第1649号同6年2月8日第三小法廷判決・民集48巻2号149頁、最高裁平成13年（オ）第851号、同年（受）第837号同14年9月24日第三小法廷判決・裁判集民事207号243頁、最高裁平成12年（受）第1335号同15年3月14日第二小法廷判決・民集57巻3号229頁、最高裁平成14年（受）第1656号同15年9月12日第二小法廷判決・民集57巻8号973頁参照）。他方、検索事業者は、インターネット上のウェブサイトに掲載されている情報を網羅的に収集してその複製を保存し、同複製を基にした索引を作成するなどして情報を整理し、利用者から示された一定の条件に対応する情報を同索引に基づいて検索結果として提供するものであるが、この情報の収集、整理及び提供はプログラムにより自動的に行われるものの、同プログラムは検索結果の提供に関する検索事業者の方針に沿った結果を得ることができるように作成されたものであるから、検索結果の提供は検索事業者自身による表現行為という側面を有する。また、検索事業者による検索結果の提供は、公衆が、インターネット上に情報を発信したり、インターネット上の膨大な量の情報の中から必要なものを入手したりすることを支援するものであり、現代社会においてインターネット上の情報流通の基盤として大きな役割を果たしている。そして、検索事業者による特定の検索結果の提供行為が違法とされ、その削除を余儀なくされるということは、上記方針に沿った一貫性を有する表現行為の制約であることはもとより、検索結果の提供を通じて果たされている上記役割に対する制約でもあるといえる。

以上のような検索事業者による検索結果の提供行為の性質等を踏まえると、検索事業者が、ある者に関する条件による検索の求めに応じ、その者のプライバシーに属する事実を含む記事等が掲載されたウェブサイトのURL等情報を検索結果の一部として提供する行為が違法となるか否かは、当該事実の性質及び内容、当該URL等情報が提供されることによってその者のプライバシーに属する事実が伝達される範囲とその者が被る具体的被害の程度、その者の社会的地位や影響力、上記記事等の目的や意義、上記記事等が掲載された時の社会的状況とその後の変化、上記記事等において当該事実を記載する必要性など、当該事実を公表されない法的利益と当該URL等情報を検索結果として提供する理由に関する諸事情を比較衡量して判断すべきもので、その結果、当該事実を公表されない法的利益が優越することが明らかな場合には、検索事業者に対し、当該URL等情報を検索結果から削除することを求めることができるものと解するのが相当である。

(2) これを本件についてみると、抗告人は、本件検索結果に含まれるURLで識別されるウェブサイトに本件事実の全部又は一部を含む記事等が掲載されているとして本件検索結果の削除を求めているところ、児童買春をしたとの被疑事実に基づき逮捕されたという本件事実は、他人にみだりに知られたくない抗告人のプライバシーに属する事実であるものではあるが、児童買春が児童に対する性的搾取及び性的虐待と位置付けられており、社会的に強い非難の対象とされ、罰則をもって禁止されていることに照らし、今なお公共の利害に関する事項であるといえる。また、本件検索結果は抗告人の居住する県の名称及び抗告人の氏名を条件とした場合の検索結果の一部であることなどからすると、本件事実が伝達される範囲はある程度限られたものであるといえる。

以上の諸事情に照らすと、抗告人が妻子と共に生活し、前記一(1)の罰金刑に処せられた後は一定期間犯罪を犯すことなく民間企業で稼働していることがうかがわれることなどの事情を考慮しても、本件事実を公表されない法的利益が優越することが明らかであるとはいえない。

四　抗告人の申立てを却下した原審の判断は、是認することができる。論旨は採用することができない。

よって、裁判官全員一致の意見で、主文のとおり決定する。

（裁判長裁判官　岡部喜代子　裁判官　大谷剛彦　裁判官　大橋正春　裁判官　木内道祥　裁判官　山﨑敏充）

最判令和4年6月24日裁判所ウェブサイト参照(令和2年(受)第1442号)(Twitter投稿記事削除請求事件)

【取りまとめ7～8、27～33、98頁】

主　　　文

原判決を破棄する。

被上告人の控訴を棄却する。

控訴費用及び上告費用は、被上告人の負担とする。

理　　　由

上告代理人田中一哉の上告受理申立て理由について

1　本件は、上告人が、ツイッター（インターネットを利用してツイートと呼ばれる140文字以内のメッセージ等を投稿することができる情報ネットワーク）のウェブサイトに投稿された第1審判決別紙投稿記事目録記載5から16まで、18及び19の各ツイート（以下「本件各ツイート」という。）により、上告人のプライバシーに属する事実をみだりに公表されない利益等が侵害されていると主張して、ツイッターを運営する被上告人に対し、人格権ないし人格的利益に基づき、本件各ツイートの削除を求める事案である。

2　原審の適法に確定した事実関係等の概要は、次のとおりである。

(1)　上告人は、平成24年4月、旅館の女性用浴場の脱衣所に侵入したとの被疑事実で逮捕された。上告人は、同年5月、建造物侵入罪により罰金刑に処せられ、同月、その罰金を納付した。

(2)　上告人が上記被疑事実で逮捕された事実（以下「本件事実」という。）は、逮捕当日に報道され、その記事が複数の報道機関のウェブサイトに掲載された。

同日、ツイッター上の氏名不詳者らのアカウントにおいて、本件各ツイートがされた。本件各ツイートは、いずれも上記の報道記事の一部を転載して本件事実を摘示するものであり、そのうちの一つを除き、その転載された報道記事のウェブページへのリンクが設定されたものであった。なお、報道機関のウェブサイトにおいて、本件各ツイートに転載された報道記事はいずれも既に削除されている。

(3)　上告人は、上記の逮捕の時点では会社員であったが、現在は、その父が営む事業の手伝いをするなどして生活している。また、上告人は、上記逮捕の数年後に婚姻したが、配偶者に対して本件事実を伝えていない。

(4)　ツイッターは、世界中で極めて多数の人々が利用しており、膨大な数のツイートが投稿されている。ツイッターには、利用者の入力した条件に合致するツイートを検索する機能が備えられており、利用者が上告人の氏名を条件としてツイートを検索すると、検索結果として本件各ツイートが表示される。

3　原審は、上記事実関係の下において、要旨次のとおり判断して、上告人の請求を棄却した。

被上告人がツイッターの利用者に提供しているサービスの内容やツイッターの利用の実態等に照らすと、上告人が被上告人に対して本件各ツイートの削除を求めることができるのは、上告人の本件事実を公表されない法的利益と本件各ツイートを一般の閲覧に供し続ける理由に関する諸事情を比較衡量した結果、上告人の本件事実を公表されない法的利益が優越することが明らかな場合に限られると解するのが相当であるところ、上告人の本件事実を公表されない法的利益が優越することが明らかであるとはいえない。

4　しかしながら、原審の上記判断は是認することができない。その理由は、次のとおりである。

(1)　個人のプライバシーに属する事実をみだりに公表されない利益は、法的保護の対象となるというべきであり、このような人格的価値を侵害された者は、人格権に基づき、加害者に対し、現に行われている侵害行為を排除し、又は将来生ずべき侵害を予防するため、侵害行為の差止めを求めることができるものと解される（最高裁平成13年（オ）第851号、同年（受）第837号同14年9月24日第三小法廷判決・裁判集民事207号243頁、最高裁平成28年（許）第45号同29年1月31日第三小法廷決定・民集71巻1号63頁参照)。そして、ツイッターが、その利用者に対し、情報発信の場やツイートの中から必要な情報を入手する手段を提供するなどしていることを踏まえると、上告人が、本件各ツイートにより上告人のプライバシーが侵害されたとして、ツイッターを運営して本件各ツイートを一般の閲覧に供し続ける被上告人に対し、人格権に基づき、本件各ツイートの削除を求めることができるか否かは、本件事実の性質及び内容、本件各ツイートによって本件事実が伝達される範囲と上告人が被る具体的被害の程度、上告人の社会的地位や影響力、本件各ツイートの目的や意義、本件各ツイートがされた時の社会的状況とその後の変化など、上告人の本件事実を公表されない法的利益と本件各ツイートを一般の閲覧に供し続ける理由に関する諸事情を比較衡量して判断すべきもので、その結果、上告人の本件事実を公表されない法的利益が本件各ツイートを一般の閲覧に供し続ける理由に優越する場合には、本件各ツイートの削除を求めることができるものと解するのが相当である。原審は、上告人が被上告人に対して本件各ツイートの削除を求めることができるのは、上告人の本件事実を公表されない法的利益が優越することが明らかな場合に限られるとするが、被上告人がツイッターの利用者に提供しているサービスの内容やツイッターの利用の実態等を考慮しても、そのように解することはできない。

(2)　本件事実は、他人にみだりに知られたくない上告人のプライバシーに属する事実である。他方で、本件事実は、不特定多数の者が利用する場所において行われた軽微とはいえない犯罪事実に関するものとして、本件各ツイートがされた時点においては、公共の利害に関する事実であったといえる。しかし、上告人の逮捕から原審の口頭弁論終結時まで約8年が経過し、上告人が受けた刑の言渡しはその効力を失っており(刑法34条の2第1項後段)、本件各ツイートに転載された報道記事も既に削除されていることなどからすれば、本件事実の公共の利害との関わりの程度は小さくなってきている。また、本件各ツイートは、上告人の逮捕当日にされたものであり、140文字という字数制限の下で、上記報道記事の一部を転載して本件事実を摘示したものであって、ツイッターの利用者に対して本件事実を速報することを目的としてされたものとうかがわれ、長期間にわたって閲覧され続けることを想定してされたものであるとは認め難い。さらに、膨大な数に上るツイートの中で本件各ツイートが特に注目を集めているといった事情はうかがわれないものの、上告人の氏名を条件としてツイートを検索すると検索結果として本件各ツイートが表示されるのであるから、本件事実を知らない上告人と面識のある者に本件事実が伝達される可能性が小さいとはいえない。加えて、上告人は、その父が営む事業の手伝いをするなどして生活している者であり、公的立場にある者ではない。

以上の諸事情に照らすと、上告人の本件事実を公表されない法的利益が本件各ツイートを一般の閲覧に供し続ける理由に優越するものと認めるのが相当である。したがって、上告人は、被上告人に対し、本件各ツイートの削除を求めることができる。

5　以上と異なる原審の判断には、判決に影響を及ぼすことが明らかな法令の違反がある。論旨はこの趣旨をいうものとして理由があり、原判決は破棄を免れない。そして、以上に説示したところによれば、上告人の請求を認容した第１審判決（なお、第１審判決主文第１項中、同判決別紙投稿記事目録記載１から４まで及び17の各ツイートの削除を命ずる部分は、上告人が原審においてした訴えの一部取下げにより失効している。）は正当であるから、被上告人の控訴を棄却すべきである。

よって、裁判官全員一致の意見で、主文のとおり判決する。なお、裁判官草野耕一の補足意見がある。

裁判官草野耕一の補足意見は、次のとおりである。

私は法廷意見に賛成するものであるが、そう考えるに至った趣旨につき補足して意見を述べておきたい。

1　プライバシーの侵害については、個人のプライバシーに属する事実をみだりに公表されない法的利益と当該事実を一般の閲覧に供し続ける理由に関する諸事情とを比較衡量し、前者が後者に優越する場合には侵害行為の差止めを求めることができると解するのが相当である。そこで、この比較衡量を、本事件に則して、以下、仔細に行ってみたいと思う。

(1)　上告人の本件事実を公表されない法的利益

本件各ツイートが上告人のプライバシーを侵害していることは明らかである。確かに、本件事実は上告人自らが引き起こした犯罪に関するものではあるが、有罪判決を受けた者は、その後、一市民として社会に復帰することを期待されており、前科等に関する事実の公表によって、新しく形成している社会生活の平穏を害され、その更生を妨げられることのない利益を有している（最高裁平成元年（オ）第1649号同６年２月８日第三小法廷判決・民集48巻２号149頁参照）。したがって、既に略式命令によって科された10万円の罰金を完納し、その後は一市民として健全な生活を送ってきた上告人にとって、本件各ツイートが削除されることによって生活の平穏を取り戻し得ることは法的保護に値する重大な利益といえる。なお、この点に関して、原判決は、ツイッターの検索機能の利用頻度はGoogleなどに比べて高くないことを理由として、「(上告人）が具体的被害を受ける可能性は低下している」などと述べているが、家族や知人が本件各ツイートをいつ見るかもしれないと危惧し続けることによって平穏な暮らしを妨げられている上告人の不利益がツイッターの検索機能が弱いという理由によって甘受し得る程度のものに減少するとは考え難い。

(2)　本件各ツイートを一般の閲覧に供し続ける理由

最初に考えるべきことは、本件各ツイートは社会的出来事に対する報道に関するものであると評価し得るところ、報道は一回の伝達行為によってその目的を全うし得るものではなく、報道内容に対して継続的なアクセスを可能とすることによってその価値を高め得るという点であろう（以下、この付加価値を「報道の保全価値」という。）。しかしながら、犯罪者が政治家等の公的立場にある者である場合は格別（本件はそのような事案ではない。）、犯罪者の氏名等は、原則として、犯罪事件の社会的意義に影響を与える情報ではない。よって、犯罪者の特定を可能とするこのような情報を、保全されるべき報道内容から排除しても報道の保全価値が損なわれることはほとんどないといってよいであろう。したがって、犯罪者が公的立場にあるわけではない場合において、なお、犯罪者を特定できる情報を含む犯罪報道（以下、これを「実名報道」という。）を継続することに社会的意義があるとすれば、それは、実名報道をすること自体によって報道の保全価値とは異なる独自の効用が生み出される場合があるからであると考えるほかはない。そこで、以下、考え得る実名報道の効用を列挙し、その価値を個別に検討する。

ア　実名報道がもたらす第一の効用は、実名報道の制裁としての働きの中に求めることができる。実名報道に、一般予防、特別予防及び応報感情の充足という制裁に固有の効用があることは否定し難い事実であろう（この効用をもたらす実名報道の機能を、以下、「実名報道の制裁的機能」という。）。しかしながら、犯罪に対する制裁は国家が独占的に行うというのが我が国憲法秩序の下での基本原則であるから、実名報道の制裁的機能が生み出す効用を是認するとしても、その行使はあくまで司法権の発動によってなされる法律上の制裁に対して付加的な限度においてのみ許容されるべきものであろう。したがって、本事件のように、刑の執行が完了し、刑の言渡しの効力もなくなっている状況下において、実名報道の制裁的機能がもたらす効用をプライバシー侵害の可否をはかるうえでの比較衡量の対象となる社会的利益として評価する余地は全くないか、あるとしても僅少である。

イ　実名報道がもたらす第二の効用は、犯罪者の実名を公表することによって、当該犯罪者が他者に対して更なる害悪を及ぼす可能性を減少させ得る点に求めることができる（この効用をもたらす実名報道の機能を、以下、「実名報道の社会防衛機能」という。）。しかしながら、この効用は個人のプライバシーに属する事実をみだりに公表されない利益が法的保護の対象となるとする価値判断と原則的に相容れない側面を有している。なぜならば、人が社会の中で有効に自己実現を図っていくためには自己に関する情報の対外的流出をコントロールし得ることが不可欠であり、この点こそがプライバシーが保護されるべき利益であることの中核的理由の一つと考えられるからである。したがって、実名報道の社会防衛機能がもたらす効用をプライバシー侵害の可否をはかるうえでの比較衡量の対象となる社会的利益として評価し得ることがあるとしても、それは、再犯可能性を危惧すべき具体的理由がある場合や凶悪事件によって被害を受けた者（又はその遺族）のトラウマが未だ癒されていない場合、あるいは、犯罪者が公職に就く現実的可能性がある場合など、しかるべき事情が認められる場合に限られると解するのが相当であるところ、本事件にはそのような事情は見出し難い。

ウ　第三に、実名報道がなされることにより犯罪者やその家族が受けるであろう精神的ないしは経済的苦しみを想像することに快楽を見出す人の存在を指摘せねばならない。人間には他人の不幸に嗜虐的快楽を覚える心性があることは不幸な事実であり（わが国には、古来「隣りの不幸は蜜の味」と嘯くことを許容するサブカルチャーが存在していると説く社会科学者もいる。）、実名報道がインターネット上で拡散しやすいとすれば、その背景にはこのような人間の心性が少なからぬ役割を果たしているように思われる（この心性ないしはそれがもたらす快楽のことを社会科学の用語を使って、以下、「負の外的選好」といい、負の外的選好をもたらす実名報道の機能を、以下、「実名報道の外的選好機能」という。）。しかしながら、負の外的選好が、豊かで公正で寛容な社会の形成を妨げるものであることは明白であり、そうである以上、実名報道がもたらす負の外的選好をもってプライバシー侵害の可否をはかるうえでの比較衡量の対象となる社会的利益と考えることはできない（なお、実名報道の外的選好機能は国民の応報感情を充足させる限度において一定の社会的意義を有しているといえなくもないが、この点については、実名報道の制裁機能の項において既に斟酌されている。)。

2　以上によれば、本件各ツイートの記述のうち、まず、上告人の氏名等の犯罪者を特定できる情報を記した部分に関しては、上記情報を公表されない法的利益が上記部分を一般の閲覧に供し続ける理由に優越すると直ちに結論付けることができる。さらに、法廷意見で述べたとおり、本件各ツイートは140文字という限られた字数の中で本件事実を速報することを目的としてなされたものであるとうかがわれること等に鑑みるならば、現時点においては、本件各ツイートの記述全部に関しても、上告人の本件事実を公表されない法的利益が本件各ツイートを一般の閲覧に供し続ける理由に優越しているといえるであろう。よって、私は、法廷意見に賛成する次第である。

（裁判長裁判官　草野耕一　裁判官　菅野博之　裁判官　三浦 守　裁判官　岡村和美）

最大判昭和61年6月11日民集40巻4号872頁（北方ジャーナル事件）

【取りまとめ5、10～19、24頁】

主　　　文

本件上告を棄却する。

上告費用は上告人の負担とする。

理　　　由

一　上告人の上告理由第一点(4)について

憲法二一条二項前段は、検閲の絶対的禁止を規定したものであるから（最高裁昭和五七年（行ツ）第一五六号同五九年一二月一二日大法廷判決・民集三八巻一二号一三〇八頁)、他の論点に先立つて、まず、この点に関する所論につき判断する。

憲法二一条二項前段にいう検閲とは、行政権が主体となつて、思想内容等の表現物を対象とし、その全部又は一部の発表の禁止を目的として、対象とされる一定の表現物につき網羅的一般的に、発表前にその内容を審査したうえ、不適当と認めるものの発表を禁止することを、その特質として備えるものを指すと解すべきことは、前掲大法廷判決の判示するところである。ところで、一定の記事を掲載した雑誌その他の出版物の印刷、製本、販売、頒布等の仮処分による事前差止めは、裁判の形式によるとはいえ、口頭弁論ないし債務者の審尋を必要的とせず、立証についても疎明で足りるとされているなど簡略な手続によるものであり、また、いわゆる満足的仮処分として争いのある権利関係を暫定的に規律するものであつて、非訟的な要素を有することを否定することはできないが、仮処分による事前差止めは、表現物の内容の網羅的一般的な審査に基づく事前規制が行政機関によりそれ自体を目的として行われる場合とは異なり、個別的な私人間の紛争について、司法裁判所により、当事者の申請に基づき差止請求権等の私法上の被保全権利の存否、保全の必要性の有無を審理判断して発せられるものであつて、右判示にいう「検閲」には当たらないものというべきである。したがつて、本件において、札幌地方裁判所が被上告人Aの申請に基づき上告人発行の「ある権力主義者の誘惑」と題する記事（以下「本件記事」という。）を掲載した月刊雑誌「北方ジヤーナル」昭和五四年四月号の事前差止めを命ずる仮処分命令（以下「本件仮処分」という。）を発したことは「検閲」に当たらない、とした原審の判断は正当であり、論旨は採用することができない。

二　上告人のその余の上告理由について

1　論旨は、本件仮処分は、「検閲」に当たらないとしても、表現の自由を保障する憲法二一条一項に違反する旨主張するので、以下に判断する。

㈠　所論にかんがみ、事前差止めの合憲性に関する判断に先立ち、実体法上の差止請求権の存否について考えるのに、人の品性、徳行、名声、信用等の人格的価値について社会から受ける客観的評価である名誉を違法に侵害された者は、損害賠償（民法七一〇条）又は名誉回復のための処分（同法七二三条）を求めることができるほか、人格権としての名誉権に基づき、加害者に対し、現に行われている侵害行為を排除し、又は将来生ずべき侵害を予防するため、侵害行為の差止めを求めることができるものと解するのが相当である。けだし、名誉は生命、身体とともに極めて重大な保護法益であり、人格権としての名誉権は、物権の場合と同様に排他性を有する権利というべきであるからである。

㈡　しかしながら、言論、出版等の表現行為により名誉侵害を来す場合には、人格権としての個人の名誉の保護（憲法一三条）と表現の自由の保障（同二一条）とが衝突し、その調整を要することとなるので、いかなる場合に侵害行為としてその規制が許されるかについて憲法上慎重な考慮が必要である。

主権が国民に属する民主制国家は、その構成員である国民がおよそ一切の主義主張等を表明するとともにこれらの情報を相互に受領することができ、その中から自由な意思をもつて自己が正当と信ずるものを採用することにより多数意見が形成され、かかる過程を通じて国政が決定されることをその存立の基礎としているのであるから、表現の自由、とりわけ、公共的事項に関する表現の自由は、特に重要な憲法上の権利として尊重されなければならないものであり、憲法二一条一項の規定は、その核心においてかかる趣旨を含むものと解される。もとより、右の規定も、あらゆる表現の自由を無制限に保障しているものではなく、他人の名誉を害する表現は表現の自由の濫用であつて、これを規制することを妨げないが、右の趣旨にかんがみ、刑事上及び民事上の名誉毀損に当たる行為についても、当該行為が公共の利害に関する事実にかかり、その目的が専ら公益を図るものである場合には、当該事実が真実であることの証明があれば、右行為には違法性がなく、また、真実であることの証明がなくても、行為者がそれを真実であると誤信したことについて相当の理由があるときは、右行為には故意又は過失がないと解すべく、これにより人格権としての個人の名誉の保護と表現の自由の保障との調和が図られているものであることは、当裁判所の判例とするところであり（昭和四一年（あ）第二四七二号同四四年六月二五日大法廷判決・刑集二三巻七号九七五頁、昭和三七年（オ）第八一五号同四一年六月二三日第一小法廷判決・民集二〇巻五号一一一八頁参照）、このことは、侵害行為の事前規制の許否を考察するに当たつても考慮を要するところといわなければならない。

㈢　次に、裁判所の行う出版物の頒布等の事前差止めは、いわゆる事前抑制として憲法二一条一項に違反しないか、について検討する。

⑴　表現行為に対する事前抑制は、新聞、雑誌その他の出版物や放送等の表

現物がその自由市場に出る前に抑止してその内容を読者ないし聴視者の側に到達させる途を閉ざし又はその到達を遅らせてその意義を失わせ、公の批判の機会を減少させるものであり、また、事前抑制たることの性質上、予測に基づくものとならざるをえないこと等から事後制裁の場合よりも広汎にわたり易く、濫用の虞があるうえ、実際上の抑止的効果が事後制裁の場合より大きいと考えられるのであつて、表現行為に対する事前抑制は、表現の自由を保障し検閲を禁止する憲法二一条の趣旨に照らし、厳格かつ明確な要件のもとにおいてのみ許容されうるものといわなければならない。

出版物の頒布等の事前差止めは、このような事前抑制に該当するものであつて、とりわけ、その対象が公務員又は公職選挙の候補者に対する評価、批判等の表現行為に関するものである場合には、そのこと自体から、一般にそれが公共の利害に関する事項であるということができ、前示のような憲法二一条一項の趣旨（前記㈡参照）に照らし、その表現が私人の名誉権に優先する社会的価値を含み憲法上特に保護されるべきであることにかんがみると、当該表現行為に対する事前差止めは、原則として許されないものといわなければならない。ただ、右のような場合においても、その表現内容が真実でなく、又はそれが専ら公益を図る目的のものでないことが明白であつて、かつ、被害者が重大にして著しく回復困難な損害を被る虞があるときは、当該表現行為はその価値が被害者の名誉に劣後することが明らかであるうえ、有効適切な救済方法としての差止めの必要性も肯定されるから、かかる実体的要件を具備するときに限つて、例外的に事前差止めが許されるものというべきであり、このように解しても上来説示にかかる憲法の趣旨に反するものとはいえない。

(2)　表現行為の事前抑制につき以上説示するところによれば、公共の利害に関する事項についての表現行為に対し、その事前差止めを仮処分手続によつて求める場合に、一般の仮処分命令手続のように、専ら迅速な処理を旨とし、口頭弁論ないし債務者の審尋を必要的とせず、立証についても疎明で足りるものとすることは、表現の自由を確保するうえで、その手続的保障として十分であるとはいえず、しかもこの場合、表現行為者側の主たる防禦方法は、その目的が専ら公益を図るものであることと当該事実が真実であることとの立証にあるのである（前記㈡参照）から、事前差止めを命ずる仮処分命令を発するについては、口頭弁論又は債務者の審尋を行い、表現内容の真実性等の主張立証の機会を与えることを原則とすべきものと解するのが相当である。ただ、差止めの対象が公共の利害に関する事項についての表現行為である場合においても、口頭弁論を開き又は債務者の審尋を行うまでもなく、債権者の提出した資料によつて、その表現内容が真実でなく、又はそれが専ら公益を図る目的のものでないことが明白であり、かつ、債権者が重大にして著しく回復困難な損害を被る虞があると認められるときは、口頭弁論又は債務者の審尋を経ないで差止めの仮処分命令を発したとしても、憲法二一条の前示の趣旨に反するものということはできない。けだし、右のような要件を具備する場合に限つて無審尋の差止めが認められるとすれば、債務者に主張立証の機会を与えないことによる実害はないといえるからであり、また、一般に満足的仮処分の決定に対しては債務者は異議の申立てをするとともに当該仮処分の執行の停止を求めることもできると解される（最高裁昭和二三年（マ）第三号同年三月三日第一小法廷決定・民集二巻三号六五頁、昭和二五年（ク）第四三号同年九月二五日大法廷決定・民集四巻九号四三五頁参照）から、表現行為者に対しても迅速な救済の途が残されているといえるのである。

2　以上の見地に立つて、本件をみると、

㈠　原審の適法に確定した事実関係の概要は、次のとおりである。

⑴　被上告人Aは、昭和三八年五月から同四九年九月までの間、旭川市長の地位にあり、その後同五〇年四月の北海道知事選挙に立候補し、更に同五四年四月施行予定の同選挙にも同年二月の時点で立候補する予定であつた。

⑵　上告人代表者は、本件記事の原稿を作成し、上告人はこれを昭和五四年二月二三日頃発売予定の本件雑誌（同年四月号、予定発行部数第一刷二万五〇〇〇部）に掲載することとし、同年二月八日校了し、印刷その他の準備をしていた。本件記事は、北海道知事たる者は聡明で責任感が強く人格が清潔で円満でなければならないと立言したうえ、被上告人Aは右適格要件を備えていないとの論旨を展開しているところ、同被上告人の人物論を述べるに当たり、同被上告人は、「嘘と、ハツタリと、カンニングの巧みな」少年であつたとか、「A（中略）のようなゴキブリ共」「言葉の魔術者であり、インチキ製品を叩き売つている（政治的な）大道ヤシ」「天性の嘘つき」「美しい仮面にひそむ、醜悪な性格」「己れの利益、己れの出世のためなら、手段を選ばないオポチユニスト」「メス犬の尻のような市長」「Aの素顔は、昼は人をたぶらかす詐欺師、夜は闇に乗ずる凶賊で、云うならばマムシの道三」などという表現をもつて同被上告人の人格を評し、その私生活につき、「クラブ（中略）のホステスをしていた新しい女（中略）を得るために、罪もない妻を卑劣な手段を用いて離別し、自殺せしめた」とか「老父と若き母の寵愛をいいことに、異母兄たちを追い払」つたことがあると記し、その行動様式は「常に保身を考え、選挙を意識し、極端な人気とり政策を無計画に進め、市民に奉仕することより、自己宣伝に力を強め、利権漁りが巧みで、特定の業者とゆ着して私腹を肥やし、汚職を蔓延せしめ」「巧みに法網をくぐり逮捕はまぬかれ」ており、知事選立候補は「知事になり権勢をほしいままにするのが目的である。」とする内容をもち、同被上告人は「北海道にとつて真に無用有害な人物であり、社会党が本当に革新の旗を振るなら、速やかに知事候補を変えるべきであろう。」と主張するものであり、また、標題にそえ、本文に先立つて「いま北海道の大地にAという名の妖怪が蠢めいている　昼は蝶に、夜は毛虫に変身して赤レンガに棲みたいと啼く　その毒気は人々を惑乱させる。今こそ、この化物の正体を……」との文章を記すことになつていた。

⑶　被上告人Aの代理人弁護士菅沼文雄らは、昭和五四年二月一六日札幌地方裁判所に対し、債権者を同被上告人、債務者を上告人及び山藤印刷株式会社とし、名誉権の侵害を予防するとの理由で本件雑誌の執行官保管、その印刷、製本及び販売又は頒布の禁止等を命ずる第一審判決添付の主文目録と同旨の仮処分決定を求める仮処分申請をした。札幌地方裁判所裁判官は、同日、右仮処分申請を相当と認め、右主文目録記載のとおりの仮処分決定をし

た。その後、札幌地方裁判所執行官においてこれを執行した。

㈡ 右確定事実によれば、本件記事は、北海道知事選挙に重ねて立候補を予定していた被上告人Aの評価という公共的事項に関するもので、原則的には差止めを許容すべきでない類型に属するものであるが、前記のような記事内容・記述方法に照らし、それが同被上告人に対することさらに下品で侮辱的な言辞による人身攻撃等を多分に含むものであつて、到底それが専ら公益を図る目的のために作成されたものということはできず、かつ、真実性に欠けるものであることが本件記事の表現内容及び疎明資料に徴し本件仮処分当時においても明らかであつたというべきところ、本件雑誌の予定発行部数（第一刷）が二万五〇〇〇部であり、北海道知事選挙を二か月足らず後に控えた立候補予定者である同被上告人としては、本件記事を掲載する本件雑誌の発行によつて事後的には回復しがたい重大な損失を受ける虞があつたということができるから、本件雑誌の印刷、製本及び販売又は頒布の事前差止めを命じた本件仮処分は、差止請求権の存否にかかわる実体面において憲法上の要請をみたしていたもの（前記1㈢⑴参照）というべきであるとともに、また、口頭弁論ないし債務者の審尋を経たものであることは原審の確定しないところであるが、手続面においても憲法上の要請に欠けるところはなかつたもの（同⑵参照）ということができ、結局、本件仮処分に所論違憲の廉はなく、右違憲を前提とする本件仮処分申請の違憲ないし違法の主張は、前提を欠く。

3　更に、所論は、原審が、本件記事の内容が名誉毀損に当たるか否かにつき事実審理をせず、また、被上告人Aらの不法に入手した資料に基づいて、本件雑誌の頒布の差止めを命じた本件仮処分を是認したものであるうえ、右資料の不法入手は通信の秘密の不可侵を定めた憲法二一条二項後段に違反するともいうが、記録によれば、原審が事実審理のうえ本件記事の内容が名誉毀損に当たることが明らかである旨を認定判断していることが認められ、また、同被上告人らの資料の不法入手の点については、原審においてその事実は認められないとしており、所論は、原審の認定にそわない事実に基づく原判決の非難にすぎないというほかない。

4　したがつて、以上と同趣旨の原審の判断は、正当として是認することができ、その過程に所論の違憲、違法はないものというべきである。論旨は、採用することができない。

よつて、民訴法三九六条、三八四条、九五条、八九条に従い、裁判官伊藤正己、同大橋進、同牧圭次、同長島敦の補足意見、裁判官谷口正孝の意見があるほか、裁判官全員一致の意見で、主文のとおり判決する。

裁判官伊藤正己の補足意見は、次のとおりである。

私は、多数意見に示された結論とその理由についてともに異論がなく、これに同調するものであるが、本件は、表現行為に対して裁判所の行う事前の規制にかかわる憲法上の重要な論点を提起するものであるから、それが憲法によつて禁止されるものであるかどうか、また憲法上許容されうるとしてもその許否を判断する基準をどこに求めるか、というこの問題の実体的側面を中心として、私の考えるところを述べて、多数意見を補足することとしたい。

一　多数意見の説示するとおり、当裁判所は、憲法二一条二項前段に定める検閲とは、行政権が主体となつて、思想内容等の表現物を対象とし、その全部又は一部の発表の禁止を目的として、対象とされる一定の表現物について網羅的一般的に、発表前にその内容を審査したうえ、不適当と認めるものの発表を禁止することを、その特質として備えるものを指すと解し、「検閲」を右のように古くから典型的な検閲と考えられてきたものに限定するとともに、それは憲法上絶対的に禁止されるものと判示している（昭和五七年（行ツ）第一五六号同五九年一二月一二日大法廷判決・民集三八巻一二号一三〇八頁）。この見解は、憲法の定める検閲の意味を狭く限定するものであるが、憲法によるその禁止に例外を認めることなく、およそ「検閲」に該当するとされるかぎり憲法上許容される余地がないという厳格な解釈と表裏をなすものであつて、妥当な見解であるといつてよいと思われる。

しかし、右の判示は、表現行為に対する公権力による事前の規制と考えられるもののすべてが「検閲」に当たるという理由によつて憲法上許されないと解することはできない、とするものであつて、一般に表現行為に対する事前の規制が表現の自由を侵害するおそれのきわめて大であることにかんがみると、憲法の規定する「検閲」の絶対的禁止には、憲法上事前の規制一般について消極的な評価がされているという趣旨が含まれていることはいうまでもないところであろう。そして、このような趣旨は、表現の自由を保障する憲法二一条一項の解釈のうちに、当然に生かされなければならないものと考える。もとより、これは同項による憲法上の規律の問題であつて、同条二項前段のような絶対的禁止のそれではないから、事前の抑制であるという一事をもつて直ちに違憲の烙印を押されるものではないが、それが許容されるかどうかについての判断基準の設定においては、厳格な要件が求められることとなるのである。

そもそも表現の自由の制約の合憲性を考えるにあたつては、他の人権とくに経済的な自由権の制約の場合と異なつて、厳格な基準が適用されるのであるが（最高裁昭和四五年（あ）第二三号同四七年一一月二二日大法廷判決・刑集二六巻九号五七六頁、昭和四三年（行ツ）第一二〇号同五〇年四月三〇日大法廷判決・民集二九巻四号五七二頁参照）、同じく表現の自由を制約するものの中にあつても、とりわけ事前の規制に関する場合には、それが合憲とされるためにみたすべき基準は、事後の制裁の場合に比していつそう厳しいものとならざるをえないと解される。当裁判所は、すでに、法律の規制により表現の自由が不当に制限されるという結果を招くことがないよう配慮する必要があるとしつつ、「事前規制的なものについては特に然りというべきである」と判示している（前記昭和五九年一二月一二日大法廷判決）。これは、表現の自由を規制する法律の規定の明確性に関連して論じたものではあるが、表現の自由の規制一般について妥当する考え方であると思われる。もとより、事前の規制といつても多様なものがあるから、これを画一的に判断する基準を設定することは困難であるし、画一的な基準はむしろ適切とはいえない。私は、この場合には、当該事前の規制の性質や機能と右に示された「検閲」のもつ性質や機能との異同の程度を図つてみることが有益であろうと考えている。

二　本件で問題とされているのは、表現行為に対する裁判所の仮処分手続による差止めである。これは、行政機関ではなく、司法裁判所によつてされるものであつて、前示のような「検閲」に当たらないことは明らかである。したがつて、それが当然に、憲法によつて禁止されるものに当たるということはできない。しかし、単に規制を行う機関が裁判所であるという一事によつて、直ちにその差止めが「検閲」から程遠いものとするのは速断にすぎるのであつて、問題の検討にあたつては、その実質を考慮する必要がある。「検閲」の大きな特徴は、一般的包括的に一定の表現を事前の規制の枠のうちにとりこみ、手続上も概して密行的に処理され、原則として処分の理由も示されず、この処分を法的に争う手段が存在しないか又はきわめて乏しいところに求められる。裁判所の仮処分は、多数意見も説示するとおり、網羅的一般的な審査を行うものではなく、当事者の申請に基づいて司法的な手続によつて審理判断がされるもので、理由を付して発せられ、さらにそれが発せられたときにも、法的な手続で争う手段が認められているのであつて、単に担当の機関を異にするというだけではなく、その実質もまた「検閲」と異なるものというべきである。

しかしながら、他面において、裁判所の仮処分による差止めが「検閲」に類似する側面を帯有していることも、否定することはできない。第一に、それは、表現行為が受け手に到達するに先立つて公権力をもつて抑止するものであつて、表現内容の同一のものの再発行のような場合を除いて、差止めをうけた表現は、思想の自由市場、すなわち、いかなる表現も制限なしにもち出され、表現には表現をもつて対抗することが予定されている場にあらわれる機会を奪われる点において、「検閲」と共通の性質をもつている。第二に、裁判所の審査は、表現の外面上の点のみならず、その思想内容そのものにも及ぶのであつて、この点では、当裁判所が、表現物を「容易に判定し得る限りにおいて審査しようとするものにすぎ」ないと判断した税関による輸入品の検査に比しても、「検閲」に近い要素をもつている。第三に、仮の地位を定める仮処分の手続は、司法手続とはいつても非訟的な要素を帯びる手続で、ある意味で行政手続に近似した性格をもつており、またその手続も簡易で、とくに不利益を受ける債務者の意見が聞かれる機会のないこともある点も注意しなければならない。

三　このように考えてくると、裁判所の仮処分による表現行為の事前の差止めは、憲法の絶対的に禁止する「検閲」に当たるものとはいえないが、それと類似するいくつかの面をそなえる事前の規制であるということができ、このような仮処分によつて仮の満足が図られることになる差止請求権の要件についても、憲法の趣旨をうけて相当に厳しい基準によつて判断されなければならないのである。多数意見は、このような考え方に基づくものということができる。私として、以下にこの基準について検討することとしたい。

1　まず考えられるのは、利益較量によつて判断する方法である。およそ人権の制約の合憲性を判断する場合に、その人権とそれに対立する利益との調整が問題となり、そこに利益較量の行われるべきことはいうまでもないところであろう（憲法制定者が制定時においてすでに利益較量を行つたうえでその結論を成文化したと考えられる場合、例えば「検閲」の禁止はそれに当たるが、かかる場合には、ある規制が「検閲」に当たるかどうかは問題となりうるとしても、それに当たるとされる以上絶対的に禁止され、もはや解釈適用の過程で利益較量を行うことは排除されることとなる。しかし、これはきわめて例外的な事例である。）。本件のように、人格権としての名誉権と表現の自由権とが対立する場合、いかに精神的自由の優位を説く立場にあつても、利益較量による調整を図らなければならないことになる。その意味で、判断の過程において利益が較量されるべきこと自体は誤りではない。しかし、利益較量を具体的事件ごとにそこでの諸事情を総合勘案して行うこととすると、それはむしろ基準を欠く判断となり、いずれの利益を優先させる結論に到達するにしても、判断者の恣意に流れるおそれがあり、表現の自由にあつては、それに対する萎縮的効果が大きい。したがつて、合理性の基準をもつて判断してよいときは別として、精神的自由権にかかわる場合には、単に事件ごとに利益較量によつて判断することで足りるとすることなく、この較量の際の指標となるべき基準を求めなければならないと思われる。

表現行為には多種多様のものがあるが、これを類型に分類してそれぞれの類型別に利益較量を行う考え方は、右に述べた事件ごとに個別的に較量を行うのに比して、較量に一定のルールを与え、規制の許される場合を明確化するものであつて、有用な見解であると思われる。本件のような名誉毀損の事案において、その被害者とされる対象の社会的地位を考慮し、例えば公的な人物に対する批判という類型に属するとき、その表現のもつ公益性を重視して判断するのはその一例であるが、この方法によれば、表現の自由と名誉権との調和について相当程度に客観的とみられる判断を確保できることになろう。大橋裁判官の補足意見はこの考え方を支持するものであつて、示唆に富む見解である。そして、このような類型を重視する利益較量を行うならば、本件においては、多数意見と同じ結論になるといえるし、多数意見も、基本的にはこの考え方に共通する立場に立つものといつてもよい。ただ、私見によれば、本件のような事案は別として、一般的に類型別の利益較量によつて判断すべきものとすれば、表現の類型をどのように分類するか、それぞれの類型についてどのような判断基準を採用するか、の点において複雑な問題を生ずるおそれがあり、また、もし類型別の基準が硬直化することになると、妥当な判断を保障しえないうらみがある。そして、何よりも、類型別の利益較量は、表現行為に対する事後の制裁の合憲性を判断する際に適切であるとしても、事前の規制の場合には、まさに、事後ではなく「事前の」規制であることそれ自体を重視すべきものと思われる。ここで表現の類型を考えることも有用ではあるが、かえつて事前の規制である点の考慮を稀薄にするのではあるまいか。

2　つぎに、谷口裁判官の意見に示された「現実の悪意」の基準が考えられる。これは、表現の自由のもつ重要な価値に着目して、その保障を強くする理論であつて、この見解に対して深い敬意を表するものである。そして、同裁判官が本件における多数意見の結論に賛成されることでも明らかなように、この見解をとつても本件において結論は変ることはなく、あえていえば、異なる視角から同じ結論に到達するものといえなくもない。ただ私としては、たとえ公的人物を対象とする名誉毀損の場合に限るとしても、これを事前の規制に対する判断基準として用いることに若干の疑問をもつている。客観的な事実関係から現実の悪意を推認することも可能ではあるが、それが表現行為者の主観に立ち入るものであるだけに、仮処分のような迅速な処理を要する手続において用いる基準として適当でないことも少なくなく、とくに表現行為者の意見を聞くことなしにこの基準を用いることは、妥当性を欠くものと思われる。私は、この基準を、公的な人物に対する名誉毀損に関する事後の制裁を考える場合の判断の指標として、その検討を将来に保留しておきたいと思う。

3　多数意見の採用する基準は、表現の自由と名誉権との調整を図つている実定法規である刑法二三〇条ノ二の規定の趣旨を参酌しながら、表現行為が公職選挙の候補者又は公務員に対する評価批判等に関するものである場合に、それに事前に規制を加えることは裁判所といえども原則として許されないとしつつ、例外的に、表現内容が真実でなく又はそれが専ら公益に関するものでないことが明白であつて、かつ、被害者が重大にして著しく回復困難な損害を被るおそれのある場合に限つて、事前の差止めを許すとするものである。このように、表現内容が明白に真実性を欠き公益目的のために作成されたものでないと判断され、しかも名誉権について事後的には回復し難い重大な損害を生ずるおそれのある場合に、裁判所が事前に差し止めることを許しても、事前の規制に伴う弊害があるということはできず、むしろ、そのような表現行為は価値において名誉権に劣るとみられてもやむをえないというべきであり、このような表現行為が裁判によつて自由市場にあらわれえないものとされることがあつても、憲法に違背するとは考えられない。そして、顕著な明白性を要求する限り、この基準は、谷口裁判官の説かれるように、不確定の要件をもつて表現行為を抑えるもので表現の自由の保障に対する歯止めとなりえない、ということはできないように思われる。

四　以上のような厳格な基準を適用することにすれば、実際上、立証方法が疎明に限定される仮処分によつて表現行為の事前の差止めが許される場合は、著しく制限されることになろう。公的な人物、とりわけ公職選挙の候補者、公務員とくに公職選挙で選ばれる公務員や政治ないし行政のあり方に影響力を行使できる公務員に対する名誉毀損は、本件のような特異な例外的場合を除いて、仮処分によつて事前に差し止めることはできないことになると思われる。私も、名誉権が重要な人権であり、また、名誉を毀損する表現行為が公にされると名誉は直ちに侵害をうけるものであるため、名誉を真に保護するために事前の差止めが必要かつ有効なものであることを否定するものではない。しかし、少なくとも公的な人物を対象とする場合には、表現の自由の価値が重視され、被害者が救済をうけることができるとしても、きわめて限られた例外を除いて、その救済は、事後の制裁を通じてされるものとするほかはないと思われる。なお、わが国において名誉毀損に対する損害賠償は、それが認容される場合においても、しばしば名目的な低額に失するとの非難を受けており、関係者の反省を要することについては、大橋裁判官の補足意見に指摘されるとおりである。またさらに、このような事後の救済手段として、現在認められているよりもいつそう有効適切なものを考える必要があるようにも考えられるが、それは本件のような仮処分による事前の規制の許否とは別個の問題である。

裁判官大橋進の補足意見は、次のとおりである。

一　私は、表現行為に対する差止請求権の成否の判断基準についても、多数意見に賛成するものであるが、その理由について私の考えるところを補足しておくこととしたい。

憲法二一条一項によつて保障されている表現の自由と一三条によつて保障されている個人の名誉は、互いに衝突することがあるのを免れない。しかし、真実を公表し、自己の意見を表明して世論形成に参加する自由が保障されていることは、自由な討論を通じて形成された世論に基づいて政治が行なわれる民主主義社会にとつて欠くことのできない基盤である。憲法二一条一項の規定には、このような表現行為による世論形成への参加の自由を保障する機能があるのであり、この機能がみたされるためには、公共の利害に関する事項については、表現行為をする側において知らせたい事実、表明したい意見を公表する自由が保障されているとともに、表現行為を受け取る側においても知りたい情報に自由に接することのできる機会が保障されていなければならない。また、裁判所が人格権としての名誉権に基づく表現行為の差止請求権の存否を判断して、その事前差止めを命ずることは、本案訴訟による場合はもとより、仮処分による場合であつても、多数意見のいうとおり検閲に当たらないのであるが、検閲を禁止した憲法二一条二項前段の趣旨とするところは、表現の自由との関係においても十分に考慮されなければならない性質のものであり、事前差止めは、当該表現物が公表され読者ないし聴視者がこれに接することのできる状態になる前にその公表自体を差し止めるという点において、すでに極めて重大な問題を含んでいるものといわなければならない。したがつて、たとえ個人の名誉を毀損する表現行為であつても、それが公共の利害に関する事項にかかるものであるときは、個人の名誉の保護よりも表現の自由の保障が優先すべきこととなり、また、その事前差止めは、事後制裁の場合に比較して、実体上も手続上もより厳格な要件のもとにおいてのみ許されるものというべきこととなる。

このような観点から、どのような場合に差止請求権を肯定してよいかについて考えてみると、基本的には、互いに衝突する人格権としての個人の名誉の保護と表現の自由の保障との調和と均衡をどのような点に求めるべきかという問題なのであるが、結局は、当該表現行為により侵害される個人の名誉の価値とその表現行為に含まれている価値とを比較衡量して、そのいずれを優先させるべきかによつて判断すべきものということができよう。そして、比較衡量にあたり考慮の対象となりうる要素としては、表現行為により批判の対象とされた人物の公的性格ないし事実の公共性、表現内容の公益性・真実性、表現行為者の意図、名誉侵害の程度、マス・メデイアの種類・性格などのさまざまな事情が考えられ、これらの諸事情を個別的な事件ごとにきめ細かく検討して利益衡量をすれば、当該事件について極めて妥当な結論を得ることができるとも考えられる。しかしながら、事前差止めにあつては、これらの諸般の事情を比較衡量するといつても、事前であるために不確定な要素も多く、また、右のような諸般の事情を考慮することになれば、その審理判断も複雑なものとなり、これに伴う判断の困難性も考えられること、更には、事前差止めの効果が直接的であり、被害者にとつては魅力的であるため濫用される虞があるとともに、表現行為者の受ける影響や不利益は大きいのに、右のようなさまざまな事情が個々の事件ごとに個別的具体的に検討され比較衡量されるのでは、その判断基準が明確であるとはいいがたく、これについて確実な予測をすることが困難となる虞があり、表現行為者に必要以上の自己規制を強いる結果ともなりかねないことなどを考慮すると、事前差止めがそれ自体前記のような重大な問題を含むものであることにかんがみ、比較衡量に当たり諸般の事情を個別的具体的に考慮して判断する考え方には左袒することができない。そして、このような個別的衡量による難点を避けるためには、名誉の価値と表現行為の価値との比較衡量を、表現行為をできるだけ類型化し、類型化された表現行為の一般的利益とこれと対立する名誉の一般的利益とを比較衡量して判断するという類型的衡量によるのが相当であると考えられる。類型的衡量によるときは、個別的衡量の場合のように個別的事件に最も適した緻密な利益衡量には達し得ないかも知れないが、その点を犠牲にしても、判断の客観性、安定性を選ぶべきものと考えるからである。

多数意見は、表現行為が公共の利害に関する事項にかかるものである場合には、原則として事前差止めが許されず、その表現内容が真実でないか、又は専ら公益を図る目的のものでないことが明白であり、かつ、被害者が重大にして著しく回復困難な損害を被る虞のあるときに限つて例外的に差止めを求めることができるとしているのであるが、私は、以上述べるような見地に立つて、この多数意見に賛成するものである。

二　次に、多数意見の言及する手続的側面について、以下のとおり付言しておきたい。

多数意見は、右のような見地に立ちつつ、事前差止めを命ずる仮処分は、実定法の規定（民訴法七五六条、七四一条一項）にかかわらず、発令にあたり口頭弁論又は債務者審尋を経ることを原則とすべきものとし、ただ、口頭弁論を開き又は債務者審尋を行うまでもなく、債権者の提出した資料によつて、その表現内容が真実でなく、又はそれが公益を図る目的のものでないことが明白であり、かつ、重大にして著しく回復困難な損害を被る虞があると認められるときは、債務者審尋等を経ることなく差止命令を発したとしても、憲法の趣旨に反するものとはいえない、とした。

思うに、ここに「債権者の提出した資料によつて」とは、債務者側の資料を含まないとの趣旨であつて、公知の事実又は裁判所に顕著な事実を排斥する趣旨でないことはいうまでもないところであろう。本件において差止めの対象となつたのは、北方ジャーナル昭和五四年四月号中の記事であるが、それ以前数次にわたり被上告人Aを含む公職の候補者に関する記事について札幌地方裁判所より頒布・販売等禁止の仮処分命令を受け、特に同被上告人に関する本件類似の記事を掲載した同誌昭和五三年一一月号の販売・頒布等禁止の仮処分については、仮処分裁判所より本件上告人に対し日時の余裕を置いて書面による反論の機会を与えられている（すなわち、最も丁重な方式による債務者審尋が行われたものである）ことが、本件記録上窺われるのであつて、本件記事の表現内容並びに疎明資料及び以上のような仮処分裁判所に顕著な事実に徴し、本件において事前差止めの仮処分命令が債務者審尋等を経ることなく発せられたとしても（この点は原審の確定しないところである）、そのことの故に本件仮処分が憲法の要請に反するものでないことは明らかであるといわなければならない。

三　以上、私は、事前抑制につき厳しい態度をとる多数意見（この点は谷口裁判官意見も同様である）に全面的に賛同するものであるが、反面、「生命、身体とともに極めて重大な保護法益であ」る名誉を侵害された者に対する救済が、事後的な形によるものであるにせよ十分なものでなければ、権衡を失することとなる点が強く指摘されなければならない。わが国において名誉毀損に対する損害賠償は、それが認容される場合においても、しばしば名目的な低額に失するとの非難を受けているのが実情と考えられるのであるが、これが本来表現の自由の保障の範囲外ともいうべき言論の横行を許す結果となつているのであつて、この点は、関係者の深く思いを致すべきところと考えられるのである。

裁判官牧圭次は、裁判官大橋進の補足意見に同調する。

裁判官長島敦の補足意見は、次のとおりである。

刑法上の名誉毀損罪につき、その刑責を免ずるいわゆる事実証明に関する刑法二三〇条ノ二の規定が、民法上の名誉毀損の成否、ひいては名誉権の侵害に対する事前差止めの許否とどのようにかかわるかについて、私の考えるところを補足しておくこととしたい。

一1　多数意見がこの点に関して引用する二つの判例は、次のとおり判示している。昭和四一年六月二三日第一小法廷判決は、「民法上の不法行為たる名誉毀損については、その行為が公共の利害に関する事実に係りもつぱら公益を図る目的に出た場合には、摘示された事実が真実であることが証明されたときは、右行為には違法性がなく、不法行為は成立しないものと解するのが相当であり、もし、右事実が真実であることが証明されなくても、その行為者においてその事実を真実と信ずるについて相当の理由があるときには、右行為には故意もしくは過失がなく、結局、不法行為は成立しないものと解するのが相当である（このことは、刑法二三〇条ノ二の規定の趣旨からも十分窺うことができる。）。」とし、ついで、同四四年六月二五日大法廷判決は、刑法の名誉毀損罪につき、「刑法二三〇条ノ二の規定は、人格権としての個人の名誉の保護と、憲法二一条による正当な言論の保障との調和をはかつたものというべきであり、これら両者間の調和と均衡を考慮するならば、たとい刑法二三〇条ノ二第一項にいう事実が真実であることの証明がない場合でも、行為者がその事実を真実であると誤信し、その誤信したことについて、確実な資料、根拠に照らし相当の理由があるときは、犯罪の故意がなく、名誉毀損の罪は成立しないものと解するのが相当である。」としている。これら二つの判例を総合すると、刑法二三〇条ノ二は、人格権としての個人の名誉の保護と憲法二一条による正当な言論の保障との調和を図つた規定であり、その解釈に当たつては、これらの二つの憲法上の権利の調和と均衡を考慮すべきこと、このような考慮の上に立つて解釈される刑法二三〇条ノ二の規定の趣旨は、真実性についての誤信に相当の理由があるときに不法行為責任が免責される点を含めて、民法上の不法行為としての名誉毀損の成否の判断においても妥当することを明らかにしたものと解することができる。不法行為としての名誉毀損の成否を判断するこの基準を、以下「相当性の理論」とよぶこととする。

2　ところで、刑法の「名誉ニ対スル罪」の中には、名誉毀損罪（刑法二三〇条）のほか侮辱罪（同二三一条）が設けられており、同二三〇条ノ二の規定は名誉毀損罪の免責規定として置かれているが、民法上の不法行為としての名誉毀損は人格権としての名誉が違法に侵害を受ければ成立し、当該侵害行為が刑法の定める構成要件のもとで名誉毀損罪に当たるか、侮辱罪に当たるか、はその成立には直接の関係をもたないといえる。

刑法では、右の二つの罪が同じく「名誉ニ対スル罪」の章下に設けられ、かつ、両者とも公然性を要件とするところから、両者を区別する構成要件要素は、一般に、事実の摘示の有無であると解されている。又、その保護法益は、両者とも、人が社会から受ける客観的な評価としての名誉であるとされている。尤も、侮辱罪の中には、被害者の面前において、公然、一過性の罵詈雑言が加えられた場合のように、被害者の名誉感情が主たる法益であると解される事例もありうるが、多少とも永続性のある文書、録音・録画テープ等に収録された侮辱的な表現は、具体的な事実の摘示をともなわなくても、人の客観的な名誉を損なうことのあることはいうまでもない。

二　このようにして、不法行為としての名誉毀損にあつては、客観的な名誉が違法に侵害されたかどうかが重要であつて、その侵害行為たる表現行為が事実の摘示をともなうかどうかは、その成立のための要件ではないことが明らかとなつた。しかし、このことは、それが事実の摘示をともなう場合に、刑法二三〇条ノ二の規定の趣旨に基づき免責を受けうることを否定するものではなく、却つて、具体的な事実の摘示がなくても客観的な名誉を毀損する場合に、やはり、その表現行為が公共の利害に関しもつぱら公益を図る目的に出た相当な行為と評価できるときは、相当性の理論のもとで免責されうることを意味するものと解することの妨げとはならない。角度を変えて論ずれば、政治、社会問題等に関する公正な論評（フエア・コメント）として許容される範囲内にある表現行為は、具体的事実の摘示の有無にかかわらず、その用語や表現が激越・辛辣、時には揶揄的から侮辱的に近いものにまでわたることがあつても、公共の利害に関し公益目的に出るものとして許容されるのが一般である。この意味での公正な論評は、既に述べて来た相当性の理論という判断基準の中に、その一つの要素として組み入れることができると考えられる

（ここでは、このような論評の基づいている事実が真実でなかつたときには、一般的にいつて、真実と信ずるについて相当の理由のあつたことがやはりフエア・コメントとして許容されるための要件の一つになることを前提としている。尤も、論評それ自体の公共性、公益性が強ければ強いほど、「相当性」の判断は、それだけ、論評者に有利になされ、相当性の不存在の立証の必要性が相手方の肩に重くのしかかることとなろう。）。しかし、その内容や表現が文脈上、主題たる論評と全く無関係であつて明らかに公共の利害に関しないと認められるものや、表現行為の重点が侮辱・誹謗・軽蔑・中傷等に向けられ、仮りになんらかの事実の摘示がそこに含まれているとしても、その指摘がその事実の真実性を主張することに意味をもつのではなくて、たんに人身攻撃のための背景事情として用いられるにとどまつているような侮辱的名誉毀損行為として社会通念上到底是認し得ないものは、いずれも公正な論評に含まれず、公共性、公益性をもたない言論として、相当性の理論からも名誉毀損の成立を肯認すべきことは当然である。

三１　本件雑誌に掲載が予定されていた本件記事は、それ自体、一方では、被上告人Aの支持母体であるとされている政治団体の政治的立場、政策等をとりあげて批判を加え、それが北海道の将来にとつて有害であることを論評し、他方では、同被上告人の人物、その生い立ち、私生活、行動様式等にわたり、ことさらに下品で侮辱的な言辞による人身攻撃を加えることにより、同被上告人は北海道知事として不適格であるとの論旨を展開しようとするものと認められるところ、前者の政治問題に関する論評と後者の人物論等に関する記述との間に脈絡を欠き、後者は、政治問題の論評とは無関係に、くり返して、もつぱら人身攻撃に終始する内容表現をもつて記述されている点に、特色をもつている。分量的に本件記事の大半の部分を政治問題に関する論評が占めているという事実は、それが公正な論評に当たるかどうかを論ずるまでもなく、これと無関係に展開されている不必要に侮辱的、中傷的な記述部分について、名誉毀損の成立を認めることの妨げとならないことはいうまでもない。

２　ところで、被上告人Aは、本件雑誌の発売が予定されていた頃には、北海道知事選挙に立候補する予定になつていたが、立候補届出前であつて公職選挙の候補者たるの身分をもつていなかつたものの、立候補が確実視されていたものと認められるのであつて、その人物、生い立ち、行動様式等が広い範囲にわたつて報道され、一般の評価、批判にさらされることは、一般に、公共の利害にかかるものと解されるところであるが、原審の確定した事実関係として引用摘示されている本件記事の該当部分は、そこには引用されていない、引用することさえはばかられる「父は、旭川では有名な馬方上りの逞ましい経済人であつた。その父が晩年溺愛した若く美しい女郎がおり、二人の傑作がすなわち」同被上告人である、などという蔑視的、差別的なことばとともに、その記述自体からみて、社会通念上到底是認し得ない侮辱的、誹謗的、中傷的な、いわば典型的な侮辱的名誉毀損文書ということを妨げず、それ自体で、その作成が公益を図る目的に出たものでないことが明らかであるというべきである。それが出版され公にされたときは、過去十年余にわたり公選市長として旭川市長の地位にあり、既に一度、北海道知事選挙にも立候補した経歴をもつ同被上告人が社会から受けている客観的評価としての名誉を、著しく害されることは見易い道理である。

四　刑法二三〇条ノ二の条文を手掛りに、憲法上の言論の自由と人格権としての名誉の保護との調和と均衡を図つてみちびき出された前記の相当性の理論が、公正な論評の理論と相俟つて、名誉権の侵害の事前差止めを求める仮処分についてどのように妥当するか、が最後に論ずべき点である。

私も、多数意見の説示するとおり、出版物の頒布等の事前差止めは、事後的な刑罰制裁、損害賠償、原状回復措置の場合に比し、その許容につきより慎重であるべきであり、とりわけ、その表現が公共の利害にかかわるときは、表現の自由が私人の名誉権に優先する社会的価値を含み、憲法上特に保護されるべきものであることにかんがみ、原則としてこれを許さないものと解すべきことについて、そこに示されている理由をも含めてすべて同調するものである。

しかし、前記の相当性の理論は、不法行為としての名誉毀損の成否を判断する基準として、同時に、それが名誉権そのものの存在を確認するための基準ともなりうることはいうまでもない。ただ、ここでは、表現行為が公共の利害にかかわるときに、憲法上特に優先的に保護されるべきものとされる表現の自由とこれに対抗する名誉権との間の調和と均衡が問題となつているのであるから、その間に均衡を回復するためには、その名誉権について特にこれを保護すべき特別の事由が存在していなければならないこととなる。このような観点から、まず相当性の理論によつて判断基準とされる公益目的及び事実の真実性のテストをとりあげて検討すると、当該表現行為が明らかに公益目的に出るものでないこと、又は摘示事実が明らかに真実でないことが先決問題となり、又このように名誉権の侵害が明白に認められうることにつき、事前差止めを請求する側においてその立証を果しうることが、必要な要件となると解される。これを仮処分についていえば、仮処分債権者の側でその疎明資料によつて右の証明を果しうることが必要である。裁判所が口頭弁論又は債務者の審尋を行ない、表現内容の真実性等の主張立証の機会を与えることを原則とすべきものとする多数意見は、債権者の提出する疎明資料等によつて右の証明が果されていることが明らかなような例外的な場合を除いては、裁判所が右の証明が果されたかどうかを慎重に吟味すべきことを要求するものと解される。より重要な実質的な特別の事由としては、名誉権の侵害が一般の場合に比し特に重大なものであり、しかも、事前の差止めをしなければ、その重大な損害の回復が事後的には著しく困難であることを挙げるべきであろう。この二つは、憲法上の要請にかかる言論の自由と人格権としての名誉の保護との間に均衡と調和を保ちつつ、公共の利害にかかわる表現行為につき、事前の差止め請求を許容することができると考えられる実体的要件であつて、それが事実上、事前差止めの仮処分を許すための要件と重なり合う面があるとしても、そのことのために、これらの要件が憲法上の要請でなくなるわけではない。

これを本件についてみると、大橋裁判官の補足意見でも指摘されているとおり、本件記事については、仮処分手続で債権者の提出した資料及び裁判所に顕著な事実によつて、その表現内容が真実でなく、かつ、それが専ら公益を図るものでないことが明白に認められるのであつて、その出版による被害の特別の重大性にかんがみ、本件仮処分決定には、その実体面においても、手続面においても、違憲、違法の廉はないとする多数意見に異論はない。ただ、私は、本件記事の名誉毀損に該当するとされる部分は、それ自体において、社会通念上、到底許容し難い侮辱的名誉毀損の典型的なものと認められるから、その僅か一部に抽象的な事実の指摘ともみられるものがあるとしても、その部分の表現内容が真実であるかどうかに立ち入るまでもなく、その部分をも含めて事前差止めの仮処分をすることが許容される、と解しうるのではないかと考えていることを念のため付言しておくこととする。

裁判官谷口正孝の意見は、次のとおりである。

第一　公的問題に関する雑誌記事等の事前の差止めの要件について、私は、多数意見の説くところと些か所見を異にするので、以下この点について述べることとする。

一　憲法二一条二項、一項は、公的問題に関する討論や意思決定に必要・有益な情報の自由な流通、すなわち公権力による干渉を受けない意見の発表と情報授受の自由を保障している。そして、この自由の保障は、多数意見に示すとおり活力ある民主政治の営為にとつて必須の要素となるものであるから、憲法の定めた他の一般的諸権利の保護に対し、憲法上「優越的保障」を主張しうべき法益であるといわなければならない。この保障の趣旨・目的に合致する限り、表現の自由は人格権としての個人の名誉の保護に優先するのである。

したがつて、雑誌記事等による表現内容が公務員、公選による公職の候補者についての公的問題に関するものである場合には、これを発表し、討論し、意思決定をするに必要・有益な情報の流通を確保することの自由の保障が右公務員、公選による公職の候補者の名誉の保護に優先し、これらの者の名誉を侵害・毀損する事実を摘示することも正当とされなければならず、かかる記事を公表する行為は違法とされることなく、民事上、刑事上も名誉毀損としての責任を問われることはない。

二　そこで、進んで、人格権としての個人の名誉と表現の自由という二つの法益が抵触する場合に、公的問題に関する自由な討論や意思決定を確保するために情報の流通をどの限度まで確保することが必要・有益か、特に、真実に反する情報の流通をどこまで許容する必要があるかが問われることになる。

思うに、真実に反する情報の流通が他人の名誉を侵害・毀損する場合に、真実に反することの故をもつて直ちに名誉毀損に当たり民事上、刑事上の責任を問われるということになれば、一般の市民としては、表現内容が真実でないことが判明した場合にその法的責任を追及されることを慮り、これを危惧する結果、いきおい意見の発表ないし情報の提供を躊躇することになるであろう。そうなれば、せつかく保障された表現の自由も「自己検閲」の弊に陥り、言論は凍結する危険がある。

このような「自己検閲」を防止し、公的問題に関する討論や意思決定を可能にするためには、真実に反した言論をも許容することが必要となるのである。そして、学説も指摘するように、言論の内容が真実に反するものであり、意見の表明がこのような真実に反する事実に基づくものであつても、その提示と自由な討論は、かえつてそれと矛盾する意見にその再考と再吟味を強い、その意見が支持されるべき理由についてのより深い意見形成とその意味のより十分な認識とをもたらすであろう。このような観点に立てば、誤つた言論にも、自由な討論に有益なものとして積極的に是認しうる面があり、真実に反する言論にも、それを保護し、それを表現させる自由を保障する必要性・有益性のあることを肯定しなければならない。公的問題に関する雑誌記事等の事前差止めの要件を考えるについては、先ず以上のことを念頭においてかからなければならない。（誤つた言論に対する適切な救済方法はモア・スピーチなのである。）

三　そこで、事前差止めの要件について検討する。

さて、表現の自由が優越的保障を主張

しうべき理由については、先に述べたとおりである。その保障の根拠に照らして考えるならば、表現の自由といつても、そこにやはり一定の限界があることを否定し難い。表現内容が真実に反する場合、そのすべての言論を保護する必要性・有益性のないこともまた認めざるをえないのである。特に、その表現内容が真実に反するものであつて、他人の人格権としての名誉を侵害・毀損する場合においては、人格権の保護の観点からも、この点の考慮が要請されるわけである。私は、その限界は以下のところにあると考える。すなわち、表現の事前規制は、事後規制の場合に比して格段の慎重さが求められるのであり、名誉の侵害・毀損の被害者が公務員、公選による公職の候補者等の公的人物であつて、その表現内容が公的問題に関する場合には、表現にかかる事実が真実に反していてもたやすく規制の対象とすべきではない。しかし、その表現行為がいわゆる現実の悪意をもつてされた場合、換言すれば、表現にかかる事実が真実に反し虚偽であることを知りながらその行為に及んだとき又は虚偽であるか否かを無謀にも無視して表現行為に踏み切つた場合には、表現の自由の優越的保障は後退し、その保護を主張しえないものと考える。けだし、右の場合には、故意に虚偽の情報を流すか、表現内容の真実性に無関心であつたものというべく、表現の自由の優越を保障した憲法二一条の根拠に鑑み、かかる表現行為を保護する必要性・有益性はないと考えられるからである。多数意見は、表現内容が真実でなく、又はそれが専ら公益を図る目的のものでないことが明らかな場合には、公的問題に関する雑誌記事等の事前差止めが許容されるというが、私は、この点については同調できない。思うに、多数意見も認めているように、記事内容が公務員又は公選による公職の候補者に対する評価、批判等であるときは、そのこと自体から公共の利害に関する事項であるといわなければならないわけで、このような事項については、公益目的のものであることは法律上も擬制されていると考えることもできるのである（刑法二三〇条ノ二第三項参照）。したがつて、かかる表現行為について、専ら公益を図る目的のものでないというような不確定な要件を理由として公的問題に関する雑誌記事等の事前差止めを認めることは、その要件が明確な基準性をもたないものであるだけに、表現の自由の保障に対する歯止めとはならないと考えるからである。

第二　次に、裁判所が行う仮処分手続による表現行為の事前差止めの要件について考える。

多数意見がこの点について、一般の仮処分命令手続のように、専ら迅速な処理を旨とし、口頭弁論ないし債務者の審尋を必要的とせず、立証についても疎明で足りるものとすることは、憲法二一条の規定の趣旨に照らし、手続的保障において十分であるとはいえず、事前差止めを命ずる仮処分命令を発するについては、債務者の審尋を行いその意見弁解を聴取するとともに、表現内容の真実性等の主張立証の機会を与えることを原則としたこと、しかしながら、差止めの対象が公務員又は公職選挙の候補者に対する評価、批判等、公共の利害に関する事項についての表現行為である場合においても、口頭弁論を開き又は債務者の審尋を行うまでもなく、債権者の提出した資料によつて明白に事前差止めの要件を充すものと認められる場合には、口頭弁論又は債務者の審尋を経ないで差止めの仮処分命令を発したとしても、憲法二一条の規定の趣旨に反するものということはできないとしたことについては、私としても同意見である。もつとも、私は公的問題に関する雑誌記事等の事前の差止めについては、表現内容が真実に反することにつき表現行為をする者に現実の悪意のあることを要件とすると考えるので、この種の記事について、裁判所が事前差止めを命ずる仮処分命令を発するについては、多数意見を多少修正する必要がある。

私としては、裁判所が事前差止めを命ずる仮処分命令を発するについては、多数意見に示すとおり口頭弁論を開き、債務者を審尋し、主張、立証の機会を与えなければならないことは、憲法二一条二項、一項の規定の趣旨に照らし当然の要件となるものであつて、その場合、債務者に対し、表現内容にかかる事実の真実性を一応推測させる程度の相当な合理的根拠・資料があり、表現行為がそのような根拠・資料に基づいてなされたことの主張、立証の機会が与えられなければならないものと考える。そのことが、現実の悪意がなかつたことの債務者の抗弁を許し、事前の差止めを求められている裁判所に対し仮処分命令を出させないための必要不可缺の要件であるからである。なお、多数意見は、表現行為の事前差止めの要件として、名誉権の侵害・毀損の場合について、被害者が重大にして著しく回復困難な損害を被る虞があることを実体的要件としているが、私はこの要件は、仮処分命令を発するについて、保全の必要性についての要件として考慮すれば足りると考える。

以上、裁判所の仮処分手続による公的事実に関する差止命令を発するための手続的要件を述べたわけであるが、この手続的要件を充足しない場合、すなわち、口頭弁論ないし債務者の審尋を経ないで発した裁判所の仮処分手続による差止命令が常に必ず憲法二一条二項、一項の規定の趣旨に反するものと断じ切ることはできないと思われる。

差止めの対象が公務員又は公選による公職の候補者に対する評価、批判等、公共の利害に関する事項についての表現行為である場合においても、極めて例外的な事例について、口頭弁論を開き債務者の前記抗弁の当否の審尋を行うまでもなく、債権者の提出した資料によつて、その表現内容が真実でなく、それが債務者の現実の悪意をもつてなされたものであることが表現方法、内容に照らし極めて明白であるときは、以上の手続要件を充足せず差止めの仮処分命令を発したとしても、前記憲法の趣旨に反するものとはいえないであろう。その理由については、多数意見の述べるとおりである。そして、本件仮処分命令を発した裁判所に提出された疎明資料によれば、上告人が本件雑誌記事を掲載するについて現実の悪意のあつたことは明白であつたものというべきである。

私も、上告論旨にいう憲法二一条二項違反の主張の理由のないことは多数意見に示すとおりであり、その余の違憲の主張もすでに見たとおり理由がないものと考えるので、本件上告は棄却されるべきものと思料する。

（裁判長裁判官　矢口洪一　裁判官　伊藤正己　裁判官　谷口正孝　裁判官　大橋進　裁判官　牧圭次　裁判官　安岡滿彦　裁判官　角田禮次郎　裁判官　島谷六郎　裁判官　長島敦　裁判官　髙島益郎　裁判官　藤島昭　裁判官　大内恒夫　裁判官　香川保一　裁判官　坂上壽夫）

4 最判平成 22 年 4 月 13 日民集 64 巻 3 号 758 頁（電子掲示板への投稿と名誉感情侵害）

【取りまとめ 19～21 頁】

主　　　文

1　原判決中、主文第 1 項(2)を破棄する。

2　前項の部分につき、被上告人の控訴を棄却する。

3　上告人のその余の上告を棄却する。

4　訴訟の総費用は、これを 2 分し、その 1 を上告人の負担とし、その余を被上告人の負担とする。

理　　　由

上告代理人星川勇二ほかの上告受理申立て理由第 4 について

1　本件は、インターネット上の電子掲示板にされた書き込みによって権利を侵害されたとする被上告人が、その書き込みをした者にインターネット接続サービスを提供した上告人に対し、〈1〉特定電気通信役務提供者の損害賠償責任の制限及び発信者情報の開示に関する法律（以下「法」という。）4 条 1 項に基づき、上記書き込みの発信者情報の開示を求めるとともに、〈2〉上告人には裁判外において被上告人からされた開示請求に応じなかったことにつき重大な過失（同条 4 項本文）があると主張して、不法行為に基づく損害賠償を求める事案である。

論旨は、被上告人の損害賠償請求に関する原審の判断のうち、上告人に重大な過失があるとした判断の法令違反をいうものである。

2　原審の適法に確定した事実関係の概要は、次のとおりである。

(1)　被上告人は、小学 1 年生から高校 3 年生までの発達障害児のための学校である「A 学園」を設置、経営する学校法人A学園の学園長を務めている。

(2)　上告人は、電気通信事業を営む株式会社であり、「DION」の名称でインターネット接続サービスを運営している。

(3)　平成 18 年 9 月以降、インターネット上のウェブサイト「2 ちゃんねる」の電子掲示板の「A学園Part2」と題するスレッド（以下「本件スレッド」という。）において、被上告人及びA学園の活動に関して、様々な立場からの書き込みがされた。本件スレッドにおいて上記のような書き込みが続く中で、平成 19 年 1 月 16 日午後 5 時 4 分 58 秒、上告人の提供するインターネット接続サービスを利用して、「なにこのまともなスレ　気違いはどうみてもA学長」との書き込み（以下「本件書き込み」という。）がされた。

(4)　被上告人は、平成 19 年 2 月 27 日、上告人に対し、裁判外において、「本件書き込みのきちがいという表現は、激しい人格攻撃の文言であり、侮辱に当たることが明らかである」との理由を付し、法 4 条 1 項に基づき、本件書き込みについての氏名又は名称、住所及び電子メールアドレス（以下「本件発信者情報」という。）の開示を請求した。

(5)　上告人は、平成 19 年 6 月 6 日付け書面をもって、被上告人に対し、本件書き込みの発信者への意見照会の結果、当該発信者から本件発信者情報の開示に同意しないとの回答があり、本件書き込みによって被上告人の権利が侵害されたことが明らかであるとは認められないため、本件発信者情報の開示には応じられない旨回答した。

3　原審は、上記事実関係の下で、次のとおり判断して、被上告人の損害賠償請求を 15 万円及びこれに対する遅延損害金の支払を求める限度で認容した。

対象となる人を特定することができる状況でその人を「気違い」であると指摘することは、社会生活上許される限度を超えてその相手方の権利（名誉感情）を侵害するものであり、このことは、特別の専門的知識がなくとも一般の社会常識に照らして容易に判断することができるものであるから、本件書き込みがこのような判断基準に照らして被上告人の権利を侵害するものであることは、本件スレッドの他の書き込みの内容等を検討するまでもなく本件書き込みそれ自体から明らかである。したがって、上告人が被上告人からの本件発信者情報の開示請求に応じなかったことについては、重大な過失がある。

4　しかしながら、原審の上記判断は是認することができない。その理由は、次のとおりである。

(1)　法は、4条1項において、特定電気通信による情報の流通によって自己の権利を侵害されたとする者は、侵害情報の流通によって自己の権利が侵害されたことが明らかであるなど同項各号所定の要件のいずれにも該当する場合、当該特定電気通信の用に供される特定電気通信設備を用いる特定電気通信役務提供者（以下「開示関係役務提供者」という。）に対し、その発信者情報（氏名、住所その他の侵害情報の発信者の特定に資する情報であって総務省令で定めるものをいう。）の開示を請求することができる旨を規定する一方で、同条2項において、開示関係役務提供者がそのような請求を受けた場合には、原則として発信者の意見を聴かなければならない旨を、同条4項本文において、開示関係役務提供者が上記開示請求に応じないことによりその開示請求をした者に生じた損害については、故意又は重過失がある場合でなければ賠償の責任を負わない旨を、それぞれ規定している。

以上のような法の定めの趣旨とするところは、発信者情報が、発信者のプライバシー、表現の自由、通信の秘密にかかわる情報であり、正当な理由がない限り第三者に開示されるべきものではなく、また、これがいったん開示されると開示前の状態への回復は不可能となることから、発信者情報の開示請求につき、侵害情報の流通による開示請求者の権利侵害が明白であることなどの厳格な要件を定めた上で（4条1項）、開示請求を受けた開示関係役務提供者に対し、上記のような発信者の利益の保護のために、発信者からの意見聴取を義務付け（同条2項）、開示関係役務提供者において、発信者の意見も踏まえてその利益が不当に侵害されることがないように十分に意を用い、当該開示請求が同条1項各号の要件を満たすか否かを判断させることとしたものである。そして、開示関係役務提供者がこうした法の定めに従い、発信者情報の開示につき慎重な判断をした結果開示請求に応じなかったため、当該開示請求者に損害が生じた場合に、不法行為に関する一般原則に従って開示関係役務提供者に損害賠償責任を負わせるのは適切ではないと考えられることから、同条4項は、その損害賠償責任を制限したのである。

そうすると、開示関係役務提供者は、侵害情報の流通による開示請求者の権利侵害が明白であることなど当該開示請求が同条1項各号所定の要件のいずれにも該当することを認識し、又は上記要件のいずれにも該当することが一見明白であり、その旨認識することができなかったことにつき重大な過失がある場合にのみ、損害賠償責任を負うものと解するのが相当である。

(2)　これを本件について検討するに、本件書き込みは、その文言からすると、本件スレッドにおける議論はまともなものであって、異常な行動をしているのはどのように判断しても被上告人であるとの意見ないし感想を、異常な行動をする者を「気違い」という表現を用いて表し、記述したものと解される。このような記述は、「気違い」といった侮辱的な表現を含むとはいえ、被上告人の人格的価値に関し、具体的事実を摘示してその社会的評価を低下させるものではなく、被上告人の名誉感情を侵害するにとどまるものであって、これが社会通念上許される限度を超える侮辱行為であると認められる場合に初めて被上告人の人格的利益の侵害が認められ得るにすぎない。そして、本件書き込み中、被上告人を侮辱する文言は上記の「気違い」という表現の一語のみであり、特段の根拠を示すこともなく、本件書き込みをした者の意見ないし感想としてこれが述べられていることも考慮すれば、本件書き込みの文言それ自体から、これが社会通念上許される限度を超える侮辱行為であることが一見明白であるということはできず、本件スレッドの他の書き込みの内容、本件書き込みがされた経緯等を考慮しなければ、被上告人の権利侵害の明白性の有無を判断することはできないものというべきである。そのような判断は、裁判外において本件発信者情報の開示請求を受けた上告人にとって、必ずしも容易なものではないといわなければならない。

そうすると、上告人が、本件書き込みによって被上告人の権利が侵害されたことが明らかであるとは認められないとして、裁判外における被上告人からの本件発信者情報の開示請求に応じなかったことについては、上告人に重大な過失があったということはできないというべきである。

5　以上と異なる見解の下に、上告人に重大な過失があるとして被上告人の損害賠償請求を一部認容した原審の判断には、判決に影響を及ぼすことが明らかな法令の違反がある。この点をいう論旨は理由があり、原判決中、被上告人の損害賠償請求を認容した部分は破棄を免れない。そして、以上説示したところによれば、第1審判決中、上記請求を棄却した部分は正当であるから、同部分に対する被上告人の控訴を棄却すべきである。

なお、発信者情報の開示請求に関する上告については、上告受理申立て理由が上告受理の決定において排除されたので、棄却することとする。

よって、裁判官全員一致の意見で、主文のとおり判決する。

（裁判長裁判官　田原睦夫　裁判官　藤田宙靖　裁判官　堀籠幸男　裁判官　那須弘平　裁判官　近藤崇晴）

最判平成15年3月14日民集57巻3号229頁（長良川事件）

【取りまとめ20、25～26、33、47頁】

主　　　文

原判決中上告人の敗訴部分を破棄する。

前項の部分につき本件を名古屋高等裁判所に差し戻す。

理　　　由

上告代理人古賀正義の上告受理申立て理由第一点について

1　本件は、上告人が発行した週刊誌に掲載された記事により、名誉を毀損され、プライバシーを侵害されたとする被上告人が、上告人に対し、不法行為に基づく損害賠償を求めている事件である。

原審が確定した事実関係の概要等は、次のとおりである。

(1)　被上告人（昭和50年10月生まれ）は、

平成6年9月から10月にかけて、成人又は当時18歳、19歳の少年らと共謀の上、連続して犯した殺人、強盗殺人、死体遺棄等の4つの事件により起訴され、刑事裁判を受けている刑事被告人である。

上告人は、図書及び雑誌の出版等を目的とする株式会社であり、「週刊文春」と題する週刊誌を発行している。

⑵　上告人は、名古屋地方裁判所に上記各事件の刑事裁判の審理が係属していた平成9年7月31日発売の「週刊文春」誌上に、第1審判決添付の別紙二のとおり、「『少年犯』残虐」「法廷メモ独占公開」などという表題の下に、事件の被害者の両親の思いと法廷傍聴記等を中心にした記事（以下「本件記事」という。）を掲載したが、その中に、被上告人について、仮名を用いて、法廷での様子、犯行態様の一部、経歴や交友関係等を記載した部分がある。

2　原審は、次のとおり判示し、被上告人の損害賠償請求を一部認容すべきものとした。

⑴　本件記事で使用された仮名A'は、本件記事が掲載された当時の被上告人の実名Aと類似しており、社会通念上、その仮名の使用により同一性が秘匿されたと認めることは困難である上、本件記事中に、出生年月、出生地、非行歴や職歴、交友関係等被上告人の経歴と合致する事実が詳細に記載されているから、被上告人と面識を有する特定多数の読者及び被上告人が生活基盤としてきた地域社会の不特定多数の読者は、A'と被上告人との類似性に気付き、それが被上告人を指すことを容易に推知できるものと認めるのが相当である。

⑵　少年法61条は、少年事件情報の中の加害少年本人を推知させる事項についての報道（以下「推知報道」という。）を禁止する規定であるが、これは、憲法で保障される少年の成長発達過程において健全に成長するための権利の保護とともに、少年の名誉、プライバシーを保護することを目的とするものであり、同条に違反して実名等の報道をする者は、当該少年に対する人権侵害行為として、民法709条に基づき本人に対し不法行為責任を負うものといわなければならない。

⑶　少年法61条に違反する推知報道は、内容が真実で、それが公共の利益に関する事項に係り、かつ、専ら公益を図る目的に出た場合においても、成人の犯罪事実報道の場合と異なり、違法性を阻却されることにはならず、ただ、保護されるべき少年の権利ないし法的利益よりも、明らかに社会的利益を擁護する要請が強く優先されるべきであるなどの特段の事情が存する場合に限って違法性が阻却され免責されるものと解するのが相当である。

⑷　本件記事は、少年法61条が禁止する推知報道であり、事件当時18歳であった被上告人が当該事件の本人と推知されない権利ないし法的利益よりも、明らかに社会的利益の擁護が強く優先される特段の事情を認めるに足りる証拠は存しないから、本件記事を週刊誌に掲載した上告人は、不法行為責任を免れない。

3　しかしながら、原審の上記判断は是認することができない。その理由は、次のとおりである。

⑴　原判決は、本件記事による被上告人の被侵害利益を、㋐名誉、プライバシーであるとして、上告人の不法行為責任を認めたのか、これらの権利に加えて、㋑原審が少年法61条によって保護されるとする「少年の成長発達過程において健全に成長するための権利」をも被侵害利益であるとして上記結論を導いたのか、その判文からは必ずしも判然としない。

しかし、被上告人は、原審において、本件記事による被侵害利益を、上記㋐の権利、すなわち被上告人の名誉、プライバシーである旨を一貫して主張し、㋑の権利を被侵害利益としては主張していないことは、記録上明らかである。

このような原審における審理の経過にか

んがみると、当審としては、原審が上記(ア)の権利の侵害を理由に前記結論を下したものであることを前提として、審理判断をすべきものと考えられる。

(2)　被上告人は、本件記事によって、A'が被上告人であると推知し得る読者に対し、被上告人が起訴事実に係る罪を犯した事件本人であること（以下「犯人情報」という。）及び経歴や交友関係等の詳細な情報（以下「履歴情報」という。）を公表されたことにより、名誉を毀損され、プライバシーを侵害されたと主張しているところ、本件記事に記載された犯人情報及び履歴情報は、いずれも被上告人の名誉を毀損する情報であり、また、他人にみだりに知られたくない被上告人のプライバシーに属する情報であるというべきである。そして、被上告人と面識があり、又は犯人情報あるいは被上告人の履歴情報を知る者は、その知識を手がかりに本件記事が被上告人に関する記事であると推知することが可能であり、本件記事の読者の中にこれらの者が存在した可能性を否定することはできない。そして、これらの読者の中に、本件記事を読んで初めて、被上告人についてのそれまで知っていた以上の犯人情報や履歴情報を知った者がいた可能性も否定することはできない。

したがって、上告人の本件記事の掲載行為は、被上告人の名誉を毀損し、プライバシーを侵害するものであるとした原審の判断は、その限りにおいて是認することができる。

なお、少年法 61 条に違反する推知報道かどうかは、その記事等により、不特定多数の一般人がその者を当該事件の本人であると推知することができるかどうかを基準にして判断すべきところ、本件記事は、被上告人について、当時の実名と類似する仮名が用いられ、その経歴等が記載されているものの、被上告人と特定するに足りる事項の記載はないから、被上告人と面識等のない不特定多数の一般人が、本件記事により、被上告人が当該事件の本人であることを推知することができるとはいえない。したがって、本件記事は、少年法 61 条の規定に違反するものではない。

(3)　ところで、本件記事が被上告人の名誉を毀損し、プライバシーを侵害する内容を含むものとしても、本件記事の掲載によって上告人に不法行為が成立するか否かは、被侵害利益ごとに違法性阻却事由の有無等を審理し、個別具体的に判断すべきものである。すなわち、名誉毀損については、その行為が公共の利害に関する事実に係り、その目的が専ら公益を図るものである場合において、摘示された事実がその重要な部分において真実であることの証明があるとき、又は真実であることの証明がなくても、行為者がそれを真実と信ずるについて相当の理由があるときは、不法行為は成立しないのであるから（最高裁昭和 37 年（オ）第 815 号同 41 年 6 月 23 日第一小法廷判決・民集 20 巻 5 号 1118 頁参照）、本件においても、これらの点を個別具体的に検討することが必要である。また、プライバシーの侵害については、その事実を公表されない法的利益とこれを公表する理由とを比較衡量し、前者が後者に優越する場合に不法行為が成立するのであるから（最高裁平成元年（オ）第 1649 号同 6 年 2 月 8 日第三小法廷判決・民集 48 巻 2 号 149 頁）、本件記事が週刊誌に掲載された当時の被上告人の年齢や社会的地位、当該犯罪行為の内容、これらが公表されることによって被上告人のプライバシーに属する情報が伝達される範囲と被上告人が被る具体的被害の程度、本件記事の目的や意義、公表時の社会的状況、本件記事において当該情報を公表する必要性など、その事実を公表されない法的利益とこれを公表する理由に関する諸事情を個別具体的に審理し、これらを比較衡量して判断することが必要である。

(4)　原審は、これと異なり、本件記事が少年法 61 条に違反するものであることを前提とし、同条によって保護されるべき少年の権利ないし法的利益よりも、明らかに社会的利益を擁護する要請が強く優先されるべきであるなどの特段の事情が存する場合に限って違法性が阻却されると解すべきであるが、本件についてはこの特段の事情を認めることはできないとして、前記(3)に指摘した個別具体的な事情を何ら審理判断することなく、上告人の不法行為責任を肯定した。この原審の判断には、審理不尽の結果、判決に影響を及ぼすことが明らかな法令の違反がある。この趣旨をいう論旨第一点の二は理由があり、原判決中上告人の敗訴部分は破棄を免れない。

そこで、更に審理を尽くさせるため、前記部分につき本件を原審に差し戻すこととする。

よって、裁判官全員一致の意見で、主文のとおり判決する。

（裁判長裁判官　北川弘治　裁判官　福田博　裁判官　亀山継夫　裁判官　梶谷玄　裁判官　滝井繁男）

最判平成6年2月8日民集48巻2号149頁（ノンフィクション「逆転」事件）

【取りまとめ27〜33頁】

主　　　文

本件上告を棄却する。

上告費用は上告人の負担とする。

理　　　由

上告代理人大塚喜一、同四ノ宮啓及び上告代理人木村壮、同長谷川幸雄、同佐藤博史、同虎頭昭夫、同黒田純吉、同幣原廣、同後藤昌次郎、同四ノ宮啓、同大塚喜一の各上告理由について

一　被上告人の請求は、上告人の著作に係る「逆転」と題する出版物（以下「本件著作」という。）で被上告人の実名が使用されたため、その刊行により、被上告人が後記の刑事事件につき被告人となり有罪判決を受けて服役したという前科にかかわる事実が公表され、精神的苦痛を被ったと主張して、上告人に対し、慰謝料三〇〇万円の支払を求めるものである。

二　これに対して、原審は、概要、後記1ないし3の事実関係を確定した上、要するに、本件著作が出版されたころには、被上告人は、右の事実を他人に知られないことにつき人格的利益を有し、かつ、その利益は、法的保護に値する状況にあったというべきところ、上告人が本件著作で被上告人の実名を使用してその前科にかかわる事実を公表したことを正当とする理由はなく、また、上告人が本件著作で被上告人の実名を使用しても違法でないと信ずることに相当な理由もないとして、上告人の被上告人に対する不法行為責任を認め、本件請求を慰謝料五〇万円の支払を求める限度で認容した一審判決を正当とし、上告人の控訴を棄却した。

1　本件著作は、昭和三九年八月一六日午前三時ころ、当時アメリカ合衆国の統治下にあった沖縄県宜野湾市普夫間で発生した被上告人ら四名とアメリカ合衆国軍隊に所属するA一等兵及びB伍長との喧嘩が原因となって、Aが死亡し、Bが負傷した事件につき、被上告人ら四名が、同年九月四日、アメリカ合衆国琉球列島民政府高等裁判所の起訴陪審の結果、Aに対する傷害致死及びBに対する傷害の各罪（適条は我が国の刑法二〇五条及び二〇四条による。）で起訴され、陪審評議の結果、Aに対する関係では、傷害致死の公訴事実については無罪であるが、これに含まれる傷害の公訴事実については有罪、Bに対する関係では、無罪であると答申され、同年一一月六日、Aに対する傷害の罪で、被上告人ほか二名が懲役三年の実刑判決、他の一名が懲役二年、執行猶予二年の有罪判決を受けた裁判を素材とするものである。

2　被上告人は、本件裁判で服役し、昭和四一年一〇月に仮出獄した後、沖縄でしばらく働いていたが、本件事件のこともあってうまくいかず、やがて沖縄を離れて上京し、昭和四三年一〇月から都内のバス会社に運転手として就職した。被上告人は、その後、結婚したが、会社にも、妻にも、前科を秘匿していた。本件事件及び本件裁判は、当時、沖縄では大きく新聞報道されたが、本土では新聞報道もなく、東京で生活している被上告人の周囲には、その前科にかかわる事実を知る者はいなかった。

3　上告人は、本件裁判の陪審員の一人であったが、その体験に基づき、本件著作を執筆し、本件著作は、昭和五二年八月、株式会社新潮社から刊行され、ノンフィクション作品として世上高い評価を受け、昭和五三年には大宅賞を受賞した。

三　所論は、前記の理由で上告人の被上告人に対する不法行為責任を認めた原判決には、憲法違反、判決に影響を及ぼす法令違反、理由不備ないし理由齟齬の違法があるというので、以下、検討する。

1　ある者が刑事事件につき被疑者とされ、さらには被告人として公訴を提起されて判決を受け、とりわけ有罪判決を受け、服役したという事実は、その者の名誉あるいは信用に直接にかかわる事項であるから、その者は、みだりに右の前科等にかかわる事実を公表されないことにつき、法的保護に値する利益を有するものというべきである（最高裁昭和五二年（オ）第三二三号同五六年四月一四日第三小法廷判決・民集三五巻三号六二〇頁参照）。この理は、右の前科等にかかわる事実の公表が公的機関によるものであっても、私人又は私的団体によるものであっても変わるものではない。そして、その者が有罪判決を受けた後あるいは服役を終えた後においては、一市民として社会に復帰することが期待されるのであるから、その者は、前科等にかかわる事実の公表によって、新しく形成している社会生活の平穏を害されその更生を妨げられない利益を有するというべきである。

もっとも、ある者の前科等にかかわる事実は、他面、それが刑事事件ないし刑事裁判という社会一般の関心あるいは批判の対象となるべき事項にかかわるものであるから、事件それ自体を公表することに歴史的又は社会的な意義が認められるような場合には、事件の当事者についても、その実名を明らかにすることが許されないとはいえない。また、その者の社会的活動の性質あるいはこれを通じて社会に及ぼす影響力の程度などのいかんによっては、その社会的活動に対する批判あるいは評価の一資料として、右の前科等にかかわる事実が公表されることを受忍しなければならない場合もあるといわなければならない（最高裁昭和五五年（あ）第二七三号同五六年四月一六日第一小法廷判決・刑集三五巻三号八四頁参照）。さらにまた、その者が選挙によって選出される公職にある者あるいはその候補者など、社会一般の正当な関心の対象となる公的立場にある人物である場合には、その者が公職にあることの適否などの判断の一資料として右の前科等にかかわる事実が公表されたときは、これを違法というべきものではない（最高裁昭和三七年（オ）第八一五号同四一年六月二三日第一小法廷判決・民集二〇巻五号一一一八頁参照）。

そして、ある者の前科等にかかわる事実が実名を使用して著作物で公表された場合に、以上の諸点を判断するためには、その著作物の目的、性格等に照らし、実名を使用することの意義及び必要性を併せ考えることを要するというべきである。

要するに、前科等にかかわる事実については、これを公表されない利益が法的保護に値する場合があると同時に、その公表が許されるべき場合もあるのであって、ある者の前科等にかかわる事実を実名を使用して著作物で公表したことが不法行為を構成するか否かは、その者のその後の生活状況のみならず、事件それ自体の歴史的又は社会的な意義、その当事者の重要性、その者の社会的活動及びその影響力について、その著作物の目的、性格等に照らした実名使用の意義及び必要性をも併せて判断すべきもので、その結果、前科等にかかわる事実を公表されない法的利益が優越するとされる場合には、その公表によって被った精神的苦痛の賠償を求めることができるものといわなければならない。なお、このように解しても、著作者の表現の自由を不当に制限するものではない。けだし、表現の自由は、十分に尊重されなければならないものであるが、常に他の基本的人権に優越するものではなく、前科等にかかわる事実を公表することが憲法の保障する表現の自由の範囲内に属するものとして不法行為責任を追求される余地がないものと解することはできないからである。この理は、最高裁昭和二八年（オ）第一二四一号同三一年七月四日大法廷判決・民集一〇巻七号七八五頁の趣旨に徴しても明らかであり、原判決の違憲をいう論旨を採用することはできない。

2　そこで、以上の見地から本件をみると、まず、本件事件及び本件裁判から本件著作が刊行されるまでに一二年余の歳月を経過しているが、その間、被上告人が社会復帰に努め、新たな生活環境を形成していた事実に照らせば、被上告人は、その前科にかかわる事実を公表されないことにつき法的保護に値する利益を有していたことは明らかであるといわなければならない。しかも、被上告人は、地元を離れて大都会の中で無名の一市民として生活していたのであって、公的立場にある人物のようにその社会的活動に対する批判ないし評価の一資料として前科にかかわる事実の公表を受忍しなければならない場合ではない。

所論は、本件著作は、陪審制度の長所ないし民主的な意義を訴え、当時のアメリカ合衆国の沖縄統治の実態を明らかにしようとすることを目的としたものであり、そのために本件事件ないしは本件裁判の内容を正確に記述する必要があったというが、その目的を考慮しても、本件事件の当事者である被上告人について、その実名を明らかにする必要があったとは解されない。本件著作は、陪審評議の経過を詳細に記述し、その点が特色となっているけれども、歴史的事実そのものの厳格な考究を目的としたものとはいえず、現に上告人は、本件著作において、米兵たちの事件前の行動に関する記述は周囲の人の話や証言などから推測的に創作した旨断っており、被上告人に関する記述についても、同人が法廷の被告人席に座って沖縄へ渡って来たことを後悔し、そのころの生活等を回顧している部分は、被上告人は事実でないとしている。その上、上告人自身を含む陪審員については、実名を用いることなく、すべて仮名を使用しているのであって、本件事件の当事者である被上告人については特にその実名を使用しなければ本件著作の右の目的が損なわれる、と解することはできない。

さらに、所論は、本件著作は、右の目的のほか、被上告人ら四名が無実であったことを明らかにしようとしたものであるから、本件事件ないしは本件裁判について、被上告人の実名を使用しても、その前科にかかわる事実を公表したことにはならないという。しかし、本件著作では、上告人自身を含む陪審員の評議の結果、被上告人ら四名がAに対する傷害の罪で有罪と答申された事実が明らかにされている上、被上告人の下駄やシャツに米兵の血液型と同型の血液が付着していた事実など、被上告人と事件とのかかわりを示す証拠が裁判に提出されていることが記述され、また、陪審評議において、喧嘩両成敗であるとの議論がされた旨の記述はあるが、被上告人ら四名が正当防衛として無罪であるとの主張がされた旨の記述はない。したがって、本件著作は、被上告人ら四名に対してされた陪審の答申と当初の公訴事実との間に大きな相違があり、また、言い渡された刑が陪審の答申した事実に対する量刑として重いという印象を強く与えるものではあるが、被上告人が本件事件に全く無関係であったとか、被上告人ら四名の行為が正当防衛であったとかいう意味において、その無実を訴えたものであると解することはできない。

以上を総合して考慮すれば、本件著作が刊行された当時、被上告人は、その前科にかかわる事実を公表されないことにつき法的保護に値する利益を有していたところ、本件著作において、上告人が被上告人の実名を使用して右の事実を公表したことを正当とするまでの理由はないといわなければならない。そして、上告人が本件著作で被上告人の実名を使用すれば、その前科にかかわる事実を公表する結果になることは必至であって、実名使用の是非を上告人が判断し得なかったものとは解されないから、上告人は、被上告人に対する不法行為責任を免れないものというべきである。

3　以上説示したとおり、上告人の被上告人に対する不法行為責任を認めた原審の判断は、正当として是認することができ、所論は採用することができない。

よって、民訴法四〇一条、九五条、八九条に従い、裁判官全員一致の意見で、主文のとおり判決する。

（裁判長裁判官　大野正男　裁判官　園部逸夫　裁判官　佐藤庄市郎　裁判官　可部恒雄　裁判官　千種秀夫）

最判平成元年12月21日民集43巻12号2252頁（長崎市小学校ビラ配り事件）

【取りまとめ10〜11、33〜35頁】

主　　　文

一　原判決及び第一審判決中上告人敗訴部分を次のとおり変更する。

1　上告人は、㈠被上告人A_1、同A_2、同A_3、同A_4及び同A_5を除くその余の被上告人らに対し、各金二万円及びこれに対する昭和五六年三月一日から支払済みまで年五分の割合による金員、㈡被上告人A_1及び同A_2に対し、金二万円及びこれに対する昭和五六年三月一日から支払済みまで年五分の割合による金員、㈢被上告人A_3、同A_4及び同A_5に対し、金二万円及びこれに対する昭和五六年三月一日から支払済みまで年五分の割合による金員をそれぞれ支払え。

2　被上告人らのその余の請求を棄却する。

二　訴訟の総費用は、これを三分し、その二を上告人の、その余を被上告人らの各負担とする。

理　　　由

上告代理人清川光秋の上告理由第二について

一　原審が適法に確定した事実関係は、次のとおりである。

1　小学校におけるいわゆる通知表（以下

「通知表」という。）は、法定表簿ではないが、学校が児童の学校生活の状況を保護者に知らせて家庭との連携を図り、教育を効果的に行うため、各学校において児童の発達段階や学校の実情等を考慮し適切な記載内容を定めることが必要であるとされており（文部省初等中等教育局長通知）、通常は、一学年分の表簿とされ、各教師において各学期の終了前に指導要録及び成績一覧表に基づいて記入し、評定上の偏り及び表現上の過誤等を校長が査閲して決裁した上、終業式当日に各担任教師から児童を通じて各家庭に配布される。

2　長崎市内の公立小学校において、通知表の様式及び評定記載方法をめぐる論争が展開され、昭和五三年度の第一学期に一部の学校において三段階絶対評価方式を五段階相対評価方式に改めたのを契機とし、これに反対する教師が終業式当日に通知表を児童に交付しないなどの混乱を生じ、昭和五五年の第一学期には両方式を併用した長崎市小学校校長会作成の通知表の新様式（以下「校長会案」という。）が三二校で採用されたが、うち二十数校の担任教師が到達度評価欄の記載方法について反対し、第一学期及び第二学期の各終業式当日に一部の学校で通知表が児童に交付されない事態に至り、昭和五六年一月の第三学期開始時になお七校五六クラスで交付されなかった。

3　被上告人ら（被上告人A_1及び同A_2につき訴訟承継前の第一審原告A_6を、被上告人A_3、同A_4及び同A_5につき訴訟承継前の第一審原告A_7を指す。以下同じ。）は、長崎市内の公立小学校に勤務する教師であるが、長崎県教職員組合（以下「組合」という。）に所属し、校長は各教師の教育活動について指示権を有するものではないとの立場に立ち、その各勤務先学校において、昭和五五年度の第二学期に、校長会案に反対して通知表を各校長の指示どおりに記入せず、その決裁を得られないため児童に交付しなかった。

4　この間、右のような事態が長崎市内の教育関係者のみならず一般市民の間でも大きな関心事になっていたところ、かねてより教育問題等について言論活動をしていた上告人は、自己の収集した資料に基づき、被上告人らが右のとおり通知表を交付しなかった事実を確認し、これが組合の指示の下に組合に所属する教師が学校当局に対して行う抗争であるとの認識に立ち、昭和五六年二月初旬ころ、長崎県教育正常化父母の会なる実体のない団体の作成名義をもって「父母の皆さん、そして市民の皆さん」と題する第一審判決添付別紙三のＢ四版大のビラ（以下「本件ビラ」という。）約五〇〇〇枚を作成した上、これを被上告人らの勤務先学校の児童の下校時に手渡し、各校区内の家庭の郵便受に投函し、更には長崎市内の繁華街で通行人に手渡して配布した（以下「本件配布行為」という。）。

5　本件ビラには、通知表の交付をめぐる混乱の経過、通知表の性格、被上告人らが校長会案に反対して各勤務先学校の校長の決裁を得られない状態にあったことなどについて上告人の立場からする詳細な記述がされている一方、その本文中において、「教師としての能力自体を疑われるような『愚かな抵抗』」、「教育公務員としての当然の責任と義務を忘れ」、「お粗末教育」、「有害無能な教職員」等の表現が用いられ、本文に続く「通知表問題でわかった有害無能な教職員の一覧表」と題する一覧表に被上告人らの各勤務先学校名・担任クラス・氏名・年齢・住所・電話番号が個別的に記載された。

6　被上告人らは、本件配布行為ののち、担任クラスの児童、その父母及び隣人等から本件ビラの内容につき質問や誤解を受けて困惑し、中には、深夜等に非難攻撃の匿名電話や嫌がらせの無言電話が自宅に繰り返し掛かり、「無能先生は再び氏名公表」などと印刷した差出人名のない葉書が舞い込み、勤務先学校及び自宅付近で右翼団体の宣伝カーのスピーカーにより氏名等を連呼され、家族に対してまで非難の宣伝をされた者がおり、その余の者も、右事実を知り、同様の攻撃を受けるのではないかと落ち着かない気持ちで毎日を送った。

二　原審は、右事実関係の下において、(1)本件配布行為は被上告人らの社会的評価を低下させる行為に当たる、(2)本件ビラの内容は、公共の利害に関するものではあっても、被上告人らが組合員であるとの一事からその人格攻撃にまで及び、いわば架空の団体名義を用い、組合所属の教師に対する反感ないし敵意の表出として専らこれを揶揄誹謗するものであり、上告人において被上告人らと立場を異にする側からの非難攻撃を期待していたのであるから、専ら又は主として公益を図る目的に出たものとはいえない、(3)公務員である被上告人らが校長会案に反対して各校長の決済を得られない状態にあったとする点は事実に合致するが、これにより職務命令違反が成立するとしても、校長の職務権限及び教師の教育活動についての見解の相違に基づくものであり、組合の組織的統一行動ではなく、被上告人らが有害無能な教職員でその教育活動の内容が粗末であるともいえず、事実の証明がないことに帰するから違法性は阻却されない、とした上、名誉感情及び社会的名誉の侵害並びに非難攻撃等による精神的苦痛に対する慰藉料各一〇万円及びこれに対する不法行為より後の昭和五六年三月一日から支払済みまで民法所定年五分の割合による遅延損害金の支払と長崎市内において発行される長崎新聞の社会面広告欄に謝罪広告を一回掲載すべきことを求める被上告人らの本訴請求につき、上告人に対し慰藉料各五万円及びこれに対する右遅延損害金の支払と使用文字等を申立より小さな仕様による右謝罪広告の掲載を求める限度においてこれを認容すべきものとしている。

三　しかしながら、上告人の名誉侵害の不法行為責任を肯認した原審の右判断は、にわかに首肯することができない。その理由は次のとおりである。

公共の利害に関する事項について自由に批判、論評を行うことは、もとより表現の自由の行使として尊重されるべきものであり、その対象が公務員の地位における行動である場合には、右批判等により当該公務員の社会的評価が低下することがあっても、その目的が専ら公益を図るものであり、かつ、その前提としている事実が主要な点において真実であることの証明があったときは、人身攻撃に及ぶなど論評としての域を逸脱したものでない限り、名誉侵害の不法行為の違法性を欠くものというべきである。このことは、当裁判所の判例（最高裁昭和三七年（オ）第八一五号同四一年六月二三日第一小法廷判決・民集二〇巻五号一一一八頁、昭和五六年（オ）第六〇九号同六一年六月一一日大法廷判決・民集四〇巻四号八七二頁、昭和五五年（オ）第一一八八号同六二年四月二四日第二小法廷判決・民集四一巻三号四九〇頁）の趣旨に徴して明らかであり、ビラを作成配布することも、右のような表現行為として保護されるべきことに変わりはない。

本件において、前示のような本件ビラの内容からすれば、本件配布行為は、被上告人らの社会的評価を低下させることがあっても、被上告人らが、有害無能な教職員でその教育内容が粗末であることを読者に訴え掛けることに主眼があるとはにわかに解し難く、むしろ右行為の当時長崎市内の教育関係者のみならず一般市民の間でも大きな関心事になっていた小学校における通知表の交付をめぐる混乱という公共の利害に関する事項についての批判、論評を主題とする意見表明というべきである。本件ビラの末尾一覧表に被上告人らの氏名・住所・電話番号等が個別的に記載された部分も、これに起因する結果につき人格的利益の侵害という観点から別途の不法行為責任を問う余地のあるのは格別、それ自体としては、被上告人らの社会的評価に直接かかわるものではなく、また、本件ビラを全体として考察すると、主題を離れて被上告人らの人身攻撃に及ぶなど論評としての域を逸脱しているということもできない。そして、本件ビラの右のような性格及び内容に照らすと、上告人の本件配布行為の主観的な意図及び本件ビラの作成名義人が前記のようなものであっても、そのことから直ちに本件配布行為が専ら公益を図る目的に出たものに当たらないということはできず、更に、本件ビラの主題が前提としている客観的事実については、その主要な点において真実であることの証明があったものとみて差し支えないから、本件配布行為は、名誉侵害の不法行為の違法性を欠くものというべきである。

してみると、被上告人らの本訴請求中、上告人の被上告人らに対する名誉侵害の不法行為責任を前提として新聞紙上への謝罪広告の掲載を求める部分（慰藉料請求に関する部分については後に判示するとおりである。）は、失当として棄却すべきものである。したがって、原判決中、右請求部分につき一部認容した第一審判決に対する上告人の控訴を棄却した部分には、法令の解釈適用の誤り、ひいて理由不備の違法があるものというべく、右違法が判決の結論に影響を及ぼすことは明らかであるから、この趣旨をいう論旨は理由がある。

同第一について

上告人の本件配布行為ののち、被上告人らの中には、電話、葉書、スピーカーによる嫌がらせや非難攻撃を繰り返し受け、家族に対してまで非難の宣伝をされた者があり、その余の者も右事実を知り同様の攻撃等を受けるのではないかと落ち着かない気持ちで毎日を送ったことは前示のとおりである。被上告人らの社会的地位及び当時の状況等にかんがみると、現実に右攻撃等を受けた被上告人らの精神的苦痛が社会通念上受忍すべき限度内にあるということはできず、その余の被上告人らの精神的苦痛も、その性質及び程度において、右攻撃等を受けた被上告人らのそれと実質的な差異はないというべきところ、原審が適法に確定したところによると、被上告人らの氏名・住所・電話番号等を個別的に記載した本件ビラを大量に配布すれば右のような事態が発生することを上告人において予見していたか又は予見しなかったことに過失がある、というのであるから、被上告人らは上告人の本件配布行為に起因して私生活の平穏などの人格的利益を違法に侵害されたものというべきであり、上告人はこれにつき不法行為責任を免れないといわざるを得ない。ところで、被上告人らは、本件配布行為により名誉及び名誉感情と同時に右のような人格的利益をも違法に侵害されたとして、その精神的苦痛に対する慰藉料各一〇万円の支払を請求し、原審は、これらに対する慰藉料として被上告人らにつき各五万円を認容した第一審判決を維持しているが、上告人の名誉侵害の不法行為責任を肯認し得ないことは前記説示のとおりであるところ、原審が確定した前示事実関係に照らすと、被上告人らが上告人の本件配布行為に起因して人格的利益を侵害されたことのみによる精神的苦痛に対する慰藉料としては、被上告人らにつき各二万円が相当であるから、被上告人らの本訴請求中、慰藉料の支払を求める部分は、上告人に対し各二万円及びこれに対する昭和五六年三月一日から支払済みまで民法所定年五分の割合による遅延損害金の支払を求める限度で認容し、その余を棄却すべきものである。したがって、原判決中、被上告人らの右請求部分につき右金員を超えて一部認容した第一審判決に対する上告人の控訴を棄却した部分には、理由不備の違法があるものというべく、論旨は、この趣旨をいうものとして理由がある。

よって、原判決及び第一審判決中上告人敗訴部分を前記の趣旨に変更し、民訴法四〇八条、三九六条、三八六条、九六条、八九条、九三条、九二条に従い、裁判官全員一致の意見で、主文のとおり判決する。

（裁判長裁判官　佐藤哲郎　裁判官　角田禮次郎　裁判官　大内恒夫　裁判官　四ツ谷巖　裁判官　大堀誠一）

8 最判平成 11 年 3 月 25 日集民 192 号 499 頁（内心の静穏な感情）

【取りまとめ 33〜35 頁】

主　　　文

本件上告を棄却する。

上告費用は上告人らの負担とする。

理　　　由

上告代理人佐藤悠人、同古川靖、同安田信彦の上告理由中「自己の帰依する宗教団体及び信仰の対象である主宰者をひぼう中傷されることにより宗教上の領域における心の静穏を乱されることのない利益」の侵害に係る不法行為の成否に関する部分について

上告人らの請求は、上告人らが、自己の帰依する宗教団体及び信仰の対象である主宰者をひぼう中傷する一連の本件記事が週刊誌等に掲載された結果、右利益を侵害され、精神的に苦痛を被ったとして、被上告人ら（右週刊誌等の出版社、その代表取締役、編集者、執筆者）に対し、不法行為に基づき損害賠償を求めるものである。

各人の価値観が多様化し、精神的な摩擦が様々な形で現れる現代社会においては、他者の言動によって内心の静穏な感情を害され、精神的苦痛を被ることがまれではない。人は自己の欲しない他者の言動によって心の静穏を乱されないという利益を有し、この利益は社会生活の上において尊重されるべきものである。しかし、同時に他者の言論、営業その他の社会的活動も尊重されるべきであって、これをみだりに制限すべきではないから、人は、社会生活において他者の言動により内心の静穏な感情を害され、精神的苦痛を受けることがあっても、一定の限度ではこれを甘受すべきであり、社会通念上その限度を超えて内心の静穏な感情が害され、かつ、その侵害の態様、程度が内心の静穏な感情に対する介入として社会的に許容できる限度を超える場合に初めて、右の利益が法的に保護され、これに対する侵害について不法行為が成立し得るものと解するのが相当である。

これを本件についてみると、上告人らが被ったと主張する不利益の内容は、本件記事を自分で読み、ないしは右記事を読んだ周囲の人々から帰依する宗教団体等の批判を聞かされるなどした結果、内心の静穏な感情を害され、不快感、不安感等を抱いたというにとどまるものと解されるのであり、また、本件で問題とされる侵害行為は、週刊誌等に上告人らが帰依する宗教団体及びその信仰の対象である主宰者を批判する本件記事を掲載したという本来自由な言論活動に属するものであって、本件記事が上告人ら個々人の内心の静穏な感情を害する意図・目的で掲載されたというような事実関係もうかがわれない。したがって、本件記事の掲載等が上告人らの主張に係る法的利益を違法に侵害したものであると評価することはできず、これが上告人らに対して不法行為を構成することはないというべきである。原審の判断は、以上と同趣旨をいうものとして、是認することができる。論旨は、違憲をいう点を含め、独自の見解に立って原判決の法令違背をいうものにすぎず、採用することができない。

その余の上告理由について

そのほかの法的利益の侵害の主張との関係でも不法行為は成立しないとした原審の判断は、是認することができる。論旨は、違憲をいう点を含め、独自の見解に立って原判決の法令違背をいうか、原判決を正解しないでこれを非難するか、又は原判決の結論に影響しない判示部分を論難することに帰し、採用することができない。

よって、裁判官全員一致の意見で、主文のとおり判決する。

（裁判長裁判官　井嶋一友　裁判官　小野幹雄　裁判官　遠藤光男　裁判官　藤井正雄　裁判官　大出峻郎）

最判平成17年11月10日民集59巻9号2428頁（法廷内で行われた被告人の写真撮影）

【取りまとめ35〜40頁】

主　　　文

1　原判決主文第1項(1)を破棄する。

2　前項の部分につき本件を大阪高等裁判所に差し戻す。

3　上告人株式会社新潮社及び同山本伊吾のその余の上告を棄却する。

4　前項に関する上告費用は上告人株式会社新潮社及び同山本伊吾の負担とする。

理　　　由

上告代理人鳥飼重和ほかの上告受理申立て理由第3の2について

1　原審の確定した事実関係の概要等は、次のとおりである。

(1)　被上告人は、平成10年7月に和歌山市内で発生したカレーライスへの毒物混入事件等につき、殺人罪等により逮捕、勾留され、起訴された被告人である（以下、被上告人を被疑者、被告人とする上記事件等を「本件刑事事件」という。）。本件刑事事件は、極めて重大な事案として、国民の多くの注目を集めていた。

上告人株式会社新潮社（以下「上告会社」という。）は、書籍及び雑誌の出版等を目的とする株式会社であり、昭和56年から平成13年8月まで、「FOCUS」と題する写真週刊誌（以下「本件写真週刊誌」という。）を発行していた。上告人山本伊吾（以下「上告人山本」という。）は、平成10年1月から平成13年8月まで、本件写真週刊誌の編集長及び発行人の地位にあった。上告人佐藤隆信（以下「上告人佐藤」という。）は、平成11年当時、上告会社の代表取締役であった。

(2)　平成10年11月25日、和歌山地方裁判所の法廷において、被上告人の被疑者段階における勾留理由開示手続が行われた。本件写真週刊誌のカメラマンは、小型カメラを上記法廷に隠して持ち込み、本件刑事事件の手続における被上告人の動静を報道する目的で、閉廷直後の時間帯に、裁判所の許可を得ることなく、かつ、被上告人に無断で、裁判所職員及び訴訟関係人に気付かれないようにして、傍聴席から被上告人の容ぼう、姿態（以下、併せて「容ぼう等」という。）を写真撮影した（以下、この写真を「本件写真」という。）。本件写真は、手錠をされ、腰縄を付けられた状態にある被上告人をとらえたものである。

(3)　上告会社は、平成11年5月19日、本件写真週刊誌の同月26日号に、「法廷を嘲笑う『X』の毒カレー初公判－この『怪物』を裁けるのか」との表題の下に、本件写真を主体とした記事（第1審判決添付の別紙1のとおりのもの。以下「本件第1記事」という。）を掲載し、そのころ、これを発行した。本件第1記事には、被上告人が手錠をされ、腰縄を付けられた状態であることを殊更指摘する記載がある。

(4)　被上告人は、平成11年8月11日、上告会社及び上告人山本に対し、本件写真の撮影及び本件第1記事の本件写真週刊誌への掲載により被上告人の肖像権が侵害されたと主張して、上告人山本については民法709条に基づき、上告会社については同法715条に基づき、慰謝料の支払等を求める訴えを提起した（以下、この訴訟事件を「第1事件」という。）。

(5) 上告会社は、平成 11 年 8 月 18 日、本件写真週刊誌の同月 25 日号に、「『肖像権』で本誌を訴えた『X』殿へ－絵ならどうなる？」との表題の下に、被上告人の本件刑事事件の法廷内における容ぼう等を描いた3点のイラスト画と文章から成る記事（第1審判決添付の別紙2のとおりのもの。以下「本件第2記事」という。）を掲載し、そのころ、これを発行した。上記イラスト画（見開き2頁の本件第2記事の上段に1点、下段に2点が描かれている。以下、併せて「本件イラスト画」という。）のうち上段のものは、被上告人が手錠、腰縄により身体の拘束を受けている状態が描かれたものであり、下段の2点は、被上告人が訴訟関係人から資料を見せられている状態が描かれたもの及び被上告人が手振りを交えて話しているような状態が描かれたものである。本件第2記事の文章には、刑事事件の被告人である被上告人が第1事件の訴えを提起したことについて、被上告人を侮辱し、又はその名誉を毀損する表現がある。

(6) 上告人佐藤は、本件第2記事の掲載当時、上告会社の内部において、本件写真週刊誌の取材、報道に関し違法行為の発生を防止する管理体制を整えていなかったものであり、本件第2記事による被上告人に対する名誉毀損等の不法行為に関し、上告人佐藤には、その職務の執行につき重過失があった。

(7) 被上告人は、平成 11 年 12 月 6 日、上告人らに対し、本件第2記事の本件写真週刊誌への掲載は、被上告人の肖像権を侵害し、被上告人の名誉を毀損し、被上告人を侮辱するものであるなどと主張し、上告人山本については民法709条に基づき、上告会社については同法715条に基づき、上告人佐藤については商法266条ノ3に基づき、慰謝料の支払等を求める訴えを提起した（以下、この訴訟事件を「第2事件」という。）。本件は、第1事件と第2事件が併合されたものである。

2　原審は、次のとおり判断して、第1事件については、慰謝料及び弁護士費用220万円並びにこれに対する遅延損害金の請求を認容した第1審判決を是認し、第2事件については、慰謝料及び弁護士費用220万円並びにこれに対する遅延損害金の支払を求める限度において、被上告人の請求を認容した。

(1) みだりに自己の容ぼう等を撮影され、これを公表されない人格的利益は、被撮影者が刑事事件の被疑者や被告人であっても法的に保護され、本件写真の撮影及び本件第1記事の本件写真週刊誌への掲載は、被上告人の上記法的に保護された利益である肖像権を侵害する。ある取材、報道行為が他者の肖像権を侵害する結果となる場合であっても、当該取材、報道行為が公共の利害に関する事項にかかわり、専ら公益を図る目的でされ、当該取材、報道の手段方法がその目的に照らして相当であるという要件を満たすときには、その行為の違法性が阻却される。これらの要件については、個別にその有無を判断するだけでなく、その程度を勘案して総合的に判断すべきである。本件写真の撮影及び本件第1記事の掲載は、公共の利害に関する事項にかかわり、専ら公益を図る目的でされたと認められる。しかし、本件写真の撮影方法は相当性を欠き、また、本件第1記事には、被上告人が手錠をされ、腰縄を付けられた状態であることを殊更指摘する記載があるなど、本件第1記事の説明文も相当性を欠くから、本件写真の撮影及び本件第1記事の掲載の違法性が阻却されるものではない。よって、上告会社及び上告人山本は、被上告人に対し、本件写真の撮影及び本件写真を含む本件第1記事の本件写真週刊誌への掲載につき損害賠償責任を負う。

⑵　個人の容ぼう等を描写する手段が写真であるかイラスト画であるかは肖像権侵害の有無を決定する本質的問題とはいえず、イラスト画に描かれた容ぼう等がある特定の人物のものであると容易に判断することができるときには、当該イラスト画は、その個人の肖像権を侵害する。本件イラスト画は、被上告人の容ぼう等をとらえたものと容易に判断することができるから、被上告人の肖像権を侵害するものである。本件第2記事は、公共の利害に関する事項にかかわるものではあるが、これを全体として見た場合、被上告人が第1事件の訴えを提起した事実をやゆする意図に出たものであって、本件第2記事の本件写真週刊誌への掲載が専ら公益を図る目的でされたとは認められず、本件イラスト画による肖像権侵害の違法性が阻却されるものではない。本件イラスト画は被上告人の肖像権を侵害するものであり、本件第2記事の文章は、被上告人を侮辱し、又はその名誉を毀損するものであるから、上告人らは、被上告人に対し、本件イラスト画を含む本件第2記事の本件写真週刊誌への掲載につき損害賠償責任を負う。

3　しかしながら、原審の上記判断⑴は結論において是認することができるが、同⑵は是認することができない。その理由は、次のとおりである。

⑴　人は、みだりに自己の容ぼう等を撮影されないということについて法律上保護されるべき人格的利益を有する（最高裁昭和40年（あ）第1187号同44年12月24日大法廷判決・刑集23巻12号1625頁参照）。もっとも、人の容ぼう等の撮影が正当な取材行為等として許されるべき場合もあるのであって、ある者の容ぼう等をその承諾なく撮影することが不法行為法上違法となるかどうかは、被撮影者の社会的地位、撮影された被撮影者の活動内容、撮影の場所、撮影の目的、撮影の態様、撮影の必要性等を総合考慮して、被撮影者の上記人格的利益の侵害が社会生活上受忍の限度を超えるものといえるかどうかを判断して決すべきである。

また、人は、自己の容ぼう等を撮影された写真をみだりに公表されない人格的利益も有すると解するのが相当であり、人の容ぼう等の撮影が違法と評価される場合には、その容ぼう等が撮影された写真を公表する行為は、被撮影者の上記人格的利益を侵害するものとして、違法性を有するものというべきである。

これを本件についてみると、前記のとおり、被上告人は、本件写真の撮影当時、社会の耳目を集めた本件刑事事件の被疑者として拘束中の者であり、本件写真は、本件刑事事件の手続での被上告人の動静を報道する目的で撮影されたものである。しかしながら、本件写真週刊誌のカメラマンは、刑訴規則215条所定の裁判所の許可を受けることなく、小型カメラを法廷に持ち込み、被上告人の動静を隠し撮りしたというのであり、その撮影の態様は相当なものとはいえない。また、被上告人は、手錠をされ、腰縄を付けられた状態の容ぼう等を撮影されたものであり、このような被上告人の様子をあえて撮影することの必要性も認め難い。本件写真が撮影された法廷は傍聴人に公開された場所であったとはいえ、被上告人は、被疑者として出頭し在廷していたのであり、写真撮影が予想される状況の下に任意に公衆の前に姿を現したものではない。以上の事情を総合考慮すると、本件写真の撮影行為は、社会生活上受忍すべき限度を超えて、被上告人の人格的利益を侵害するものであり、不法行為法上違法であるとの評価を免れない。そして、このように違法に撮影された本件写真を、本件第1記事に組み込み、本件写真週刊誌に掲載して公表する行為も、被上告人の人格的利益を侵害するものとして、違法性を有するものというべきである。

⑵　人は、自己の容ぼう等を描写したイラスト画についても、これをみだりに公表されない人格的利益を有すると解するのが相当である。しかしながら、人の容ぼう等を撮影した写真は、カメラのレンズがとらえた被撮影者の容ぼう等を化学的方法等により再現したものであり、それが公表された場合は、被撮影者の容ぼう等をありのままに示したものであることを前提とした受け取り方をされるものである。これに対し、人の容ぼう等を描写したイラスト画は、その描写に作者の主観や技術が反映するものであり、それが公表された場合も、作者の主観や技術を反映したものであることを前提とした受け取り方をされるものである。したがって、人の容ぼう等を描写したイラスト画を公表する行為が社会生活上受忍の限度を超えて不法行為法上違法と評価されるか否かの判断に当たっては、写真とは異なるイラスト画の上記特質が参酌されなければならない。

これを本件についてみると、前記のとおり、本件イラスト画のうち下段のイラスト画2点は、法廷において、被上告人が訴訟関係人から資料を見せられている状態及び手振りを交えて話しているような状態が描かれたものである。現在の我が国において、一般に、法廷内における被告人の動静を報道するためにその容ぼう等をイラスト画により描写し、これを新聞、雑誌等に掲載することは社会的に是認された行為であると解するのが相当であり、上記のような表現内容のイラスト画を公表する行為は、社会生活上受忍すべき限度を超えて被上告人の人格的利益を侵害するものとはいえないというべきである。したがって、上記イラスト画2点を本件第2記事に組み込み、本件写真週刊誌に掲載して公表した行為については、不法行為法上違法であると評価することはできない。しかしながら、本件イラスト画のうち上段のものは、前記のとおり、被上告人が手錠、腰縄により身体の拘束を受けている状態が描かれたものであり、そのような表現内容のイラスト画を公表する行為は、被上告人を侮辱し、被上告人の名誉感情を侵害するものというべきであり、同イラスト画を、本件第2記事に組み込み、本件写真週刊誌に掲載して公表した行為は、社会生活上受忍すべき限度を超えて、被上告人の人格的利益を侵害するものであり、不法行為法上違法と評価すべきである。

これと異なり、下段のイラスト画2点を公表したことをも違法であるとして、これを前提に上告人らの損害賠償責任を認めた原審の前記判断には、判決に影響を及ぼすことが明らかな法令の違反がある。論旨は、この趣旨をいうものとして理由がある。

4　以上によれば、原判決主文第1項⑴は破棄を免れず、被上告人の被った損害について更に審理を尽くさせるため、同部分につき、本件を原審に差し戻すこととし、上告会社及び上告人山本のその余の上告は、理由がないので、これを棄却することとする。

よって、裁判官全員一致の意見で、主文のとおり判決する。

（裁判長裁判官　島田仁郎　裁判官　横尾和子　裁判官　甲斐中辰夫　裁判官　泉徳治　裁判官　才口千晴）

最判平成9年9月9日民集51巻8号3804頁（夕刊フジ事件）

【取りまとめ10〜11、58〜62頁】

主　　　文

原判決を破棄する。

本件を東京高等裁判所に差し戻す。

理　　　由

上告代理人喜田村洋一の上告理由について

一　本件は、被上告人の発行する新聞に掲載された記事が上告人の名誉を毀損するものであるとして、上告人が被上告人に対して損害賠償を請求するものであり、原審の確定した事実関係の概要は、次のとおりである。

1　被上告人の発行する「夕刊フジ」紙の昭和六〇年一〇月二日付け紙面の第一面に、原判決別紙のとおりの記事（以下「本件記事」という。）が掲載された。本件記事は、「『aは極悪人、死刑よ』夕ぐれ族・Aが明かす意外な関係」「『Bさんも知らない話…警察に呼ばれたら話します』」等の見出しを付した八段抜きの記事である。

2　上告人は当時妻Cを殺害しようとしたとの殺人未遂被疑事件について逮捕、勾留されて取調べを受けていたところ、本件記事の大要は、⑴右殺人未遂被疑事件についての上告人の勾留期間の末日である同月三日が迫っており、捜査機関の上告人に対する取調べも大詰めを迎えているが、上告人は頑強に右事件への関与につき否認を続けていると報じた後、⑵夕ぐれ族ないし新夕ぐれ族なる名称でいわゆる風俗関係の営業をしているAが、同年初めころから上告人と相当親密な交際をしていた旨述べたとした上、「『aサンは女性に対して愛を感じないヒトみたい。あの人にとって、女性はたばこや食事と同じ。本当の極悪人ね。もう、（aと）会うことはないでしょう。自供したら、きっと死刑ね。今は棺桶に片足をのっけているようなもの』。A嬢は『極悪人』『死刑』といい切るのである。なぜここまでいえるのか。『仕事とかお金とか事件のこととか、〈こんなこと私に話してもいいのかしら〉と奥さんのBさんにも話していないようなことを話してくれました。内容はノーコメントですが、（警察に）呼ばれたら、話します』と非常に意味深である。」と記載し、⑶続いて、捜査の状況につき、「aは『否認のまま起訴』という見方が警視庁内では今、最も強い。」と報じた後、「しかし、『あきらめるのは、まだ早い。最終日を狙え』という外部の声もある。」として、「東京地検の元検事（中略）にいわせると、aは『知能犯プラス凶悪犯で、前代未聞の手ごわさ』という。『弱点を探り出すこと。弱さは自信や強さの裏返しで、aは何人もの女性を渡り歩き、女性に自信をもっているはず。それに、いまヤツの唯一の心の支えは女房だろう。そこで、女房にaを裏切るように仕向ける。裏切ったとみせかける。〈女は簡単〉の自信が崩れ、大変なショックだろう』元検事は、このままならa否認のまま起訴とみる。『aもはじめから、そのつもりだったろう。起訴になって保釈請求も予定行動。この二年間の金もうけは、保釈金集めだったのじゃないかな。しかし、裁判所は保釈しないよ、絶対に。こりゃ、aはショックだ。どんなにがんばっても、必ずこの保釈不許可でダウンだよ。』とみる。」と結ぶものである。

3　なお、上告人については、昭和五九年以来、右殺人未遂事件の嫌疑のほか、右殺人未遂の犯行後に妻Cを殺害したとの嫌疑等についても、数多くの報道がされていた。

二　上告人は、本件記事のうち、「『aは極悪人、死刑よ』」との見出し部分（以下「本件見出し1」という。）、「『Bさんも知らない話…警察に呼ばれたら話します』」との見出し（以下「本件見出し2」という。）及び本文中の「元検事にいわせると、aは『知能犯プラス凶悪犯で、前代未聞の手ごわさ』という。」との部分（以下「本件記述」という。）は、いずれも、上告人が右各記載のとおりの人物であると断定するものであり、上告人の名誉を毀損するものであるなどと主張している。

これに対し、原審は、以下のように判示して、上告人の請求を棄却した。

本件見出し1等は、いずれも上告人の犯罪行為に関する事実についてのもので、公共の利害に関する事実に係るものであり、次に述べるとおり、被上告人については、これらに関し、名誉毀損による不法行為責任は成立しない。

1　本件見出し1は、上告人に関する特定の行為又は具体的事実を、明示的に叙述するものではなく、また、これらを黙示的に叙述するものともいい難い。その上、これがAの談話であると表示されていることも考慮すると、右見出しは、意見の表明（言明）に当たるというべきである。そして、この意見は、Aが、本件記事が公表される前に既に新聞等により繰り返し詳細に報道され広く社会に知れ渡っていた上告人の前記殺人未遂事件等についての強い嫌疑を主要な基礎事実として、上告人との交際を通じて得た印象も加味した上、同人についてした評価を表明するものであることが明らかであり、右意見をもって不当、不合理なものということもできない。

2　次に、本件見出し2は、Aが前記殺人未遂及び殺人各事件への上告人の関与につき何らかの事実又は証拠を知っていると受け取られるかのような表現を採ってはいるが、本件記事の通常の読者においてはAの戯言と受け取られるものにすぎないから、右見出しは、前記殺人未遂及び殺人各事件への上告人の関与につき嫌疑を更に強めるものとはいえず、本件見出し1と併せ考慮しても、これにより上告人の名誉が毀損されたとはいえない。

3　最後に、本件記述は、上告人に関する特定の行為又は具体的事実を、明示的に叙述するものではなく、また、これらを黙示的に叙述するものともいい難いから、右は、やはり意見の表明（言明）に当たるというべきである。そして、この意見は、東京地検の元検事と称する人物が、本件記事が公表される前に既に新聞等により繰り返し詳細に報道され広く社会に知れ渡っていた上告人の前記殺人未遂事件等についての強い嫌疑並びに上告人に対する捜査状況を主要な基礎事実として、同人についてした評価と今後の捜査見込みを表明するものであるから、右意見をもって不当、不合理なものということもできない。

三　しかしながら、原審の右判断は是認することができない。その理由は、次のとおりである。

1　新聞記事による名誉毀損の不法行為は、問題とされる表現が、人の品性、徳行、名声、信用等の人格的価値について社会から受ける客観的評価を低下させるものであれば、これが事実を摘示するものであるか、又は意見ないし論評を表明するものであるかを問わず、成立し得るものである。ところで、事実を摘示しての名誉毀損にあっては、その行為が公共の利害に関する事実に係り、かつ、その目的が専ら公益を図ることにあった場合に、摘示された事実がその重要な部分について真実であることの証明があったときには、右行為には違法性がなく、仮に右事実が真実であることの証明がないときにも、行為者において右事実を真実と信ずるについて相当の理由があれば、その故意又は過失は否定される（最高裁昭和三七年（オ）第八一五号同四一年六月二三日第一小法廷判決・民集二〇巻五号一一一八頁、最高裁昭和五六年（オ）第二五号同五八年一〇月二〇日第一小法廷判決・裁判集民事一四〇号一七七頁参照)。一方、ある事実を基礎としての意見ないし論評の表明による名誉毀損にあっては、その行為が公共の利害に関する事実に係り、かつ、その目的が専ら公益を図ることにあった場合に、右意見ないし論評の前提としている事実が重要な部分について真実であることの証明があったときには、人身攻撃に及ぶなど意見ないし論評としての域を逸脱したものでない限り、右行為は違法性を欠くものというべきである（最高裁昭和五五年（オ）第一一八八号同六二年四月二四日第二小法廷判決・民集四一巻三号四九〇頁、最高裁昭和六〇年（オ）第一二七四号平成元年一二月二一日第一小法廷判決・民集四三巻一二号二二五二頁参照)。そして、仮に右意見ないし論評の前提としている事実が真実であることの証明がないときにも、事実を摘示しての名誉毀損における場合と対比すると、行為者において右事実を真実と信ずるについて相当の理由があれば、その故意又は過失は否定されると解するのが相当である。

右のように、事実を摘示しての名誉毀損と意見ないし論評による名誉毀損とでは、不法行為責任の成否に関する要件が異なるため、問題とされている表現が、事実を摘示するものであるか、意見ないし論評の表明であるかを区別することが必要となる。ところで、ある記事の意味内容が他人の社会的評価を低下させるものであるかどうかは、当該記事についての一般の読者の普通の注意と読み方とを基準として判断すべきものであり（最高裁昭和二九年（オ）第六三四号同三一年七月二〇日第二小法廷判決・民集一〇巻八号一〇五九頁参照)、そのことは、前記区別に当たっても妥当するものというべきである。すなわち、新聞記事中の名誉毀損の成否が問題となっている部分について、そこに用いられている語のみを通常の意味に従って理解した場合には、証拠等をもってその存否を決することが可能な他人に関する特定の事項を主張しているものと直ちに解せないときにも、当該部分の前後の文脈や、記事の公表当時に一般の読者が有していた知識ないし経験等を考慮し、右部分が、修辞上の誇張ないし強調を行うか、比喩的表現方法を用いるか、又は第三者からの伝聞内容の紹介や推論の形式を採用するなどによりつつ、間接的ないしえん曲に前記事項を主張するものと理解されるならば、同部分は、事実を摘示するものと見るのが相当である。また、右のような間接的な言及は欠けるにせよ、当該部分の前後の文脈等の事情を総合的に考慮すると、当該部分の叙述の前提として前記事項を黙示的に主張するものと理解されるならば、同部分は、やはり、事実を摘示するものと見るのが相当である。

2　以上を本件について見ると、次のとおりいうことができる。

㈠　まず、『aは極悪人、死刑よ』という本件見出し１は、これと一体を成す見出しのその余の部分及び本件記事の本文に照らすと、Ａの談話の要点を紹介する趣旨のものであることは明らかである。ところで、本件記事中では、当時、上告人は、前記殺人未遂被疑事件について勾留されており近日中に公訴が提起されることも見込まれる状況にあったが、嫌疑につき頑強に否認し続けていたこと、Ａはかねて上告人と相当親しく交際していたが、同人から、捜査機関の事情聴取に応ずるにも値すべき「事件のこと」に関する説明を受けたことがあること、その上で、Ａが、上告人について、『本当の極悪人ね。（中略）自供したら、きっと死刑ね。今は棺桶に片足をのっけているようなもの』と述べたことが紹介されているのである。右のような本件記事の内容と、当時上告人については前記殺人未遂事件のみならず殺人事件についての嫌疑も存在していたことを考慮すると、本件見出し1は、Aの談話の紹介の形式により、上告人がこれらの犯罪を犯したと断定的に主張し、右事実を摘示するとともに、同事実を前提にその行為の悪性を強調する意見ないし論評を公表したものと解するのが相当である。

㈡　次に、『Bさんも知らない話…警察に呼ばれたら話します』という本件見出し2は、右㈠に述べた事情を考慮すると、やはりAの談話の紹介の形式により、上告人が前記の各犯罪を犯したと主張し、右事実を摘示するものと解するのが相当である。右談話は、その後の両名の相当親密な関係に立脚するものであることが本件記事中でも明らかとされており、本件記事が報道媒体である新聞紙の第一面に掲載されたこと、本件記事中にはAの談話内容の信用性を否定すべきことをうかがわせる記述は格別存在しないことなども考慮すると、本件記事の読者においては、右談話に係る事実には幾分かの真実も含まれていると考えるのが通常であったと思われる。そうすると、右見出しは、上告人の名誉を毀損するものであったというべきである。

㈢　最後に、「この元検事にいわせると、aは『知能犯プラス凶悪犯で、前代未聞の手ごわさ』という。」という本件記述は、上告人に対する殺人未遂被疑事件についての前記のような捜査状況を前提としつつ、元検事が上告人から右事件について自白を得ることは不可能ではないと述べたことを紹介する記載の一部であり、当時上告人については右殺人未遂事件のみならず殺人事件についても嫌疑が存在していたことも考慮すると、本件記述は、元検事の談話の紹介の形式により、上告人がこれらの犯罪を犯したと断定的に主張し、右事実を摘示するとともに、同事実を前提にその人格の悪性を強調する意見ないし論評を公表したものと解するのが相当である。

3　もっとも、原判決は、本件見出し1及び本件記述に関し、その意見ないし論評の前提となる事実について、被上告人においてその重要な部分を真実であると信ずるにつき相当の理由があったと判示する趣旨と解する余地もある。

しかしながら、ある者が犯罪を犯したとの嫌疑につき、これが新聞等により繰り返し報道されていたため社会的に広く知れ渡っていたとしても、このことから、直ちに、右嫌疑に係る犯罪の事実が実際に存在したと公表した者において、右事実を真実であると信ずるにつき相当の理由があったということはできない。けだし、ある者が実際に犯罪を行ったということと、この者に対して他者から犯罪の嫌疑がかけられているということとは、事実としては全く異なるものであり、嫌疑につき多数の報道がされてその存在が周知のものとなったという一事をもって、直ちに、その嫌疑に係る犯罪の事実までが証明されるわけでないことは、いうまでもないからである。

これを本件について見るに、前記のとおり、本件見出し1及び本件記述は、上告人が前記殺人未遂事件等を犯したと断定的に主張するものと見るべきであるが、原判決は、本件記事が公表された時点までに上告人が右各事件に関与したとの嫌疑につき多数の報道がされてその存在が周知のものとなっていたとの事実を根拠に、右嫌疑に係る犯罪事実そのものの存在については被上告人においてこれを真実と信ずるにつき相当の理由があったか否かを特段問うことなく、その名誉毀損による不法行為責任の成立を否定したものであって、これを是認することができない。

四　そうすると、右とは異なり、被上告人につき本件見出し等に関しての不法行為責任の成立を否定した原審の認定判断は、法令の解釈適用を誤ったものというべきであり、この違法は原判決の結論に影響を及ぼすことが明らかである。論旨は理由があり、原判決は破棄を免れない。そして、本件については、更に審理を尽くさせる必要があるから、原審に差し戻すこととする。

よって、民訴法四〇七条一項に従い、裁判官全員一致の意見で、主文のとおり判決する。

（裁判長裁判官　園部逸夫　裁判官　大野正男　裁判官　千種秀夫　裁判官　尾崎行信　裁判官　山口繁）

11 最判平成16年7月15日民集58巻5号1615頁（「脱ゴーマニズム宣言」事件）

【取りまとめ58〜64頁】

主　　　文

原判決中上告人らの敗訴部分を破棄する。

前項の部分につき、被上告人の控訴を棄却する。

控訴費用及び上告費用は被上告人の負担とする。

理　　　由

平成15年（受）第1793号上告代理人中村裕二、同瀧澤秀俊の上告受理申立て理由第2及び平成15年（受）第1794号上告代理人竹下正己、同山本博毅、同那須智恵の上告受理申立て理由第2の2について

1　原審が適法に確定した事実関係の概要は、次のとおりである。

(1)　被上告人は、大学講師でいわゆる従軍慰安婦問題等の研究者であり、著書、講演、インターネットのホームページ、雑誌への寄稿やテレビジョン番組への出演等によってその意見を表明している。被上告人は、従軍慰安婦問題について、我が国に責任があり、従軍慰安婦であった者等に対し謝罪等をすべきであるという立場を採っている。

平成15年（受）第1793号上告人小林善範（以下「上告人小林」という。）は、「小林よしのり」をペンネームとし、雑誌「SAPIO」に連載され単行本の発行されている漫画「新・ゴーマニズム宣言」を含む「ゴーマニズム宣言」シリーズ（以下「ゴーマニズム宣言シリーズ」と総称する。）を執筆する漫画家であり、その著作権を有しており、従軍慰安婦問題について我が国に責任があるとする論者、論調を批判する立場を採っている。

(2)　被上告人は、平成9年11月1日、ゴーマニズム宣言シリーズのカットを上告人小林に無断で採録し、従軍慰安婦問題等に関する上告人小林の見解を批判することなどを内容とする第1審判決別紙第3目録記載の表現を含む「脱ゴーマニズム宣言」と題する書籍（以下「被上告人著作」という。）の初版第1刷を出版した。被上告人著作の表紙カバーの上半分には、「これは、漫画家小林よしのりへの鎮魂の書である。」と記載されており、下半分には、「脱ゴーマニズム宣言」、「小林よしのりの『慰安婦』問題」という被上告人著作の表題及び副題が記載されているとともに、表紙カバーの背表紙部分にも同じ表題及び副題が記載されている。これらの表題のうち、「ゴーマニズム宣言」の部分は黒字であるのに対し、「脱」の部分のみは赤系統の色が用いられ、かつ、「ゴーマニズム宣言」の部分より大きめの字体が用いられており、また、背表紙部分の「小林よしのり」の部分は赤字が用いられている。

被上告人著作は、「はじめに—小林よし

のりへのレクイエム」、目次、本文部分及び「あとがき」により構成され、全体で149頁である。本文部分のうち、11頁から100頁までが「脱ゴーマニズム宣言」と題する部分、101頁から143頁までが「『慰安婦』攻撃の裏舞台」と題する部分になっており、ゴーマニズム宣言シリーズのカットが採録されているのは、「脱ゴーマニズム宣言」と題する部分である。上記採録されたカット数は、全57カット（74コマ）であり、頁の2分の1以上を上記採録されたカットが占める頁が4頁ある。上記採録されたカットの中には、人物に目隠しを描き加えたものが3カット、手書き文字を加えたもの及び配置を変えたものが各1カット存在し、1カットを除く他のすべての採録されたカットには、出典が明記されている。ゴーマニズム宣言は、1話が最低でも見開き2頁で、通常は8頁で完結する漫画であり、被上告人著作に採録されたカットは、その一部分にすぎず、独立した観賞性は認められるが、それ自体が独立した漫画として読み物になるものではない。被上告人は、これらのカットを上告人小林に無断で被上告人著作に採録した（以下、被上告人がしたこの採録を「本件採録」という。）。

被上告人著作の「脱ゴーマニズム宣言」と題する部分は、上告人小林を「よしりん」と呼び、関西弁風のくだけた筆致で記載されている。また、ゴーマニズム宣言シリーズでは、作品の最後の部分において「ごーまんかましてよかですか？」というセリフが記載されたカットが挿入され、上告人小林の意見がまとめられたカットが続くという体裁が定型化されているが、被上告人著作の「脱ゴーマニズム宣言」と題する部分では、第22章を除く各章の最後の部分で、「ゴーマンかましてかめへんやろか？」というタイトルの下に、被上告人の意見のまとめが記載されるという体裁が定型化されている。この意見のまとめの部分では、「このままやと『ゴーマニズム宣言』は、『作・某政治家、絵・小林よしのり』の宣伝ビラになりまっせ。」（第1章）、「そのうち『マンガばっかし描いてると、よしりんみたいになるよ！』と、どこかのおかーさんが言うようになったら恥やで！」（第7章）、「ゴーカン問題にドンカンなよしりんは、そのうち『ゴーカンニズム』宣言と呼ばれるかもしれへんぞ。」（第10章）、「ウソをついてまで責任者を隠すようになったあんさんは、もうおしまいなんかも知れへんな！」（第18章）、「ものごとを、ごっつう単純に描けば、『そりゃマンガや』と人は笑う。よしりんは、そんなしょーもない『マンガ』を描く人やなかった。せやけど、ここまであんさんが、そのマンガ家になり果てていたとは、今しみじみわかった。」（第19章）などと記載され、そのほかの部分でも、「漫画家・小林よしのり氏への鎮魂の書である」、「漫画家・小林よしのり氏の精神が死んでいる」と記載されたり、上告人小林のことが「右翼のデマゴーグ」、「特定の政治勢力の御用漫画家」などと記載されている。このように、被上告人著作の中では、上告人小林をひぼうし、やゆする表現が多数用いられている。

(3)　上告人小林は、被上告人著作の出版後、第1審判決別紙第1目録記載の表現を含む「新・ゴーマニズム宣言第55章」（以下「本件漫画」という。）を執筆し、平成15年(受)第1794号上告人株式会社小学館（以下「上告会社」という。）は、本件漫画を雑誌「SAPIO」平成9年11月26日号及び単行本「新・ゴーマニズム宣言第5巻」（平成10年10月10日発行）に掲載して発行した。

本件漫画は、「第55章　広義の強制すりかえ論者への鎮魂の章」との副題が付けられ、全8頁のうち、最初の2頁が本件採録を著作権侵害であり違法であると批判する部分であり、その余の頁には、被上告人著作中でされた従軍慰安婦問題に関する上告人小林の見解への批判、反論に対する再批判、再反論が記載されている。

本件漫画中の第1審判決別紙第1目録記載2、3、7、8、9、15、18、20の各表現（以下「本件各表現」と総称する。）は、本件採録が「ドロボー」であり、被上告人著作が「ドロボー本」であると繰り返し記述するとともに、唐草模様の風呂敷を背負って目に黒いアイマスクをかけている古典的な泥棒の格好をした被上告人の似顔絵の人物を描くなどすることによって、本件採録が許容される引用の限界を超え、著作権（複製権）侵害で違法であるとの上告人小林の法的な見解を表明したものであり、被上告人の社会的評価を低下させるものである。

本件漫画中、被上告人がした本件採録が著作権侵害で違法であると批判する部分の内容は、次のとおりである。

被上告人著作には、上告人小林が執筆したゴーマニズム宣言シリーズのカットが上告人小林に無断で採録されているとの事実を指摘した上で、「これは、専門家に確認した上で行った。漫画の部分的な引用は、それを評する文章との間に必然的な連関があるかぎり、著作権に抵触しないとのことだ。漫画に対する批評を正確に行うための『引用権』と呼んでもよいかも知れない。」という被上告人著作の「あとがき」に記載された被上告人の意見を原文のまま紹介し、これに対する上告人小林の反論として、業界に慣例として認められている部分的な引用は、セリフなどの文章部分のみに限られており、被上告人著作は、セリフ、文章の引用で事足りるのに、わざと上告人小林の執筆した漫画のカットを多く使って売上げを伸ばそうとしているなどの記載がされている。また、被上告人著作の「あとがき」の「小林氏も、本文の94頁にあるように、私の顔を勝手に描いておいて、自分の漫画だけは一切自由に引用するな、などとわがままなことは言わないだろう。」という部分も原文のまま引用した上で、これに対する上告人小林の反論として、人の顔は著作物ではなく、似顔絵を描かれたから著作物を無断転載してもよいなどという理屈は成立しないとの記載がされている。さらに、人物に目隠しを描き加えたカットについて、「このような絵は作家の著作物を勝手に改ざん・発表する悪質な行為であって著作権上特に許されないものだ」との上告人小林の意見が記載されたカットに続き、このような行為を野放しにしておくことはできないとして、「この著作権侵害事件に関しては弁護士を立てて断固とした法的措置を取る！」という上告人小林のセリフが記載されたカットが描かれている。

(4)　本件各表現は、公共の利害に関する事実に係るものであり、本件採録の違法性を広く一般読者に訴え、上告人小林自身の作品を含む漫画の著作権の擁護を図ろうとしたものであって、専ら公益を図る目的に出たものと認めることができる。

(5)　上告人小林は、被上告人著作が上告人小林の複製権及び著作者人格権である同一性保持権を侵害するなどとして、被上告人、被上告人著作の発行者及び出版社に対し、被上告人著作の出版等の差止め及び損害賠償を請求する訴訟（以下「別件訴訟」という。）を提起した。別件訴訟については、本件採録が複製権侵害であるとは認められないが、コマの配置を変えて採録した部分1箇所については同一性保持権を侵害したものであると認められるとして、上記採録に係る部分を含む被上告人著作の出版等の差止め及び20万円の慰謝料の支払を命じた控訴審の判決が確定している。

2　被上告人は、本件各表現が被上告人の名誉を毀損したなどと主張して、上告人らに対し、不法行為に基づき、損害賠償及び謝罪広告の掲載等を求めている。これに対し、上告人らは、本件各表現は、事実の摘示ではなく、意見ないし論評の表明というべきであり、その内容が被上告人に対する人身攻撃に及ぶなど意見ないし論評の域を逸脱したものとはいえないから、違法性を欠くなどと主張している。

3　原審は、次のとおり判断し、被上告人の請求を、慰謝料等の一部の支払及び本件漫画が掲載された「SAPIO」誌に原判決の別紙認容広告目録記載の謝罪広告を別紙認容広告態様目録記載の態様で掲載することを求める限度で認容し、その余の請求を棄却した。

(1)　本件においては、被上告人が上告人小林に無断で本件採録をしたという事実については当事者間に争いがなく、ただ、本件採録が著作権法32条1項による引用として適法ということができるか否かという法的評価に争いがあったものである。このような争いについては、裁判所に訴えを提起することにより、裁判所の公権的かつ確定的な判断が確実に示されるべきものであり、現に、本件について、上告人小林が別件訴訟を提起し、本件採録は上告人小林の複製権を侵害したものとはいえないとの裁判所の判断が確定している。このように法の解釈適用のみが問題となっている事項であっても、その問題について裁判所による公権的かつ確定的な判断が確実に示されるべき事項については、最高裁平成6年（オ）第978号同9年9月9日第三小法廷判決・民集51巻8号3804頁の判示する「証拠等をもってその存否を決することが可能な他人に関する特定の事項」に類するものということができ、意見ないし論評の表明ではなく、事実を摘示するものとみるのが相当である。

(2)　本件採録は上告人小林の複製権を侵害したものとはいえないとの裁判所の判断が確定しているのであるから、本件各表現は真実とは認められない。

(3)　本件採録が、裁判所において適法な引用に当たると判断されるがい然性があり、複製権侵害と判断されるがい然性が高いとは到底いえない状況であったと認めるのが相当である。そのような状況にあることは、上告人らにおいて著作権法の専門家に相談すれば容易に知ることができたものであり、我が国有数の出版社である上告会社及び有名な漫画家である上告人小林にとって、そのような相談をすることに支障があったとは認められないにもかかわらず、上告人らはこれをしていない。

以上のような事情の下では、上告人らにおいて、本件採録が複製権侵害で違法であることを真実と信ずるについて相当の理由があるとは認められない。

4　しかしながら、原審の上記判断は是認することができない。その理由は、次のとおりである。

(1)　事実を摘示しての名誉毀損にあっては、その行為が公共の利害に関する事実に係り、かつ、その目的が専ら公益を図ることにあった場合に、摘示された事実がその重要な部分について真実であることの証明があったときには、上記行為には違法性がなく、仮に上記証明がないときにも、行為者において上記事実の重要な部分を真実と信ずるについて相当の理由があれば、その故意又は過失は否定される（最高裁昭和37年（オ）第815号同41年6月23日第一小法廷判決・民集20巻5号1118頁、最高裁昭和56年（オ）第25号同58年10月20日第一小法廷判決・裁判集民事140号177頁参照）。一方、ある事実を基礎としての意見ないし論評の表明による名誉毀損にあっては、その行為が公共の利害に関する事実に係り、かつ、その目的が専ら公益を図ることにあった場合に、上記意見ないし論評の前提としている事実が重要な部分について真実であることの証明があったときには、人身攻撃に及ぶなど意見ないし論評としての域を逸脱したものでない限り、上記行為は違法性を欠くものというべきであり、仮に上記証明がないときにも、行為者において上記事実の重要な部分を真実と信ずるについて相当な理由があれば、その故意又は過失は否定される（最高裁昭和60年（オ）第1274号平成元年12月21日第

一小法廷判決・民集43巻12号2252頁、前掲最高裁平成9年9月9日第三小法廷判決参照)。

上記のとおり、問題とされている表現が、事実を摘示するものであるか、意見ないし論評の表明であるかによって、名誉毀損に係る不法行為責任の成否に関する要件が異なるため、当該表現がいずれの範ちゅうに属するかを判別することが必要となるが、当該表現が証拠等をもってその存否を決することが可能な他人に関する特定の事項を明示的又は黙示的に主張するものと理解されるときは、当該表現は、上記特定の事項についての事実を摘示するものと解するのが相当である（前掲最高裁平成9年9月9日第三小法廷判決参照)。そして、上記のような証拠等による証明になじまない物事の価値、善悪、優劣についての批評や論議などは、意見ないし論評の表明に属するというべきである。

(2)　上記の見地に立って検討するに、法的な見解の正当性それ自体は、証明の対象とはなり得ないものであり、法的な見解の表明が証拠等をもってその存否を決することが可能な他人に関する特定の事項ということができないことは明らかであるから、法的な見解の表明は、事実を摘示するものではなく、意見ないし論評の表明の範ちゅうに属するものというべきである。また、前述のとおり、事実を摘示しての名誉毀損と意見ないし論評による名誉毀損とで不法行為責任の成否に関する要件を異にし、意見ないし論評については、その内容の正当性や合理性を特に問うことなく、人身攻撃に及ぶなど意見ないし論評としての域を逸脱したものでない限り、名誉毀損の不法行為が成立しないものとされているのは、意見ないし論評を表明する自由が民主主義社会に不可欠な表現の自由の根幹を構成するものであることを考慮し、これを手厚く保障する趣旨によるものである。そして、裁判所が判決等により判断を示すことができる事項であるかどうかは、上記の判別に関係しないから、裁判所が具体的な紛争の解決のために当該法的な見解の正当性について公権的判断を示すことがあるからといって、そのことを理由に、法的な見解の表明が事実の摘示ないしそれに類するものに当たると解することはできない。

したがって、一般的に、法的な見解の表明には、その前提として、上記特定の事項を明示的又は黙示的に主張するものと解されるため事実の摘示を含むものというべき場合があることは否定し得ないが、法的な見解の表明それ自体は、それが判決等により裁判所が判断を示すことができる事項に係るものであっても、そのことを理由に事実を摘示するものとはいえず、意見ないし論評の表明に当たるものというべきである。

(3)　本件各表現は、被上告人が本件採録をしたこと、すなわち、被上告人が上告人小林に無断でゴーマニズム宣言シリーズのカットを被上告人著作に採録したという事実を前提として、被上告人がした本件採録が著作権侵害であり、違法であるとの法的な見解を表明するものであり、上記説示したところによれば、上記法的な見解の表明が意見ないし論評の表明に当たることは明らかである。

そして、前記の事実関係によれば、本件各表現が、公共の利害に関する事実に係るものであり、その目的が専ら公益を図ることにあって、しかも、本件各表現の前提となる上記の事実は真実であるというべきである。また、本件各表現が被上告人に対する人身攻撃に及ぶものとまではいえないこと、本件漫画においては、被上告人の主張を正確に引用した上で、本件採録の違法性の有無が裁判所において判断されるべき問題である旨を記載していること、他方、被上告人は、上告人小林を被上告人著作中で厳しく批判しており、その中には、上告人小林をひぼうし、やゆするような表現が多数見られることなどの諸点に照らすと、上告人小林がした本件各表現は、被上告人著作中の被上告人の意見に対する反論等として、意見ないし論評の域を逸脱したものということはできない。

そうすると、本件各表現が事実を摘示するものとみるのが相当であるとして、被上告人の請求を一部認容した原審の前記判断には、判決に影響を及ぼすことが明らかな法令の違反がある。論旨は理由があり、原判決中上告人らの敗訴部分は破棄を免れない。そして、以上に説示したところによれば、被上告人の請求は理由がなく、これを棄却した第1審判決は正当であるから、上記部分につき、被上告人の控訴を棄却すべきである。

よって、裁判官全員一致の意見で、主文のとおり判決する。

（裁判長裁判官　横尾和子　裁判官　甲斐中辰夫　裁判官　泉徳治　裁判官　島田仁郎　裁判官　才口千晴）

最判平成15年10月16日民集57巻9号1075頁（「ニュースステーション」ダイオキシン報道事件）

【取りまとめ47、79〜80頁】

主　　　文

原判決中上告人らの被上告人に対する請求に関する部分を破棄する。

前項の部分につき、本件を東京高等裁判所に差し戻す。

理　　　由

上告代理人長島佑享、同三角元子、同林原菜穂子、同佐藤恭子、同久山竜治の上告受理申立て理由4について

1　本件は、埼玉県所沢市内において野菜等を生産する農家である上告人らが、被上告人が平成11年2月1日にテレビジョン放送をしたニュース番組である「ニュースステーション」のダイオキシン類問題についての特集に係る放送（以下「本件放送」という。）により、所沢産の野菜等の安全性に対する信頼が傷つけられ、上告人らの社会的評価が低下して精神的損害を被った旨を主張し、また、上告人B、同C、同D及び同Eを除く上告人らは、野菜の価格の暴落等により財産的損害を被った旨をも主張して、被上告人に対し、不法行為に基づき、謝罪広告及び損害賠償を求めた事案である。

2　原審が確定した事実関係の概要は、次のとおりである。

(1)　当事者等

上告人らは、いずれも所沢市内において農業を営む者であり、ほうれん草、にんじん、小松菜等の野菜等を生産、販売して生計を立てている（なお、上告人Fは、本件訴訟の第1審係属中に死亡した原告Gの訴訟承継人である。）。

被上告人は、テレビジョン放送等の放送事業を行う会社であり、ニュース番組である「ニュースステーション」（以下「本件番組」という。）を制作し、これを毎週月曜日から金曜日までの午後10時ころから午後11時20分ころまでの約80分間、全国の放送網を通じて、全国同時にテレビジョン放送をしている。

K株式会社は、官公庁、民間企業、団体等からの委託調査、研究業務を主たる目的とする会社である。

(2)　ダイオキシン類

ア　ダイオキシンとは、塩素系化合物の一種であるポリ塩化ジベンゾ－パラ－ジオ

キシンの通称であり、これに物理化学的性質や毒性作用が類似するものとして、ポリ塩化ジベンゾフラン及びコプラナーポリ塩化ビフェニル（以下「コプラナーPCB」という。）が存在し、これら３種類の化合物群がダイオキシン類と総称されている。ダイオキシン類は、人の活動に伴って発生する化学物質であって、本来、環境中には存在しないものであるが、一般毒性（最も毒性の強い２、３、７、８－四塩化ジベンゾ－パラ－ジオキシンの致死毒性が青酸カリの1000倍、サリンの２倍を示したとのモルモットを対象とする実験結果の報告がある。）のほか、遅延性の発がん性、生殖毒性、免疫毒性、催奇形性並びに肝臓障害及び骨髄障害等の原因となる毒性を有するとされ、また、食物及び環境から人体に摂取されるとそのまま体内に蓄積され、体外に排出されにくいため、人体への影響が懸念されている。

なお、我が国においては、従来、コプラナーPCBはダイオキシン類に含めない取扱いであったが、平成11年７月に公布されたダイオキシン類対策特別措置法が規制の対象とした「ダイオキシン類」には、コプラナーPCBも含むものとされ、以来、これもダイオキシン類に含められている。

また、ダイオキシン類に含まれる上記３種類の化合物群には、多数の同族体及び異性体があり、各異性体ごとに毒性の強弱が異なっているため、ダイオキシン類の濃度の測定結果については、毒性等価係数（２、３、７、８－四塩化ジベンゾ－パラ－ジオキシンの毒性を１としたときの相対的な毒性を示す係数）を乗じて換算した値（この値を毒性等価量（TEQ）という。）により表記されている。

イ　世界保健機関（WHO）は、平成10年５月に開かれた専門家会合において、耐容１日摂取量（ダイオキシン類を人が生涯にわたって継続的に摂取したとしても健康に影響を及ぼすおそれがない１日当たりの摂取量で２、３、７、８－四塩化ジベンゾ－パラ－ジオキシンの量として表したものをいう。）を体重1kg当たり１～4pg（ピコグラム。1pgは１兆分の1g）と定めた。

なお、我が国におけるダイオキシン類の体重1kg当たりの耐容１日摂取量の基準は、ダイオキシン類対策特別措置法６条１項及び同法施行令２条の規定により、4pgと定められている。

(3)　所沢市周辺におけるダイオキシン類問題

ア　所沢市においては、平成４年ころから、同市三富地区に集中して廃棄物焼却施設等が設置されたため、その周辺地域のダイオキシン類汚染が問題となり、環境汚染等についての調査、研究が行われるようになった。

ダイオキシン類による環境汚染等について調査、研究している摂南大学薬学部教授Ｈ（以下「Ｈ教授」という。）らが、平成７年及び平成８年の２回にわたり、所沢市周辺の土壌調査を行ったところ、1g当たり90～300pgTEQ（平成７年）、65～448pgTEQ（平成８年）のダイオキシン類が検出された。

また、埼玉県が、平成８年11月、所沢市三富地区周辺のダイオキシン類の調査を行った結果、地表から０～5cmの範囲の土壌からは1g当たり11～100pgTEQ、平均42pgTEQ、地表から０～2cmの範囲の土壌からは1g当たり13～130pgTEQ、平均54pgTEQのダイオキシン類が検出された。

さらに、環境庁が、平成９年度、所沢市を含む埼玉県内の５地域を対象に、大気、土壌、植物等のダイオキシン類の濃度を測定した結果、所沢市周辺の土壌から1g当たり62～140pgTEQのダイオキシン類が検出された。

イ　所沢市農業協同組合（以下「市農協」

という。）は、財団法人日本食品分析センターに依頼して、所沢産のほうれん草及び里芋に含まれるダイオキシン類の濃度の調査を行い、平成9年8月20日、同センターから調査結果の報告を受けたが、これを公表せず、同組合長は、平成10年2月9日、調査結果が出ていない旨の発言をした。このため、所沢市議会や衆議院予算委員会において、市農協がダイオキシン類の調査結果を公表しないことが問題とされた。

ウ　K株式会社は、平成4年度に所沢市の委託を受けて大気汚染の調査を行い、平成5年3月、その調査結果を同市に提出したが、その後、同市周辺のダイオキシン類汚染が社会問題化していることもあって、同汚染の自主調査に取り組むようになった。

K株式会社は、自主調査の一環として、所沢産の農作物に含まれるダイオキシン類の濃度調査を行うことを計画し、平成10年11月及び同年12月に所沢産のせん茶（同年夏に採取した茶葉を加工したもの）及びほうれん草並びに隣接する三芳町産の大根の提供を受け、せん茶を100gずつの2検体とし、ほうれん草を4検体、大根の葉と根を各1検体として、K株式会社が技術提携をしているカナダの会社に分析を依頼した。

その分析の結果によれば、各検体1g当たりのダイオキシン類（コプラナーPCBを除く。）の測定値は、せん茶が3.60pgTEQ及び3.81pgTEQであり、ほうれん草が0.635pgTEQ、0.681pgTEQ、0.746pgTEQ及び0.750pgTEQであり、大根の葉が0.753pgTEQであった。

エ　H教授らは、平成10年3月、「所沢産」のラベルが付けられた白菜（1検体）の提供を受けて調査したところ、1g当たり3.4pgTEQのダイオキシン類（コプラナーPCBを除く。）が検出された。また、同教授らは、同年7月、所沢市内で採取したほうれん草（1検体）を調査したところ、1g当たり0.859pgTEQのダイオキシン類が検出された。

オ　厚生省が、平成8年度及び平成9年度に、全国のほうれん草その他の野菜を調査した結果、ほうれん草から、平成8年度は1g当たり0.106～0.308pgTEQ、平均0.188pgTEQの、平成9年度は1g当たり0.044～0.430pgTEQ、平均0.187pgTEQのダイオキシン類が検出された。

(4)　本件放送に至る経緯

ア　被上告人は、平成7年10月から平成9年11月まで、「ザ・スクープ」という報道特集番組で7回にわたり、ダイオキシン類問題を特集して放送し、その中で、ダイオキシン類の危険性とダイオキシン類汚染が全国に広がっていることを指摘し、この問題に対する日本の行政の取組が諸外国よりも遅れていることについての問題提起をし、また、平成10年1月以降本件放送に至るまで、本件番組においてもダイオキシン類問題を取り上げていた。

イ　被上告人は、所沢産の農産物のダイオキシン類汚染に焦点を当てた特集番組の制作を企画し、K株式会社の代表者であるI（以下「I所長」という。）に出演を依頼するとともに、前記の自主調査の結果の公表を求めた。

K株式会社は、この要請に応じ、I所長の出演を承諾し、自主調査の結果であるせん茶の測定値（3.60pgTEQ及び3.81pgTEQ）とほうれん草の測定値（0.635pgTEQ、0.681pgTEQ及び0.750pgTEQ）を被上告人側の担当者に伝えた。その際、K株式会社は、被上告人側の担当者に対し、上記の各測定値を、検体提供者への配慮から、それぞれの検体の具体的な品目を明らかにしないで、単に所沢産の農作物から検出された測定値であるとして伝えた。

被上告人側の担当者は、K株式会社か

ら示された上記の各測定値が、いずれも所沢産の野菜についての測定値であると誤解して、放送の際に用いるフリップに「野菜のダイオキシン濃度」「全国（厚生省調べ）0〜0.43 ピコｇ／ｇ　所沢（K株式会社調べ）0.64〜3.80 ピコｇ／ｇ」と表示した（以下、このフリップを「本件フリップ」という。）。

また、I所長は、本件番組のニュースキャスターであるJ（以下「Jキャスター」という。）や、その他のスタッフとの打合せのための時間が十分ではなかったため、Jキャスターらに対し、上記各測定値の検体の具体的な品目を伝えることができず、被上告人側の上記の誤解を解かないまま、本件放送に出演した。

⑸　本件放送

被上告人は、平成11年2月1日午後10時以降の約16分間、本件番組において、「所沢ダイオキシン　農作物は安全か？」「汚染地の苦悩　農作物は安全か？」と題する所沢産の野菜のダイオキシン類問題についての特集に係る本件放送を行った（その具体的内容は、第1審判決添付の別紙4記載のとおりである。）。

本件放送は、その前半において録画映像を、後半においてJキャスターとI所長との対談を放映した。その内容は、要約すると、前半の録画映像部分においては、〈1〉所沢市には畑の近くに廃棄物の焼却炉が多数存在し、その焼却灰が畑に降り注いでいること、〈2〉市農協は、所沢産の野菜のダイオキシン類の分析調査を行ったが、農家や消費者からの調査結果の公表の求めにもかかわらず、これを公表していないこと、〈3〉所沢市の土壌中に含まれるダイオキシン類濃度を調査したところ、その濃度は、ドイツであれば農業が規制されるほど高く、また、かつてイタリア北部の町セベソで起きた農薬工場の爆発事故の後に農業禁止とされた地域の汚染度をも上回っていることなどであり、後半の対談部分においては、〈4〉K株式会社が所沢産の野菜を調査したところ、1g当たり0.64〜3.80pgTEQのダイオキシン類が検出されたこと、〈5〉その結果は、全国の野菜を対象とした調査結果に比べて突出しており、約10倍の高さであること、〈6〉所沢市周辺のダイオキシン類による大気汚染濃度は、我が国の平均よりも5〜10倍高く、我が国のダイオキシン類による大気汚染濃度は、世界よりも10倍高いこと、〈7〉体重40kgの子どもが所沢産のほうれん草を20〜100g食べた場合にWHOが定める耐容1日摂取量である体重1kg当たり1pgTEQの基準を超えること等であった。

このうち、上記〈4〉の要約部分（以下「本件要約部分」という。）等に係る放送において、Jキャスターは、I所長との対談の冒頭部分で、I所長を5年前から所沢市の汚染を調査しているK株式会社の所長であると紹介し、今夜は、K株式会社が所沢市の野菜のダイオキシン類汚染の調査をした結果である数字を、あえて本件番組で発表するとした上で、本件フリップを示して「野菜のダイオキシン濃度」が「所沢（K株式会社調べ）0.64〜3.80 ピコｇ／ｇ」であると述べ、上記対談の中で、I所長は、本件フリップにある「野菜」が「ほうれん草をメインとする所沢産の葉っぱ物」である旨の説明をしたが、その際、その最高値である「3.80 ピコｇ／ｇ」がせん茶についての測定値であることを明らかにせず、また、測定の対象となった検体の具体的品目、個数及びその採取場所についても、明らかにしなかった。さらに、I所長は、上記対談の中で、ほうれん草等の葉っぱ物は、ガス状のダイオキシン類を吸い込んで葉の組織の一部に取り込んでいること、所沢産の野菜のダイオキシン類濃度は、調べた中では突出して高いこと、体重40kgぐらいの子供が所沢産のほうれん草を20〜100gぐらい食べるとWHOの耐容1日摂取量に達することなどを指摘して、主にほうれん草を例として挙げて、ほうれん草をメインとする所沢産の葉っぱ物のダイオキシン類汚染の深刻さや、その危険性について説明した。

(6) 本件放送後の事情

ア　本件放送の翌日以降、ほうれん草を中心とする所沢産の野菜について、取引停止が相次ぎ、その取引量や価格が下落した。

イ　市農協は、平成11年2月9日、所沢産のほうれん草（出荷状態）から検出されたダイオキシン類（コプラナーPCBを除く。）が1g当たり0.087～0.71pgTEQであり、里芋からは検出されなかったことを明らかにした。

ウ　被上告人は、平成11年2月18日、本件番組において、本件放送でダイオキシン類の濃度が1g当たり3.80pgTEQもあるとされた検体が所沢産のせん茶であることを明らかにし、所沢市内のほうれん草生産農家に迷惑をかけたことを謝罪した。

エ　環境庁、厚生省及び農林水産省が、平成11年2月16日から所沢市周辺を対象に野菜等のダイオキシン類調査を行ったところ、所沢産のほうれん草（出荷状態）から1g当たり0.0086～0.18pgTEQ、平均0.051pgTEQのダイオキシン類が検出され、また、埼玉県も同じころ同様の調査を行ったところ、所沢産のほうれん草（出荷状態）から1g当たり0.0081～0.13pgTEQ、平均0.046pgTEQのダイオキシン類が検出され、同年3月、これらの調査結果が公表された。

3　原審は、上記の事実関係の下で、次のとおり判断し、上告人らの請求を棄却すべきものとした。

(1) 本件放送は、一般の視聴者にほうれん草等の所沢産の葉物野菜の安全性に対する信頼を失わせ、所沢市内において各種野菜を生産する上告人らの社会的評価を低下させ、上告人らの名誉を毀損したものと認められる。

(2) 本件放送は、野菜等農産物のダイオキシン類の汚染実態やダイオキシン類摂取による健康被害等についての多数の調査報告を取り上げ、ダイオキシン類の危険性を警告しようとするものであり、その関係において所沢産の野菜のダイオキシン類の汚染の実態についての調査結果を報道するものであるから、そのこと自体は、公共の利害に関するものであることが明らかである。

また、被上告人の報道機関としての社会的使命及びダイオキシン類問題に関する従前からの取組等を勘案すると、本件放送は、専ら公益を図る目的で行われたものと認めることができる。

(3)ア　本件放送で摘示された事実のうち、本件要約部分を除く部分については、その重要な部分がすべて真実であると認められる。

イ　本件要約部分については、所沢産の野菜のダイオキシン類濃度として摘示された測定値「0.64～3.80pgTEQ」のうち、「0.64pgTEQ」は、K株式会社が調査した所沢産のほうれん草から検出された数値であるが、「3.80pgTEQ」は、K株式会社が調査した所沢産のせん茶から検出された数値であって野菜から検出された数値ではないから、K株式会社の調査結果のみによって上記摘示された事実が真実であることは証明されていない。

しかし、H教授らの前記調査により所沢産の白菜（1検体）から1g当たり3.4pgTEQのダイオキシン類（コプラナーPCBを除く。）が検出されており、コプラナーPCBを含めた場合のダイオキシン類濃度は、これを含めない場合の約1.1～1.3倍になると認められるから、上記白菜のダイオキシン類の濃度は、コプラナーPCBを含めれば、1g当たり3.80pgTEQに匹敵することになり、本件放送当時、所沢産の野菜の中に1g当たり3.80pgTEQのダイオキシン類を含むものが存在したことは真実であると認められる。

そして、3.80pgTEQのダイオキシン類の濃度を示す所沢産の野菜が、K株式会社の調査に係るものであるか、他の調査に係るものであるかという点は、それが所沢産の野菜の安全性に関する理解を根本的に左右するに至るまでのものではなく、ダイオキシン類による農作物の汚染の実態及びそれによる人体への健康影響を明らかにしようとする上で、所沢市で栽培された野菜から高濃度のダイオキシン類が検出されたという調査結果があることを報道することが本件放送の趣旨であることにかんがみれば、本件放送による報道において提示された事実の主要な部分に当たらないというべきである。そうすると、本件要約部分については、所沢産の野菜から1g当たり3.80pgTEQのダイオキシン類が検出されたとの重要な部分につき真実性の証明があったと解するのが相当である。

ウ　したがって、本件放送により摘示された事実については、その重要な部分がすべて真実であると認められるから、本件放送による名誉毀損については、違法性が阻却され、被上告人の上告人らに対する不法行為は成立しない。

4　しかしながら、原審の上記(1)、(2)の判断は是認することができるが、(3)イ、ウの判断は是認することができない。その理由は、次のとおりである。

(1)　新聞記事等の報道の内容が人の社会的評価を低下させるか否かについては、一般の読者の普通の注意と読み方とを基準として判断すべきものであり（新聞報道に関する最高裁昭和29年（オ）第634号同31年7月20日第二小法廷判決・民集10巻8号1059頁参照）、テレビジョン放送をされた報道番組の内容が人の社会的評価を低下させるか否かについても、同様に、一般の視聴者の普通の注意と視聴の仕方とを基準として判断すべきである。

そして、テレビジョン放送をされた報道番組によって摘示された事実がどのようなものであるかという点についても、一般の視聴者の普通の注意と視聴の仕方とを基準として判断するのが相当である。テレビジョン放送をされる報道番組においては、新聞記事等の場合とは異なり、視聴者は、音声及び映像により次々と提供される情報を瞬時に理解することを余儀なくされるのであり、録画等の特別の方法を講じない限り、提供された情報の意味内容を十分に検討したり、再確認したりすることができないものであることからすると、当該報道番組により摘示された事実がどのようなものであるかという点については、当該報道番組の全体的な構成、これに登場した者の発言の内容や、画面に表示されたフリップやテロップ等の文字情報の内容を重視すべきことはもとより、映像の内容、効果音、ナレーション等の映像及び音声に係る情報の内容並びに放送内容全体から受ける印象等を総合的に考慮して、判断すべきである。

このような見地に立って、本件をみるに、前記の事実関係によれば、次のことが明らかである。〈1〉本件放送の後半のI所長との対談の冒頭部分で、Jキャスターは、今夜は、K株式会社が所沢市の野菜のダイオキシン類汚染の調査をした結果である数字を、あえて本件番組で発表するとした上で、本件フリップを示して「野菜のダイオキシン濃度」が「所沢（K株式会社調べ）0.64～3.80ピコg／g」であると述べ、上記対談の中で、I所長は、本件フリップにある「野菜」が「ほうれん草をメインとする所沢産の葉っぱ物」である旨の説明をしたが、その際、その最高値である「3.80ピコg／g」がせん茶についての測定値であることを明らかにせず、また、測定の対象となった検体の具体的品目、個数及びその採取場所についても、明らかにしなかった。〈2〉I所長は、上記対談の中で、主にほうれん草を例として挙げて、ほうれん草をメインとする所沢産の葉っぱ物のダイオキシン類汚染の深刻さや、その危険性について説明した。〈3〉本件放送の前半の録画映像部分においては、所沢市には畑の近くに廃棄物の焼却炉が多数存在し、その焼却灰が畑に降り注いでいること、市農協は、所沢産の野菜のダイオキシン類の分析調査を行ったが、農家や消費者からの調査結果の公表の求めにもかかわらず、これを公表していないこと等、所沢産の農産物、とりわけ野菜のダイオキシン類汚染の深刻さや、その危険性に関する情報を提供した。〈4〉本件放送の翌日以降、ほうれん草を中心とする所沢産の野菜について、取引停止が相次ぎ、その取引量や価格が下落した。

これらの諸点にかんがみると、本件放送中の本件要約部分等は、ほうれん草を中心とする所沢産の葉物野菜が全般的にダイオキシン類による高濃度の汚染状態にあり、その測定値は、K株式会社の調査結果によれば、1g当たり「0.64～3.80pgTEQ」であるとの事実を摘示するものというべきであり（以下、この摘示された事実を「本件摘示事実」という。）、その重要な部分は、ほうれん草を中心とする所沢産の葉物野菜が全般的にダイオキシン類による高濃度の汚染状態にあり、その測定値が1g当たり「0.64～3.80pgTEQ」もの高い水準にあるとの事実であるとみるべきである。

(2)　次に、本件摘示事実の重要な部分について、それが真実であることの証明があったか否かについてみるに、前記確定事実によれば、K株式会社の調査結果は、各検体1g当たりのダイオキシン類（コプラナーPCBを除く。）の測定値が、せん茶（2検体）は3.60pgTEQ及び3.81pgTEQであり、ほうれん草（4検体）は0.635pgTEQ、0.681pgTEQ、0.746pgTEQ及び0.750pgTEQであり、大根の葉（1検体）は0.753pgTEQであったというのであり、本件放送を視聴した一般の視聴者は、本件放送中で測定値が明らかにされた「ほうれん草をメインとする所沢産の葉っぱ物」にせん茶が含まれるとは考えないのが通常であること、せん茶を除外した測定値は0.635～0.753pgTEQであることからすると、上記の調査結果をもって、本件摘示事実の重要な部分について、それが真実であることの証明があるといえないことは明らかである。

また、本件放送が引用をしていないH教授らが行った前記調査の結果は、「所沢産」のラベルが付けられた白菜（1検体）から1g当たり3.4pgTEQのダイオキシン類（コプラナーPCBを除く。）が検出され、所沢市内で採取されたほうれん草（1検体）から1g当たり0.859pgTEQのダイオキシン類が検出されたというものである。前記の本件摘示事実の重要な部分は、ほうれん草を中心とする所沢産の葉物野菜が全般的にダイオキシン類による高濃度の汚染状態にあり、その測定値が1g当たり「0.64～3.80pgTEQ」もの高い水準にあることであり、一般の視聴者は、放送された葉物野菜のダイオキシン類汚染濃度の測定値、とりわけその最高値から強い印象を受け得ることにかんがみると、その採取の具体的な場所も不明確な、しかもわずか1検体の白菜の測定結果が本件摘示事実のダイオキシン類汚染濃度の最高値に比較的近似しているとの上記調査結果をもって、本件摘示事実の重要な部分について、それが真実であることの証明があるということはできないものというべきである。

したがって、原審の確定した前記の事実関係の下において、本件摘示事実の重要な部分につき、それが真実であることの証明があるとはいえない。

(3)　そうすると、以上判示したところと異なる見解に立って、本件摘示事実の重要な部分につき、H教授らによる上記調査の結果をもって真実であることの証明があるものとして、名誉毀損の違法性が阻却されるものとした原審の判断には、判決に影響を及ぼすことが明らかな法令の違反がある。論旨は理由があり、原判決中上告人らの被上告人に対する請求に関する部分は破棄を免れない。そして、本件については、本件摘示事実による名誉毀損の成否等について更に審理を尽くさせる必要があるから、上記部分につき本件を原審に差し戻すこととする。

よって、裁判官全員一致の意見で、主文のとおり判決する。なお、裁判官泉徳治の補足意見がある。

裁判官泉徳治の補足意見は、次のとおりである。

私は、念のため、次の点を補足しておきたい。

本件事案において、所沢市の農家の人々が損害を被ったとすれば、その根源的な原因は、所沢市三富地区・くぬぎ山周辺地区を中心に乱立していた廃棄物焼却施設にある。

原判決の確定するところによれば、⑴所沢市三富地区・くぬぎ山周辺地区においては平成4年ころから廃棄物焼却施設、中間処理施設が集中して作られるようになった、⑵くぬぎ山付近には農地が多く、焼却灰の影響で空気がよどんで農作業ができないこともあった、⑶所沢市の大気中のダイオキシン類濃度について、平成8年5月に埼玉県が調査したところ、最高値は1立方メートル当たり1.4pgTEQであり、平成9年に関連自治体がくぬぎ山周辺地区で調査したところ、最高値は1立方メートル当たり2.5pgTEQであった（同年に環境庁が全国の中都市地域で測定した平均値は1立方メートル当たり0.16pgTEQであった）、⑷所沢市及びその周辺の住民及び農業者らは、平成10年12月、埼玉県公害審査会に対し、健康被害や農作物の汚染を理由に焼却炉の使用停止等を求める公害調停を申し立てた、⑸被上告人は、平成7年10月から平成9年11月まで、「ザ・スクープ」と題する報道特集番組において、7回にわたり、ダイオキシン類問題を特集して放送し、その中で、ダイオキシン類の危険性及びダイオキシン類汚染が全国に広がっていることを指摘して、日本の行政の取組が諸外国よりも遅れていることについて問題提起をし、また、平成10年1月以降、本件放送に至るまで、「ニュースステーション」の中でも、ダイオキシン類問題を特集して取り上げた、というのである。

そして、平成11年2月1日の本件放送が行われた後に、「ダイオキシン類対策特別措置法」（同年7月16日公布）、「特定化学物質の環境への排出量の把握等及び管理の改善の促進に関する法律」（同月13日公布）、「埼玉県公害防止条例の一部を改正する条例」（同年4月1日施行）、「所沢市ダイオキシン類等の汚染防止に関する条例」（同年3月26日公布）等が公布又は施行され、廃棄物焼却施設が集合している地域において大気中に排出されるダイオキシン類の総量規制や、小型焼却炉・野焼きの規制等が行われるようになった。被上告人の平成7年10月以降の上記一連の報道、特に本件放送が、これらの立法措置の契機となり、又はこれを促進する一因になったということは、立法の時期・内容等から容易に推認することができる。

このように、本件放送を含む上記一連の報道は、所沢市の農家も被害を受けている廃棄物焼却施設に焦点を合わせ、これを規制してダイオキシン類汚染の拡大を防止しようという公益目的に出たものであり、立法措置を引き出す一因となってその目的の一端を果たし、長期的にみれば、これらの立法措置によりダイオキシン類汚染の拡大の防止が図られ、その生活環境が保全されることとなり、所沢市の農家の人々の利益擁護に貢献するという面も有している。

本件放送がせん茶のダイオキシン類測定値を野菜のそれと誤って報道した部分については、本件放送が摘示する事実の重要部分の一角を構成するものであり、これを看過することができないことは、法廷意見が説示するとおりであるが、上記部分は本件放送の一部であり、本件放送自体も、廃棄物焼却施設の規制等を訴えて被上告人が行った一連の特集の一部にすぎないこと、そして、前記のとおり、所沢市の農家の人々が被害を受けたとすれば、その根源的な原因は、上記一連の報道が繰り返し取り上げてきた廃棄物焼却施設の乱立にあることにも、留意する必要があると考える。

国民の健康に被害をもたらす公害の源を摘発し、生活環境の保全を訴える報道の重要性は、改めて強調するまでもないところである。私も、法廷意見にくみするものではあるが、被上告人の行った上記一連の報道の全体的な意義を評価することに変わりないことを付言しておきたい。

（裁判長裁判官　横尾和子　裁判官　深澤武久　裁判官　甲斐中辰夫　裁判官　泉徳治　裁判官　島田仁郎）

13 最判令和4年2月15日裁判所ウェブサイト参照（大阪市ヘイトスピーチ条例事件）

【取りまとめ80〜81頁】

主　　　文

本件上告を棄却する。

上告費用は上告人らの負担とする。

理　　　由

上告代理人徳永信一、同岩原義則の上告理由について

第1　事案の概要

1　大阪市ヘイトスピーチへの対処に関する条例（平成28年大阪市条例第1号。以下「本件条例」という。）2条、5条〜10条（以下「本件各規定」という。）は、一定の表現活動をヘイトスピーチと定義した上で、これに該当する表現活動のうち大阪市（以下「市」という。）の区域内で行われたもの等について、市長が当該表現活動に係る表現の内容の拡散を防止するために必要な措置等をとるものとするほか、市長の諮問に応じて表現活動が上記の定義に該当するか否か等について調査審議等をする機関として大阪市ヘイトスピーチ審査会（以下「審査会」という。）を置くこと等を規定している。

本件は、市の住民である上告人らが、本件各規定が憲法21条1項等に違反し、無効であるため、審査会の委員の報酬等に係る支出命令は法令上の根拠を欠き違法であるなどとして、市の執行機関である被上告人を相手に、地方自治法242条の2第1項4号に基づき、当時市長の職にあった者に対して損害賠償請求をすることを求める住民訴訟である。

2　本件各規定の概要は、次のとおりである。

(1)　本件条例2条1項柱書きは、本件条例においてヘイトスピーチとは、次のア〜ウのいずれにも該当する表現活動をいう旨を規定する（以下、この表現活動を「条例ヘイトスピーチ」という。）。

ア　次のいずれかを目的として行われるものであること（(ウ)については、当該目的が明らかに認められるものであること。以下同じ。）（同項1号柱書き）

(ア)　人種若しくは民族に係る特定の属性を有する個人又は当該個人により構成される集団（以下「特定人等」という。）を社会から排除すること（同号ア）

(イ)　特定人等の権利又は自由を制限すること（同号イ）

(ウ)　特定人等に対する憎悪若しくは差別の意識又は暴力をあおること（同号ウ）

イ　表現の内容又は表現活動の態様が次のいずれかに該当すること（同項2号柱書き）

(ア)　特定人等を相当程度侮蔑し又はひ

ぼう中傷するものであること（同号ア）

(イ)　特定人等（当該特定人等が集団であるときは、当該集団に属する個人の相当数。同号イにつき以下同じ。）に脅威を感じさせるものであること（同号イ）

ウ　不特定多数の者が表現の内容を知り得る状態に置くような場所又は方法で行われるものであること（同項3号）

(2)　本件条例5条1項柱書き本文は、市長は、次のア又はイの表現活動が条例ヘイトスピーチに該当すると認めるときは、事案の内容に即して当該表現活動に係る表現の内容の拡散を防止するために必要な措置（以下「拡散防止措置」という。）をとるとともに、当該表現活動が条例ヘイトスピーチに該当する旨、表現の内容の概要及びその拡散を防止するためにとった措置並びに当該表現活動を行ったものの氏名又は名称を公表する（以下、これを「認識等公表」といい、拡散防止措置と併せて「拡散防止措置等」という。）ものとする旨を規定する。

ア　市の区域内で行われた表現活動（同項1号）

イ　市の区域外で行われた表現活動等で次のいずれかに該当するもの（同項2号柱書き）

(ア)　表現の内容が市民等に関するものであると明らかに認められる表現活動（同号ア）

(イ)　上記(ア)に掲げる表現活動以外の表現活動で市の区域内で行われた条例ヘイトスピーチの内容を市の区域内に拡散するもの（同号イ）

(3)　本件条例6条1項柱書き本文は、市長は、上記(2)ア又はイの表現活動が条例ヘイトスピーチに該当するおそれがあると認めるとき等は、当該表現活動が上記(2)ア又はイのいずれかに該当するものであること及び当該表現活動が条例ヘイトスピーチに該当するものであることについて、あらかじめ審査会の意見を聴かなければならない旨を規定する。

(4)　本件条例7条1項は、上記(3)の事項等について、諮問に応じて調査審議をし、又は報告に対して意見を述べさせるため、市長の附属機関として審査会を置く旨を規定し、本件条例8条は、審査会は、委員5人以内で組織し（1項）、審査会の委員は、市長が、学識経験者その他適当と認める者のうちから市議会（以下「市会」という。）の同意を得て委嘱する（2項）旨を規定する。また、本件条例9条は、審査会の調査審議の手続について規定し、本件条例10条は、本件条例7条～9条に定めるもののほか、審査会の組織及び運営並びに調査審議の手続に関し必要な事項は規則で定める旨を規定する。

3　原審の適法に確定した事実関係等の概要は、次のとおりである。

(1)　公益財団法人人権教育啓発推進センターが平成28年3月に公表した「平成27年度法務省委託調査研究事業 ヘイトスピーチに関する実態調査報告書」は、いわゆるヘイトスピーチを伴うデモ又は街宣活動を行っていると報道等で指摘される団体の活動を調査した結果、特定の民族等に属する集団を一律に排斥する内容や、同集団に属する者の生命、身体等に危害を加える旨の内容を伴うデモ又は街宣活動は、同24年4月から同27年9月までの3年6か月間に、全国において1152件が行われ、その14.2％に相当する164件が大阪府内において行われたとしている。また、上記の報告書は、市内では、平成24年6月、同26年5月、同年9月、同27年3月及び同年4月に行われたデモ又は街宣活動において、上記のような内容の発言に加えて、特定の民族等に属する集団を蔑称で呼ぶなどして殊更にひぼう中傷する内容の発言が確認されたほか、同25年4月に大阪市北区梅田で行われた街宣活動において、特定の民族に属する者を殺害することをあおるシュプレヒコールをすることは当然である旨の発言や当該民族が同じ生き物ではない旨の発言があったことが報道されたとしている。

(2) 大阪市人権尊重の社会づくり条例（平成12年大阪市条例第25号）に基づき置かれた大阪市人権施策推進審議会は、市長から諮問を受け、平成27年2月、市内において現実にヘイトスピーチが行われている状況にあり、市は、市民の人権を擁護するために、ヘイトスピーチに対して独自で可能な方策をとることで、ヘイトスピーチは許さないという姿勢を明確に示していくことが必要である旨の答申（以下「本件答申」という。）をした。本件答申は、ヘイトスピーチと認定した事案について、差別の拡散につながらないよう十分に留意しながら、ヘイトスピーチであるという認識、その事案の概要及び講じた措置を公表することが適当であるなどとする一方で、憲法上の表現の自由との関係を考慮し、単なる批判や非難を上記措置等の対象外とし、社会からの排除等を目的とする表現活動にその対象を限定することが適当であるなどとしていた。

(3) 本件条例に係る条例案は、本件答申を受けて、平成27年5月、市会に提出され、その審議を経て、同28年1月15日、可決成立した。

(4) 市会は、平成27年6月、衆議院議長、参議院議長、内閣総理大臣、総務大臣及び法務大臣に宛てて、地方自治法99条に基づき、市内においてデモ又は街宣活動の際にヘイトスピーチが頻繁に行われていること等から、ヘイトスピーチの根絶に向けて実効性のある法律の整備を視野に入れた対策を早急に進めるよう強く要望する旨の意見書を提出する旨の決議をした。

第2　上告理由のうち本件各規定の憲法21条1項違反をいう部分について

1(1) 前記事実関係等によれば、本件条例の制定当時、市内においては、特定の民族等に属する集団を一律に排斥する内容、同集団に属する者の生命、身体等に危害を加える旨の内容、同集団をその蔑称で呼ぶなどして殊更にひぼう中傷する内容等の差別的言動を伴う街宣活動等が頻繁に行われていたことがうかがわれる。そして、本件答申は、市内において現実にヘイトスピーチが行われている状況にあるとした上で、市が、ヘイトスピーチと認定した事案について、ヘイトスピーチであるという認識、その事案の概要及び講じた措置を公表することが適当であるなどとする一方、憲法上の表現の自由との関係を考慮し、単なる批判や非難を上記措置等の対象外とし、社会からの排除等を目的とする表現活動にその対象を限定することが適当であるなどとしており、これを受けて、本件条例に係る条例案が提出され、可決成立したものである。以上のような本件条例の制定経緯に加え、本件条例が、条例ヘイトスピーチが差別の意識を生じさせるおそれがあること等に鑑み、市民等の人権を擁護するとともに条例ヘイトスピーチの抑止を図ることを目的とする旨を規定した（1条）上で、その適用に当たっては、表現の自由その他の憲法の保障する国民の自由と権利を不当に侵害しないように留意しなければならない旨を規定している（11条）ことに照らせば、本件条例は、表現の自由の保障に配慮しつつ、上記のような人種又は民族に係る特定の属性を理由とする過激で悪質性の高い差別的言動の抑止を図ることをその趣旨とするものと解するのが相当である。

(2) 本件条例2条1項柱書きは、拡散防止措置等の対象となる条例ヘイトスピーチの定義として、同項各号のいずれにも該当する表現活動をいう旨を規定しているところ、その文理及び上記の本件条例の趣旨に照らせば、同項1号は、一定の不当な目的を有することを要件としたものであり、具体的には、当該表現活動が、人種又は民族に係る特定の属性を理由とし、同号ア～ウのいずれかを目的として行われるものであることを要する旨を規定したものと解するのが相当である。また、同項2号も、表現の内容及び表現活動の態様が特に悪質性の高いものであることを要件としたものであり、具体的には、当該表現活動が、特定人等をその蔑称で呼ぶなど、特定人等を相当程度侮蔑し、若しくはひぼう中傷するものであること（同号ア）、又は特定人等の生命、身体若しくは財産について危害を加える旨を告知し、若しくは同危害を加えかねない気勢を示すなど、社会通念に照らして、特定人等に脅威を感じさせるものであること（同号イ）を要する旨を規定したものと解するのが相当である。そして、同項3号も、上記の本件条例の趣旨等を踏まえて、当該表現活動が、仲間内等の限られた者の間で行われるものではなく、不特定多数の者が表現の内容を知り得る状態に置くような場所又は方法で行われるものであることを要する旨を規定したものということができる。

2　そこで、進んで本件各規定が憲法21条1項に違反するかを検討する。

憲法21条1項により保障される表現の自由は、立憲民主政の政治過程にとって不可欠の基本的人権であって、民主主義社会を基礎付ける重要な権利であるものの、無制限に保障されるものではなく、公共の福祉による合理的で必要やむを得ない限度の制限を受けることがあるというべきである。そして、本件において、本件各規定による表現の自由に対する制限が上記限度のものとして是認されるかどうかは、本件各規定の目的のために制限が必要とされる程度と、制限される自由の内容及び性質、これに加えられる具体的な制限の態様及び程度等を較量して決めるのが相当である（最高裁昭和52年（オ）第927号同58年6月22日大法廷判決・民集37巻5号793頁等参照）。

本件各規定は、拡散防止措置等を通じて、表現の自由を一定の範囲で制約するものといえるところ、その目的は、その文理等に照らし、条例ヘイトスピーチの抑止を図ることにあると解される。そして、条例ヘイトスピーチに該当する表現活動のうち、特定の個人を対象とする表現活動のように民事上又は刑事上の責任が発生し得るものについて、これを抑止する必要性が高いことはもとより、民族全体等の不特定かつ多数の人々を対象とする表現活動のように、直ちに上記責任が発生するとはいえないものについても、前記1(2)で説示したところに照らせば、人種又は民族に係る特定の属性を理由として特定人等を社会から排除すること等の不当な目的をもって公然と行われるものであって、その内容又は態様において、殊更に当該人種若しくは民族に属する者に対する差別の意識、憎悪等を誘発し若しくは助長するようなものであるか、又はその者の生命、身体等に危害を加えるといった犯罪行為を扇動するようなものであるといえるから、これを抑止する必要性が高いことに変わりはないというべきである。加えて、市内においては、実際に上記のような過激で悪質性の高い差別的言動を伴う街宣活動等が頻繁に行われていたことがうかがわれること等をも勘案すると、本件各規定の目的は合理的であり正当なものということができる。

また、本件各規定により制限される表現活動の内容及び性質は、上記のような過激で悪質性の高い差別的言動を伴うものに限られる上、その制限の態様及び程度においても、事後的に市長による拡散防止措置等の対象となるにとどまる。そして、拡散防止措置については、市長は、看板、掲示物等の撤去要請や、インターネット上の表現についての削除要請等を行うことができると解されるものの、当該要請等に応じないものに対する制裁はなく、認識等公表についても、表現活動をしたものの氏名又は名称を特定するための法的強制力を伴う手段は存在しない。

そうすると、本件各規定による表現の自由の制限は、合理的で必要やむを得ない限度にとどまるものというべきである。そして、以上説示したところによれば、本件各規定のうち、条例ヘイトスピーチの定義を規定した本件条例2条1項及び市長が拡散防止措置等をとるための要件を規定した本件条例5条1項は、通常の判断能力を有する一般人の理解において、具体的場合に当該表現活動がその適用を受けるものかどうかの判断を可能とするような基準が読み取れるものであって、不明確なものということはできないし、過度に広汎な規制であるということもできない。

3　したがって、本件各規定は憲法21条1項に違反するものということはできない。以上は、当裁判所大法廷判決（前掲最高裁昭和58年6月22日大法廷判決、最高裁昭和57年（行ツ）第156号同59年12月12日大法廷判決・民集38巻12号1308頁、最高裁昭和61年（行ツ）第11号平成4年7月1日大法廷判決・民集46巻5号437頁）の趣旨に徴して明らかというべきである。論旨は採用することができない。

第3　その余の上告理由について

論旨は、違憲をいうが、その実質は単なる法令違反をいうもの又はその前提を欠くものであって、民訴法312条1項及び2項に規定する事由のいずれにも該当しない。

よって、裁判官全員一致の意見で、主文のとおり判決する。

（裁判長裁判官　戸倉三郎　裁判官　宇賀克也　裁判官　林道晴　裁判官　長嶺安政　裁判官　渡邉惠理子）

最判平成 26 年 12 月 5 日 D1-Law28230993（隣保館一覧表等の情報公開請求事件）

【取りまとめ 90 頁】

主　　文

原判決中上告人敗訴部分を破棄し、同部分につき被上告人の控訴を棄却する。

控訴費用及び上告費用は被上告人の負担とする。

理　　由

上告代理人吉田和宏、同田口勝之、同伊藤慧の上告受理申立て理由（ただし、排除されたものを除く。）について

1　本件は、被上告人が、滋賀県情報公開条例（平成12年滋賀県条例第113号。以下「本件条例」という。）に基づき、同条例所定の実施機関である滋賀県知事に対し、「同和対策地域総合センター要覧」（平成8年3月に作成されたもの。以下「本件要覧」という。）等の公開を請求したところ、滋賀県知事から、平成21年5月8日付けで、本件要覧等の一部が本件条例6条1号及び6号柱書き所定の非公開情報に当たるとして、当該部分を非公開としその余を公開する旨の公文書一部公開決定（以下「本件決定」という。）を受けたため、上告人を相手に、本件決定のうち上記の部分を非公開とした部分の取消し及び

上記の部分を公開する決定の義務付けを求める事案である。

2　原審の適法に確定した事実関係等の概要は、次のとおりである。

⑴　本件条例6条は、「実施機関は、公開請求があったときは、公開請求に係る公文書に次の各号に掲げる情報（以下「非公開情報」という。）のいずれかが記録されている場合を除き、公開請求者に対し、当該公文書を公開しなければならない。」と定めた上、非公開情報として、同条1号本文において、「個人に関する情報（事業を営む個人の当該事業に関する情報を除く。）であって、特定の個人を識別することができるもの（他の情報と照合することにより、特定の個人を識別することができることとなるものを含む。）または特定の個人を識別することはできないが、公にすることにより、なお個人の権利利益を害するおそれがあるもの」を掲げるとともに、同条6号柱書きにおいて、「県の機関または国、独立行政法人等、他の地方公共団体もしくは地方独立行政法人が行う事務または事業に関する情報であって、公にすることにより、…当該事務または事業の性質上、当該事務または事業の適正な遂行に支障を及ぼすおそれがあるもの」を掲げている。

⑵　上告人は、昭和46年に「同和対策長期計画」を、同57年に「同和対策総合推進計画」を、同62年に「同和対策新総合推進計画」を、平成5年に「同和対策新総合推進計画＜改訂計画＞」をそれぞれ策定し、これらの計画に基づき同和対策に関する諸施策を推進してきた。

⑶　上告人は、昭和51年5月、「同和対策地域総合センター運営要綱」を策定し、同要綱に基づく事業の実施を各市町に求め、同和対策地域総合センター（以下「地域センター」という。）における日々の活動の参考にすること等を目的として、昭和52年度から平成7年度までの間、3年ごとに「同和対策地域総合センター要覧」を作成していた。本件要覧は、上記要覧のうち平成8年3月に作成された最終のものである。なお、本件要覧は、管理番号を付した上で部外秘として関係部署に配付され、不要になった場合には廃棄すべき旨の指示が付されていた。

⑷　本件要覧は、大別して「同和対策地域総合センターの概要」部分（以下「概要部」という。）と「資料」部分（以下「資料部」という。）に分かれており、表紙、はしがき、概要部の目次（以下「本件目次」という。）及び資料部の目次の後に、概要部（全340頁）と資料部（全53頁）がつづられている。

本件要覧の概要部には、その冒頭に「同和対策地域総合センター一覧表」(以下「本件一覧表」という。）があり、これに続けて、各地域センターの概要の説明が、各地域センター別に記載されている。資料部には、同和対策地域総合センター運営要綱等の各種資料のほか、隣保館一覧表、教育集会所一覧表、児童館一覧表及び老人憩の家一覧表（以下、併せて「関連施設一覧表」という。）が掲載されている。

⑸　本件要覧のうち本件決定において非公開とされたのは、本件目次、本件一覧表、各地域センターの概要の説明及び関連施設一覧表の各一部であり、その概要は以下のとおりである。

ア　本件目次は、本件一覧表及び各地域センターの概要の説明に係る該当頁が記載されているものであり、本件決定においては、本件目次に記載されている各地域センターの名称が全て非公開とされた。

イ　本件一覧表は、平成7年4月1日現在の各地域センターに関する情報が、市町名、センター名、電話、郵便番号及び所在地の各欄に区分けして記載されている一覧表であり、本件決定においては、本件一覧表のセンター名欄、電話欄の一部、郵便番号欄の一部及び所在地欄の記載が非公開とされた。

ウ　本件要覧における各地域センターの概要の説明は、個別の地域センターごとに、「1. センターの概要」、「2. 事業の概要（平成7年度）」、「3. 地区の状況」、「4. 地区内団体の活動状況」及び「5. センターおよび関連施設」の各項目別に、これらの項目に関する具体的な情報が記載されているものである。

「1. センターの概要」には、利用対象地域名、利用対象世帯数、利用対象人口、センターの沿革、重点事項、活動の特徴及び運営協議会等の状況の各欄があり、「2. 事業の概要（平成7年度）」には、事業区分、事業名称、事業内容及び対象者の各欄があり、「3. 地区の状況」には、地区の概要（その位置を含む。）、地区名、地区世帯数、地区人口、男女別人口、65歳以上老人人口、世帯類型（高齢者世帯、母子世帯、父子世帯、その他世帯、生活保護世帯、障害者のいる世帯等）、公共施設の状況、住宅の状況（持家住宅数、改良住宅数、公営住宅数、その他の住宅数）、地区内産業、就業の状況及び教育の状況の各欄があり、「4. 地区内団体の活動状況」には、団体名及び活動内容の各欄があり、「5. センターおよび関連施設」には、名称、所在地、電話、開館時間、規模構造、休館日、事業開始年月日、職員の設置状況、館内図、全影写真及び最寄図の各欄があり、これらの欄に対応する具体的な情報がそれぞれ記載されている。

本件決定においては、〈1〉同和地区名（同和地区名を冠する施設名、団体名及び冊子名を含む。）、同和地区の位置に関する情報、同和地区内の地域名を冠する団体名、同和地区を利用対象地域とする施設名（同施設名を冠する団体名を含む。）、〈2〉地域センター及びその関連施設の名称（これらの名称を冠する委員会名及び役職名を含む。）、住所、郵便番号、電話番号、ファックス番号、全影写真及び最寄図、〈3〉地域センターの利用対象地域名（同地域名を冠する団体名を含む。）、同地域の位置に関する情報が非公開とされた。

エ　関連施設一覧表は、同和対策事業に関する隣保館、教育集会所、児童館及び老人憩の家に関する情報が、市町名、施設名、主管センター名（隣保館一覧表を除く。）、住所、電話（児童館一覧表及び老人憩の家一覧表を除く。）及び郵便番号の各欄に区分けして記載されている各一覧表である。

本件決定においては、関連施設一覧表の施設名欄、住所欄、電話欄の一部、郵便番号欄の一部及び主管センター名欄の記載が非公開とされた。

(6)　各市町は、地域センターの名称を付した独立した施設並びにその関連施設である隣保館、教育集会所、児童館及び老人憩の家について、地方自治法244条の2第1項に基づき、その設置及び管理に関する事項を定める条例（以下「設置管理条例」という。）を制定している。

これらの設置管理条例には、施設の名称及び住所や施設の運営等に係る規定が設けられており、その一部には、施設設置の目的が同和問題の解決や同和対策事業の遂行であることが定められている。

(7)　上告人は、前記(2)の各計画の策定後、平成9年に「今後の同和行政に関する基本方針」を、同10年7月に「人権教育のための国連10年滋賀県行動計画」をそれぞれ策定するとともに、同13年には県民と共に人権が尊重される社会作りを推進するための基本となる「滋賀県人権尊重の社会づくり条例」を制定し、同15年に同条例に基づき「滋賀県人権施策基本方針」を定め、同16年に同和問題に関する施策等について「人権意識高揚のための教育・啓発基本計画」を策定するなどしている。

そして、上告人は、上記の方針や計画等に基づく事業として、県民に対する人権啓発事業（県民の人権意識を高め、同和地区の所在等の調査などの差別行為を根絶することを目的とする啓発事業）、県内の企業に対する就職差別撤廃啓発事業（就職差別をなくして就職の機会均等の保障を図ることを目的とする指導や研修等の啓発事業）及び県内の宅地建物取引業者に対する人権啓発事業（宅地建物の取引の場における人権問題の解消を目的とするパンフレットの配布、研修や指導等の啓発事業）を行っている。

3　原審は、上記事実関係等の下において、要旨次のとおり判断し、本件決定において非公開とされた本件要覧の一部のうち、本件目次及び本件一覧表に係る非公開部分（以下「本件非公開部分」という。）については、本件条例6条6号所定の非公開情報にも同条1号所定の非公開情報にも該当しないものとした。

本件非公開部分に係る情報は、各地域センターの名称や所在地等を特定する情報であり、特定の地域が同和地区であることを特定し得る情報であるが、少なくともその多くは各市町の設置管理条例によりその名称及び所在地等が明らかにされている上、地域センターの名称や所在地等の情報は住民に周知されるべきものであるから、本件非公開部分が公開されても、上告人や各市町の同和対策事業ないし人権啓発事業の適正な遂行に支障を及ぼすおそれがあるとはいえない。

4　しかしながら、原審の上記判断は是認することができない。その理由は、次のとおりである。

本件非公開部分は、本件要覧の一部である本件目次及び本件一覧表のうち各地域センターの名称や住所等に係る情報が記載された部分であるところ、本件要覧は、本件目次及び本件一覧表において、上告人の区域内に設置されている各地域センターの名称や所在地等を網羅的かつ一覧的に掲記するとともに、各地域センターの概要の説明において、各地域センターが設置されている各地区の概要（その位置を含む。）、地区名、母子世帯・父子世帯数、生活保護世帯数、障害者のいる世帯数、就業の状況、教育の状況など、当該各地区の位置及び名称や居住者等の具体的な状況に係る情報を詳細に記載したものである。そして、本件要覧は、その表紙に上告人が作成主体として明記されるとともに「同和対策地域総合センター要覧」との名称が記載されており、同要覧のはしがきや添付資料等の記載内容にも照らし、「同和対策」に関する資料として上告人が作成したことが明らかなものである。このような本件要覧の内容、構成や性質等に照らすと、本件要覧は、その作成の当時、普通地方公共団体である上告人が、各地域センターが設置されている各地区と同和地区との間に一定の位置的な関連性があるとの認識の下に、各地域センターの名称や所在地等とともに上記各地区の位置及び名称や居住者等の具体的な状況の詳細を網羅的かつ一覧的に掲記した資料であり、かつ、そのことが容易に看取される資料であるということができる。

そうすると、本件非公開部分については、これが公開されると、本件目次や本件一覧表に網羅的かつ一覧的に掲記されている各地域センターの名称や所在地等が上告人において把握している同和地区の名称や所在地等として一般に認識されるおそれがある上、これらの情報が各地域センターの概要の説明に係る記載内容のうち既に開示されているものと照合されることにより、各地域センターが設置されている各地区の居住者等の具体的な状況の詳細に係る情報が同和地区の居住者等に関する情報として一般に認識されるおそれもあるといわなければならず、これらの情報があいまって、当該各地区の居住者や出身者等に対する差別意識を増幅して種々の社会的な場面や事柄における差別行為を助長するおそれがあり、ひいては、前記2(7)のとおり人権意識の向上や差別行為の根絶等を目的として種々の取組を行っている上告人の同和対策事業ないし人権啓発事業の適正な遂行に支障を及ぼすおそれがあるものというべきである。

各地域センターの名称や所在地等は、原審において指摘されているように各地域センターの設置管理条例の規定にも掲記されているが、これらの条例の規定中の各地域センターの名称や所在地等に係る情報それ自体は、当該各地域センターが設置されている地区が同和地区であることを直ちに意味するものではなく、また、本件要覧のように各地域センターの名称や所在地等のみならずこれらが設置されている地区の位置及び名称や居住者等の具体的な状況の詳細にわたる情報を網羅的かつ一覧的に掲記したものではないから、各地域センターの名称や所在地等についてこれらの条例に規定が設けられていることやその周辺住民等に一定の範囲で知られていることをもって直ちに、本件非公開部分の公開により上告人の同和対策事業ないし人権啓発事業の遂行に支障を及ぼすおそれのあることが否定されるものとはいえない。

以上によれば、本件非公開部分に係る情報は、本件条例6条6号柱書きの定める非公開情報に当たるものというべきである。

5　以上と異なる見解の下に、本件決定のうち本件非公開部分を非公開とした部分の取消請求及び本件非公開部分を公開する決定の義務付け請求をいずれも認容すべきものとした原審の判断には、判決に影響を及ぼすことが明らかな法令の違反がある。上告人の論旨はこの趣旨をいうものとして理由があり、原判決中上告人敗訴部分は破棄を免れない。そして、本件決定のうち本件非公開部分を非公開とした部分の取消請求を棄却して本件非公開部分を公開する決定の義務付けの訴えを却下した第1審判決は正当であるから、原判決中上告人敗訴部分につき被上告人の控訴を棄却すべきである。

よって、裁判官全員一致の意見で、主文のとおり判決する。

（裁判長裁判官　千葉勝美　裁判官　小貫芳信　裁判官　鬼丸かおる　裁判官　山本庸幸）

別冊 NBL No.180
インターネット上の誹謗中傷をめぐる
法的問題に関する有識者検討会 取りまとめ
——削除要請の取組に向けた問題整理と検討

2022年10月10日　初版第1刷発行

編　　者　商　事　法　務

発 行 者　石　川　雅　規

発 行 所　株式会社 商　事　法　務

〒103-0025 東京都中央区日本橋茅場町 3-9-10
TEL 03-5614-5643・FAX 03-3664-8844〔営業〕
TEL 03-5614-5647〔編集〕
https://www.shojihomu.co.jp/

落丁・乱丁本はお取り替えいたします。　印刷／広研印刷㈱

Printed in Japan
Shojihomu Co., Ltd.
ISBN978-4-7857-7152-2
*定価は表紙に表示してあります。